撰稿人

（以撰写内容为序）

薛长礼　李 超　王 宏　王一鹤　王 烁

ZHONG HUA REN MIN GONG HE GUO
AN QUAN SHENG CHAN FA TIAO WEN YAO YI

中华人民共和国
安全生产法条文要义

新法解读·逐条释义

薛长礼 等 ◎ 著

中国法制出版社
CHINA LEGAL PUBLISHING HOUSE

导 言

安全生产法修改的背景、重点与体系性理解适用

2021年6月10日，第十三届全国人民代表大会常务委员会第二十九次会议通过《全国人民代表大会常务委员会关于修改〈中华人民共和国安全生产法〉的决定》，自2021年9月1日施行。这是2002年6月29日第九届全国人民代表大会常务委员会第二十八次会议通过《中华人民共和国安全生产法》以来，继2009年、2014年两次修改后的第三次修改。此修改决定共有42条，是对安全生产法的系统、全面、整体性修改，涉及一系列安全生产制度的调整和创新，是安全生产法治建设的大事。更为重要的是，此次修改对于贯彻落实习近平法治思想，完善安全生产法治体系，统筹发展和安全，坚持人民至上、生命至上，树牢安全发展理念，严格落实安全生产责任制，强化风险防控，从根本上消除事故隐患，把确保人民生命安全放在第一位，推动新时代经济社会可持续发展具有重要意义。

一、安全生产法修改的背景

安全生产法自2002年11月1日施行，至今已十九年。这部法律对构建我国安全生产法治体系，预防和减少生产安全事故，保障人民群众生命和财产安全，促进经济社会持续健康发展，发挥了重要作用。统计数据显示，全国生产安全事故死亡人数高峰期是2002年，当年死亡大约14万人，2020年全国生产安全事故死亡人数为2.71万人，比2002年下降了80.6%；重特大事故的起数高峰期是2001年，当年发生的事故起数140起，2020年重特大事故16起，下降了88.6%，是历史最好水平。① 在安全生产法施行的第九年，即2010年，我国国内

① 《国新办举行贯彻落实〈安全生产法〉推动安全发展发布会》，载国务院新闻办公室网站，http://www.scio.gov.cn/xwfbh/xwbfbh/wqfbh/44687/45901/index.htm，最后访问时间：2021年7月6日。

生产总值总量达412119亿元，超过日本，成为世界第二大经济体。此后，我国一直保持世界第二大经济体的地位，2020年我国国内生产总值超过100万亿元[①]。这些数据的背后，安全生产法的贡献毋庸置疑。其间，我国对安全生产法进行了两次修改。2009年的修改仅将安全生产法中的“治安管理处罚条例”修改为“治安管理处罚法”，属于技术性的微调。2014年8月31日第十二届全国人民代表大会常务委员会第十次会议通过的《全国人民代表大会常务委员会关于修改〈中华人民共和国安全生产法〉的决定》对安全生产法进行了全面修改，增加了17条，修改了57条，是一次重大修改。七年后的2021年，第十三届全国人民代表大会常务委员会再次对安全生产法进行全面修改，修改后的安全生产法共119条，包括总则、生产经营单位的安全生产保障、从业人员的安全生产权利义务、安全生产的监督管理、生产安全事故的应急救援与调查处理、法律责任、附则共7章。为何在2014年“大修”之后安全生产法又进行了第二次全面修改？洞见安全生产法的修改背景有助于准确理解、把握安全生产法的修法精神和主要内容。

第一，本次修法是落实习近平总书记关于安全生产的重要论述和习近平法治思想的需要。党的十八大以来，尤其是2014年安全生产法修改以来，习近平总书记发表了一系列关于安全生产的重要论述和指示批示。习近平总书记指出，人命关天，发展决不能以牺牲人的生命为代价。这必须作为一条不可逾越的红线。[②] 2020年11月召开的中央全面依法治国工作会议确立了习近平法治思想在全面依法治国中的指导地位，[③]不仅具有十分重大的理论和实践意义，而且具有非常深刻的政治和法治价值。习近平总书记关于安全生产的重要论述、指示批示

① 《中国经济总量首超100万亿元》，载人民网，http://finance.people.com.cn/n1/2021/0119/c1004-32003665.html，最后访问时间：2021年7月11日。

② 《习近平：始终把人民生命安全放在首位》，载人民网，http://cpc.people.com.cn/n/2013/0608/c64094-21783740.html，最后访问时间：2021年7月11日。

③ 《坚持以习近平法治思想为指导 谱写新时代全面依法治国新篇章》，载新华网，http://www.xinhuanet.com/politics/2021-02/02/c_1127053622.htm，最后访问时间：2021年7月11日。

精神需要通过及时修改安全生产法落实为法律。

第二，本次修法是落实党中央决策部署的需要。党中央的决策部署主要体现在三个方面。一是2014年安全生产法修改以来，党中央发布了一系列有关安全生产的重要文件，提出了安全生产领域改革发展意见。2016年12月，党中央、国务院发布《中共中央、国务院关于推进安全生产领域改革发展的意见》，对安全生产工作的指导思想、基本原则、制度措施等作出新的重大部署，2018年4月，中共中央办公厅、国务院办公厅发布《地方党政领导干部安全生产责任制规定》，2020年2月，中共中央办公厅、国务院办公厅发布《关于全面加强危险化学品安全生产工作的意见》等，这些重要决定需要通过修法进一步在安全生产法中协同落实。二是根据2018年深化党和国家机构改革方案，原国家安全生产监督管理总局的职责划入应急管理部，其他有关部门和职责也作了调整，大部制改革给安全生产工作带来深刻影响，需要通过修法将相关部门的职责法定化。三是2019年《中共中央关于坚持和完善中国特色社会主义制度　推进国家治理体系和治理能力现代化若干重大问题的决定》发布后，完善政府安全监管体制机制和责任制度，强化基础保障能力，依靠法治力量推进安全生产治理体系和治理能力现代化的需要更为迫切，需要通过修改法律加以规范。

第三，本次修法是新时代统筹发展与安全的需要。根据党的十九届五中全会精神，2021年我国进入新发展阶段。新发展阶段、新发展理念、新发展格局又对安全生产工作提出更高的要求，统筹发展与安全，以安全发展理念推进高质量发展需要安全生产法治的有力保障。虽然我国安全生产总体态势良好，但仍处于爬坡过坎期，过去长期积累的隐患集中暴露，新的风险不断涌现，需要通过修改法律进一步压实各方安全生产责任，有效防范化解重大安全风险。实践表明，每一起重大、特大生产安全事故除了直接或间接地造成巨大经济损失外，也会不同程度地影响当地经济的发展和正常的经济秩序。因此，安全生产不仅和经济发展不矛盾，而且是经济健康有序发展的必要条件。随着我国进入新发展阶段，落实安全发展理念更为紧迫，安全生产对经济社会发展贡献越来越大。统筹发展与安全需要落实到各行各业，尤其是经济发展贡献率大的行业。事实上，经济发展贡献大的行业往往也伴随着较大的安全生产风险。统筹发展与安全，减少、预防安全生产事故，既可避免生产安全事故产生的直接或间接损失，更可推进当地经济社会发展持续健康发展。

二、安全生产法修改的重点内容

正如应急管理部领导在《关于〈中华人民共和国安全生产法（修正草案)〉的说明》中所言，安全生产法修改遵循以下的总体思路：一是将习近平总书记关于安全生产工作一系列重要指示批示精神和党中央、国务院有关决策部署转化为法律规定，确保落地见效。二是强化企业安全生产主体责任，建立完善安全风险预防控制体系，加大违法处罚力度，提高违法成本，推进依法治理。三是完善政府安全监管体制机制和责任制度，强化基础保障能力，依靠法治力量推进安全生产治理体系和治理能力现代化。重点修改了以下内容。

第一，完善安全生产工作原则。主要体现在以下五个方面的增加或修改：一是安全生产工作坚持中国共产党的领导，这是习近平法治思想在安全生产领域的具体体现。坚持党对全面依法治国的领导，是中国特色社会主义法治的本质特征和内在要求。推进党的领导制度化、法治化，不断完善党的领导体制和工作机制，把党的领导贯彻到全面依法治国全过程和各方面，是习近平法治思想的重要内容，是安全生产工作的基本遵循。二是安全生产工作新理念。安全生产工作应当树牢安全发展理念，以人为本，坚持人民至上、生命至上，把保护人民生命安全摆在首位。三是安全生产工作方针。坚持安全第一、预防为主、综合治理的方针，从源头上防范化解重大安全风险。“安全第一、预防为主、综合治理”是2014年安全生产法修改时确立的方针，“从源头上防范化解重大安全风险”是本次修改新增加的内容，是“预防为主”工作方针的最终目的。本次修改强化了“预防为主”的工作方针，并提出了具体的制度和措施，如本法第四条规定“构建安全风险分级管控和隐患排查治理双重预防体系，健全风险防范化解机制”，就是预防为主的体现。四是安全生产“三个必须”原则。本次修改专门增加了管行业必须管安全、管业务必须管安全、管生产经营必须管安全的“三个必须”原则，进一步明确了各方面的安全生产责任，建立起了一套比较完善的责任体系。五是安全生产工作机制。强化和落实生产经营单位主体责任与政府监管责任，建立生产经营单位负责、职工参与、政府监管、行业自律和社会监督的机制。

第二，完善生产经营单位的主体责任。本次修改新增了完善生产经营单位主体责任的相关制度。一是明确生产经营单位的主要负责人是本单位安全生产第一责任人，其他负责人对职责范围内的安全生产工作负责。安全生产法将单位主要负责人的安全生产责任从职责要求提升到了责任要求。一般而言主要负责人包括法定代表人、党委书记、董事长、总经理、分管安全的副总经理等。生产经营单位的主要负责人对本单位的安全生产工作职责范围是“全面负责”。二是生产经营单位应当建立健全全员安全生产责任制和安全生产规章制度。本次修改增加了“全员”两字，强调“全员”安全生产责任，这意味着安全生产不仅仅是单位主要负责人的责任，而是和每个员工都有关系。任何人违反安全生产法，都要依法承担责任。三是构建安全风险分级管控和隐患排查治理双重预防体系，健全风险防范化解机制。习近平总书记要求，对易发重特大事故的行业领域采取风险分级管控、隐患排查治理双重预防性工作机制，推动安全生产关口前移，加强应急救援工作，最大限度减少人员伤亡和财产损失。[①] 四是加大对从业人员心理疏导等人文关怀和保护力度，防范行为异常导致事故发生。本次修改体现了对人的健康、精神状态的关注。生产经营单位应转变管理思路，加大安全培训教育，创造健康的工作环境，避免因员工异常行为而引发事故。五是加强保险介入力度，发挥市场机制的推动作用。安全生产法明确规定国家鼓励生产经营单位投保安全生产责任保险；属于国家规定的高危行业、领域的生产经营单位，应当投保安全生产责任保险。

---

① 《习近平：坚定不移保障安全发展 坚决遏制重特大事故频发势头》，载新华网，http：//www. xinhuanet. com/politics/2016 –01/06/c_ 1117691856. htm，最后访问时间：2021 年 7 月 11 日。

第三，完善各级政府和有关部门的安全生产监督管理职责。一是强化领导责任，各级人民政府应当加强安全生产基础设施和能力建设，所需经费列入本级预算；乡、镇人民政府和街道办事处，以及开发区、港区、风景区等应当明确负责安全监管的机构及其职责，加强监管力量建设，建立完善安全风险评估与论证机制，实施重大安全风险联防联控。二是厘清有关部门在安全生产强制性国家标准方面的职责，国务院有关部门分工负责安全生产强制性国家标准的有关工作，依据法定职责对强制性国家标准的实施进行监督检查。三是提升安全生产监管的信息化、智能化水平，监管部门之间应当对重大危险源及有关安全和应急措施备案信息实现信息共享。有关部门应当将重大事故隐患纳入相关信息系统，建立健全治理督办制度，督促消除重大事故隐患。国务院应急管理部门牵头建立全国统一的生产安全事故应急救援信息系统，有关部门和县级以上地方人民政府建立健全相关行业、领域、地区的事故应急救援信息系统，实现互联互通、信息共享，提升监管的精准化、智能化水平。

第四，完善对新问题和新风险的防范监管。随着互联网和新兴技术的发展，我国的经济活动日益活跃，出现了一批传统产业之外的新兴产业，如外卖平台、人工智能、新能源汽车、自动驾驶等。由于这些新兴产业形式较为灵活，使其对应的监管部门难以明确，由此形成了一些监管漏洞。为此，本次修改加强了对这些新兴产业、领域的安全生产监管。同时，深刻汲取近年来的事故教训，对生产安全事故中暴露的新问题作了针对性规定。比如，要求餐饮等行业的生产经营单位使用燃气的，要安装可燃气体报警装置，并且保障其正常使用；矿山等高危行业施工单位加强安全管理，不得非法转让施工的资质，不得违法分包、转包；承担安全评价的机构实施报告公开制度，不得租赁资质、挂靠、出具虚假报告。

第五，完善对生产经营单位及其负责人安全生产违法行为的惩处。一是普遍提高了对安全生产违法行为的行政罚款数额。二是增加按日连续处罚。生产经营单位被责令改正且受到罚款处罚拒不改正的，监管部门可以按日连续处罚。三是针对安全生产领域“屡禁不止、屡罚不改”等问题，加大对违法行为恶劣的生产经营单位关闭力度，依法吊销有关证照，对主要负责人实施职业禁入。四是加大对违法失信行为的联合惩戒和公开力度，有关部门和机构对存在失信行为的单位及人员采取联合惩戒措施，并向社会公示。

三、安全生产法的体系性理解适用

2021年安全生产法修改内容多，呈现以下特点：一是新建制度多，强制性规范多，带有较强的行政监管色彩，但没有改变安全生产法的社会法定位，安全生产法以保障生产经营单位从业人员的生命安全和财产安全为核心构建了一系列法律制度。二是安全生产法融入了许多国家标准和行业标准，相关标准是安全生产法效力体系中的有机构成部分。三是安生生产法坚持“安全第一、预防为主、综合治理”，其中预防是核心，预防治理理念渗透于整部安全生产法。基于这些特点的基本判断，运用体系性思维，从体系化视角把握安生生产法，有助于深入理解、准确把握安全生产法的法律定位、宏观安排、具体制度以及相关内容，进而做到精准司法、精准执法、精准守法。为此，本书的特点是：一方面从语义维度、历史维度、社会维度阐释法律条文要义，阐释法律条文的基本内涵、历史变迁和立法、司法、执法的社会意义、社会效果，另一方面从体系化视角宏观把握法律条文，在与相关法律、行政法规、部门规章、地方性法规、技术标准等的关系结构中对条文做出微观解读。每个条文一般由“条文主旨”“理解与适用”“相关规定”三部分构成。其中体系化的视角主要从以下五个方面展开。

第一，在中国特色社会主义法律体系中把握安全生产法。法律体系是指由一国现行的全部法律规范按照不同的法律部门分类组合而形成的一个呈体系化的有机联系的统一整体。中国特色社会主义法律体系包括宪法及宪法相关法、民法商法、行政法、经济法、社会法、环境资源法、军事法、刑法、诉讼与非诉讼程序法等，尽管学术界有不同理解，本书将安全生产法定位于社会法，以社会法的法律部门精神对安全生产法做出解读。

第二，从法律渊源的角度把握安生生产法。安全生产法的形式渊源包括宪法、法律、行政法规和部门规章、地方性法规和地方政府规章、法律解释、技术标准和我国加入的与安全生产相关的国际公约，如《职业安全和卫生及工作环境公约》等。

第三，在应急管理法治体系中把握安全生产法。2019 年 11 月 29 日，习近平总书记在主持中央政治局第十九次集体学习时强调，要坚持依法管理，运用法治思维和法治方式提高应急管理的法治化、规范化水平，系统梳理和修订应急管理相关法律法规，抓紧研究制定应急管理、自然灾害防治、应急救援组织、国家消防救援人员、危险化学品安全等方面的法律法规。① 在这一意义上，安全生产法属于应急管理法律体系框架下的子法律体系。2021 年 4 月《中华人民共和国消防法》修改之后，全国人大常委会于 6 月修改了《中华人民共和国安全生产法》，应急管理法律体系建设正不断推进。应急管理法律体系建设为准确理解适用安全生产法提供了宏观指导。

第四，在安全生产法律领域中把握安全生产法。在安全生产法律领域，《中华人民共和国安全生产法》属于一般法，此外还有《中华人民共和国矿山安全法》《中华人民共和国特种设备安全法》《中华人民共和国道路交通安全法》《中华人民共和国海上交通安全法》《中华人民共和国铁路法》《中华人民共和国民用航空法》《中华人民共和国煤炭法》《中华人民共和国建筑法》等特别法和《安全生产许可证条例》《生产安全事故应急条例》《生产安全事故报告和调查处理条例》《危险化学品安全管理条例》《民用核安全设备监督管理条例》《中华人民共和国矿山安全法实施条例》《国务院关于预防煤矿生产安全事故的特别规定》《煤矿安全监察条例》等行政法规，形成比较系统、相对完整的安全生产法律法规子体系。

第五，在安全生产法的具体法律制度中理解安全生产法。比如违反安全生产法律规定的法律责任，安全生产法既包括大量的行政责任条款，也包括“因生产安全事故受到损害的从业人员，除依法享有工

---

① 《习近平：积极推进我国应急管理体系和能力现代化》，载应急管理部网站，https：//www. mem. gov. cn/xw/mtxx/201911/t20191130_ 341796. shtml，最后访问时间：2021 年 7 月 11 日。

伤保险外，依照有关民事法律尚有获得赔偿的权利的，有权提出赔偿要求”的民事责任条款，同时还包括有关《中华人民共和国刑法》规定的重大责任事故罪、重大劳动安全事故罪、危险作业罪等罪名及相应刑事责任。

薛长礼

2021 年 7 月 12 日

目　录

Contents

第一章　总　则

① 简要条文主旨为编者所加，下同。

第二章　生产经营单位的安全生产保障

第三章 从业人员的安全生产权利义务

第四章 安全生产的监督管理

第五章 生产安全事故的应急救援与调查处理

第六章　法律责任

第七章　附　　则

第一章　总　则

第一条　【立法目的】为了加强安全生产工作，防止和减少生产安全事故，保障人民群众生命和财产安全，促进经济社会持续健康发展，制定本法。

【条文主旨】

本条是关于本法立法目的的规定。

【理解与适用】

一、加强安全生产工作

安全生产是关系人民群众生命财产安全的大事，是经济社会高质量发展的重要标志，是党和政府对人民利益高度负责的重要体现。党中央、国务院高度重视安全生产工作。习近平总书记多次作出重要指示，强调各级党委政府务必把安全生产摆到重要位置，统筹发展和安全，坚持人民至上、生命至上，树牢安全发展理念，严格落实安全生产责任制，强化风险防控，从根本上消除事故隐患，切实把确保人民生命安全放在第一位落到实处。李克强总理多次作出重要批示，要求压实各层级各环节责任，严格安全监管执法，强化安全风险防控和隐患排查治理，加强安全基础能力建设，坚决防范遏制重特大安全事故，保障人民群众生命财产安全。[①] 自安全生产法2002年实施以来，历经了2009年、2014年两次修改，2016年12月，中共中央、国务院发布了《中共中央、国务院关于推进安全生产领域

① 黄明：《关于〈中华人民共和国安全生产法（修正草案）〉的说明》，载中国人大网，http://www.npc.gov.cn/npc/c30834/202106/2787a90fc3be48de828ce185abd98a68.shtml，最后访问时间：2021年6月26日。

改革发展的意见》，2018 年 4 月，中共中央办公厅、国务院办公厅发布了《地方党政领导干部安全生产责任制规定》，2020 年 2 月，中共中央办公厅、国务院办公厅发布了《关于全面加强危险化学品安全生产工作的意见》等规范，国务院办公厅分别于 2016 年、2017 年印发了《省级政府安全生产工作考核办法》《安全生产“十三五”规划》等。2018 年党和国家机构改革中，原国家安全生产监督管理总局的职责划入应急管理部，其他有关安全生产的职能部门和职责也作了调整。综合这些因素，本次修法意义重大。

关于“安全生产”，现行法律没有对此作出明确界定。学理上，对“安全生产”理解的主要观点有：一是认为安全生产是为预防生产过程中发生人身设备事故，形成良好的劳动环境和工作秩序而采取的一系列措施和活动。① 二是认为安全生产的“生产”是一个广义的概念，不仅包括各种产品的生产活动，还包括各类工程建设和商业、娱乐业以及其他服务业的经营活动。安全生产是在生产经营活动中，为避免发生造成人员伤害和财产损失的事故，有效消除或控制危险和有害因素而采取的一系列措施。②在实践中，“安全生产”的外延不断扩大，在生命安全方面，从狭义的生产经营单位从业人员的职业安全、职业健康向人民群众的生命安全延伸；在财产安全方面，从狭义的生产经营单位及其从业人员的财产安全向全社会的财产安全延伸。安全生产不仅规制生产过程中的各类事故、伤害和危险，也规制经营活动中的各类事故、伤害和危险。

为了加强安全生产管理，保证人民群众的生命和财产安全，保障安全生产秩序，2002 年我国制定安全生产法时确定的立法目的是“为了加强安全生产监督管理，防止和减少生产安全事故，保障人民群众生命和财产安全，促进经济发展”，2014 年修改时对本条规定局部修改为了“为了加强安全生产工作”“促进经济社会持续健康发展”的表述。

“徒法不足以自行”，安全生产管理理念的更新需要综合机构的落实，明确综合安全生产管理主体以及管理职责，完善安全生产管理工作机制，是安全生产法的应有之义。自 2002 年安全生产法出台至今，经过长期的探索，我国安全生产管理工作取得了长足进展，机构改革后政府监管、生产经营单位负责的安全工作体制不断完善。在此基础上，本次修改落实了习近平总书记关于加强安全生产工作的重要指示精神，明确了“管行

---

① 《辞海》（第六版），上海世纪出版股份公司 2010 年版，第 26 页。

② 滕炜主编：《中华人民共和国安全生产法解读》，中国法制出版社 2014 年版，第 1 ~ 2 页。

业必须管安全、管业务必须管安全、管生产经营必须管安全”的基本原则[①]，明确了政府部门、行业自治组织以及生产经营单位管理层的安全生产职责，为加强安全生产工作提供了保障。

二、防止和减少生产安全事故

生产安全事故是经济社会发展的顽疾，轻则造成财产损失，重则造成重大人员伤亡。无论是财产损失还是人员伤亡，都会给个人、家庭、生产经营单位乃至社会秩序造成影响。因此，安全生产事关人民群众的生命、财产安全，事关国民经济持续、快速、健康发展和社会稳定大局，是顺利进行生产经营活动的基本条件和重要保障。

安全生产法于 2002 年出台，其施行对预防和减少生产安全事故发挥了重要作用，2020 年我国生产安全事故死亡人数为 2.71 万人，相较于 2002 年下降了 80.6%，特大事故 16 起，相较于 2001 年下降了 88.6%[②]。

尽管安全生产取得了长足的进步，但重特大事故仍有发生，总结各类生产安全事故发生的原因，构建、完善减少和防止生产安全事故的制度、体制、机制，将其并纳入安全生产法，是本次修法的重要目的。

本次安全生产法的修改强化了安全生产的预防管理，如明确了党对安全生产的领导责任，明确要求加强安全生产基础设施建设和安全生产能力建设，要求各类生产经营单位落实全员安全生产责任制、安全风险分级管控和隐患排查治理双重预防机制，加强安全生产标准化建设、加大对违法行为的惩罚力度等，都是为减少和防止生产安全事故所确定的具体措施。

三、保障人民群众生命和财产安全

加强安全生产工作，防止和减少生产安全事故，旨在保障人民群众生命和财产安全，促进经济社会持续健康发展。生产经营活动必须保证人民群众生命和财产安全，没有安全作为基础，生产经营活动无法正常进行，还会危及人民群众生命安全，直接或者间接地造成财产损失。例如，2020 年 2 月 11 日，位于辽宁省葫芦岛经济开发区的辽宁某公司烯草酮车间发生

---

① 《国新办举行贯彻落实〈安全生产法〉推动安全发展发布会》，载国务院新闻办公室网站，http：//www.scio.gov.cn/xwfbh/xwbfbh/wqfbh/44687/45901/index.htm，最后访问时间：2021 年 7 月 6 日。

② 数据来源于应急管理部副部长宋元明于 2021 年 6 月 11 日在国务院新闻办公室举办的新闻发布会上的介绍，参见《国新办举行贯彻落实〈安全生产法〉推动安全发展发布会》，载国务院新闻办公室网站，http：//www.scio.gov.cn/xwfbh/xwbfbh/wqfbh/44687/45901/index.htm，最后访问时间：2021 年 7 月 6 日。

爆炸事故，造成5人死亡、10人受伤，直接经济损失约1200万元[①]；2020年5月23日，龙川县麻布岗镇违法建筑施工工地远东花园发生1起模板倾覆坍塌较大事故，造成8人死亡、1人轻伤，直接经济损失1068万元。[②]

四、促进经济社会持续健康发展

我国已进入新型工业化、城镇化阶段。2020年我国国内生产总值超过100万亿元，人均GDP突破1万美元，对世界经济增长的贡献率超过30%。我国已经形成全球最大最有潜力的市场，已经建成世界最大规模的社会保障体系，已经完成现行标准下农村贫困人口全部脱贫任务，历史性解决了绝对贫困问题，劳动年龄人口保持在9亿人左右，国家整体创新能力、产业基础、产业链现代化水平明显提高，是世界上唯一拥有联合国产业分类中全部工业门类的国家。[③] 以安全发展理念推进高质量发展需要安全生产法治的有力保障。虽然我国安全生产总体态势良好，但仍存在长期积累的隐患集中暴露，新的风险不断涌现的问题，需要通过修改法律进一步压实各方安全生产责任，有效防范化解重大安全风险，发展与安全必须统筹兼顾。实践表明，每一起重大、特大生产安全事故除了直接或间接地造成巨大经济损失外，也会不同程度地影响当地经济的发展和正常的经济秩序。因此，安全生产不仅和经济发展不矛盾，而且是经济健康有序发展的必要条件。随着我国进入新发展阶段，落实安全发展理念更为紧迫，安全生产对经济社会发展贡献越来越大，统筹发展与安全需要落实到各行各业。事实上，经济发展贡献大的行业往往也伴随着较大的安全生产风险，如化工行业。统筹发展与安全，减少、避免安全生产事故，既可避免生产安全事故产生的直接或间接损失，更可推进当地经济社会发展持续健康发展。

总之，安全生产法的立法目的，在于落实安全发展理念，不断完善安全生产制度，从制度上保证生产经营单位健康有序地开展生产经营活动，避免和减少生产安全事故，保障人民群众生命和财产安全，促进经济社会持续健康发展。

---

① 《应急管理部公布一批化工和危险化学品生产安全事故典型案例》，载中国政府网，http://www.gov.cn/xinwen/2020-12/09/content_5568495.htm，最后访问时间：2021年7月6日。

② 《河源市龙川县麻布岗镇“5·23”较大坍塌事故案例》，载广东省应急管理厅网站，http://yjgl.gd.gov.cn/gk/zdlyxxgk/ydcz/content/post_3166114.html，最后访问时间：2021年7月6日。

③ 何毅亭：《谈谈我国新发展阶段》，载《学习时报》2021年1月4日。

【相关规定】

《中华人民共和国劳动法》第一条、第五十二条；《中华人民共和国矿山安全法》第一条；《中华人民共和国道路交通安全法》第一条；《中华人民共和国建筑法》第四十一条。

第二条　【适用范围】在中华人民共和国领域内从事生产经营活动的单位（以下统称生产经营单位）的安全生产，适用本法；有关法律、行政法规对消防安全和道路交通安全、铁路交通安全、水上交通安全、民用航空安全以及核与辐射安全、特种设备安全另有规定的，适用其规定。

【条文主旨】

本条是对本法适用范围和调整对象的规定。

【理解与适用】

法律的适用范围包括时间效力、空间效力和对人效力。法律的时间效力，即法律从什么时候开始发生效力和什么时候失效；法律的空间效力，即法律适用的地域范围；法律的对人效力，即法律对什么人适用。

关于本法的时间效力，根据第十三届全国人民代表大会常务委员会第二十九次会议通过的《全国人民代表大会常务委员会关于修改〈中华人民共和国安全生产法〉的决定》，修改后的安全生产法自2021年9月1日起开始施行。因此本条主要是关于本法空间效力和对人效力的规定。

一、适用本法的空间范围

本条规定“在中华人民共和国领域内从事生产经营活动的单位（以下统称生产经营单位）的安全生产，适用本法”，可见本法适用的空间范围是中华人民共和国领域内，包括领土、领水和领空。

二、适用本法的主体范围

法律的效力需要解决本国法律约束的群体范围，依照本条规定，本法适用的主体范围是“在中华人民共和国领域内从事生产经营活动的单位”。在理解本条时，应注意把握三个方面：

（一）本条在确定适用主体时，采取的是属地主义，而非属人主义，因此经营单位的国籍对是否适用本法并无影响

根据国籍的不同，法人可以分为本国法人和外国法人①。随着我国经济的发展，我国已经成为世界贸易中的重要一员，是世界产业链中的重要一环，特别是随着我国对外开放的扩大，大量的外国企业在我国进行投资和从事生产经营活动。根据本条规定，只要是在我国领域内从事生产经营活动，就应适用本法，因此，无论是中国法人还是外国法人，无论是内资企业，还是外资企业或中外合资企业，都属于本法适用的主体范围，都应依照本法加强安全生产管理，遵守安全生产的规章制度，并在违法时承担相应的法律责任。

（二）本条适用的主体是从事生产经营活动的单位，因此单位的性质如何、单位是否合法，对是否适用本法并无影响

1. 严格意义上说，单位并非法律概念，其既可以是法人，也可以是非法人组织，还可以是具有自然人属性的生产组织。因此，本法所称的生产经营单位是指从事生产活动或者经营活动的基本单元，既包括企业法人，也包括不具有企业法人资格的经营单位、个人合伙、个体工商户和自然人等其他生产经营主体②。

2. 在理解本条时，重点应从单位从事的活动入手，而非侧重其“单位”的性质。简而言之，一切从事生产经营活动的国有企业、集体所有制的企业、事业单位、股份制企业、中外合资经营企业、中外合作经营企业、外资企业、合伙企业、个人独资企业等，不论其经济性质如何、规模大小，只要从事生产经营活动的，都应遵守本法的各项规定，违反本法规定的，将受到法律的追究。

3. 本法只规定了“从事生产经营活动的单位”，未限定合法的生产经营单位，因此，本条规定的“生产经营单位”，既包括合法的生产经营单位，也包括非法的生产经营单位。需要注意的是，非法的生产经营单位，除了受到安全生产法的规制外，还会受到其他法律法规的规制。

（三）尽管本法规定的是从事生产经营活动的单位，但并不意味着非从事生产经营活动的单位，就必然不属于本法调整的范围。根据本法规定，对安全生产负有监督管理职责的各级人民政府及政府有关部门，也属于本法的调整范围

本法第八条规定“国务院和县级以上地方各级人民政府应当根据国民

---

① 魏振瀛主编：《民法》，北京大学出版社、高等教育出版社 2021 年版，第 81 页。

② 国家安全生产监督管理总局宣传教育中心编：《新修订〈安全生产法〉学习读本》，团结出版社 2014 年版，第 25 页。

经济和社会发展规划制定安全生产规划，并组织实施。安全生产规划应当与国土空间规划等相关规划相衔接。各级人民政府应当加强安全生产基础设施建设和安全生产监管能力建设，所需经费列入本级预算。县级以上地方各级人民政府应当组织有关部门建立完善安全风险评估与论证机制，按照安全风险管控要求，进行产业规划和空间布局，并对位置相邻、行业相近、业态相似的生产经营单位实施重大安全风险联防联控。”根据第八条的规定，相关行政机关虽并非生产经营单位，但也受到本法的规制。

三、本法的调整事项

（一）一般规定

根据本条规定，本法的调整事项，是生产经营活动中的安全问题，涉及的是安全生产的法律关系，因此，其适用的范围只限定在生产经营领域，不属于生产经营活动的安全问题，如大型群众性活动中的安全问题、产品质量造成的安全问题、国家安全问题、数据安全问题等，不属于本法的调整范围。

生产经营活动的范围，既包括资源开采活动，各种产品的加工、制作活动，也包括各类工程建设和商业、娱乐业以及其他服务业的经营活动；既包括合法的生产经营活动，也包括违法违规的生产经营活动①。

（二）不适用本法的特殊情形

根据本条规定，“有关法律、行政法规对消防安全和道路交通安全、铁路交通安全、水上交通安全、民用航空安全以及核与辐射安全、特种设备安全另有规定的，适用其规定”，因此，在涉及消防安全和道路交通安全、铁路交通安全、水上交通安全、民用航空安全以及核与辐射安全、特种设备安全时，应注意区别是否存在特别法以及特别法是否有规定，对有特别规定的，适用特别规定，没有特别规定的，仍可适用本法。

在理解特别规定时，应注意把握以下两个方面：

1. 本条是特别法优于一般法原则的体现。

《中华人民共和国立法法》第九十二条规定：“同一机关制定的法律、行政法规、地方性法规、自治条例和单行条例、规章，特别规定与一般规定不一致的，适用特别规定；新的规定与旧的规定不一致的，适用新的规定。”

本法是关于生产经营活动中安全生产的一般法，但考虑到某些领域的生产经营活动或安全事项具有特殊性，我国对消防、交通安全等领域进行

---

① 阚珂：《中华人民共和国安全生产法释义》，法律出版社 2014 年版，第 6 页。

了单独立法，这些法律属于特别法，按照特别法优于一般法适用的原则，有关法律、行政法规对消防安全和道路交通安全、铁路交通安全、水上交通安全、民用航空安全以及核与辐射安全、特种设备安全另有规定的，适用其规定。

2. 特别法未规定，仍可适用本法。

根据本条规定，当特别法“另有规定的，适用其规定”，这意味着，当出现有关消防安全、道路交通安全等领域的特别立法没有规定的事项时，并不当然是“无法可依”，而是可以从本法中寻找适用的依据。如我国已经制定了矿山安全法，但本法第三十二条、第三十三条、第三十四条对矿山、金属冶炼等行业建设项目的设计也作了规定。

我国已经制定了消防法、道路交通安全法、铁路法、海上交通安全法、民用航空法、放射性污染防治法、特种设备安全法等法律，在涉及这些领域的安全时，应优先适用上述特别法的规定，当特别法没有规定时，应适用本法规定。

【相关规定】

《中华人民共和国立法法》第九十二条；《中华人民共和国道路交通安全法》第二条；《中华人民共和国特种设备安全法》第二条；《中华人民共和国矿山安全法》第二条。

第三条　【管理理念和工作方针】安全生产工作坚持中国共产党的领导。

安全生产工作应当以人为本，坚持人民至上、生命至上，把保护人民生命安全摆在首位，树牢安全发展理念，坚持安全第一、预防为主、综合治理的方针，从源头上防范化解重大安全风险。

安全生产工作实行管行业必须管安全、管业务必须管安全、管生产经营必须管安全，强化和落实生产经营单位主体责任与政府监管责任，建立生产经营单位负责、职工参与、政府监管、行业自律和社会监督的机制。

【条文主旨】

本条是关于安全生产管理理念、安全生产工作方针和工作机制的规定。

【理解与适用】

本条在2021年进行了修改，对安全生产的管理理念、安全生产工作方针和工作机制进行了进一步完善，体现了习近平总书记关于安全生产工作重要指示的精神。

一、关于安全生产工作的新理念

2011年出台了《国务院关于坚持科学发展安全发展 促进安全生产形势持续稳定好转的意见》，该意见为新时期安全生产工作提出了新的要求，其明确要求，要“深入贯彻落实科学发展观，牢固树立以人为本、安全发展的理念，始终把保障人民群众生命财产安全放在首位……自觉坚持‘安全第一、预防为主、综合治理’方针……”2014年安全生产法修改时，专门增加“安全生产工作应当以人为本，坚持安全发展”的规定。本次修改增加了“坚持人民至上、生命至上，把保护人民生命安全摆在首位”“从源头上防范化解重大安全风险”等表述，为统筹发展和安全提供了坚强的法治保障。

习近平总书记指出“人民至上、生命至上，保护人民生命安全和身体健康可以不惜一切代价”。① 在安全生产中，以人为本，体现为以人的生命为本。人民群众的生命安全是人民群众根本利益所在，人民的利益高于一切，安全生产关系到人民群众生命安全，关系到人民群众的切身利益，安全生产中应把保证人民群众的生命安全放在首要位置。

二、安全生产工作方针

《国务院关于坚持科学发展安全发展 促进安全生产形势持续稳定好转的意见》提出了“安全第一、预防为主、综合治理”的工作方针。

“安全第一”是指在生产经营活动中，应妥善处理安全与经营效益的关系，在生产经营活动中，应始终把安全，特别是从业人员和人民群众的生命安全放在首要位置，实行“安全优先”原则②。在确保安全的前提下，

---

① 《人民至上、生命至上！习近平在参加内蒙古代表团审议时的金句》，载新华网，http：//www. xinhuanet. com/politics/leaders/2020－05/23/c_ 1126021633. htm，最后访问时间：2021年7月6日。

② 阚珂：《中华人民共和国安全生产法释义》，法律出版社2014年版，第9页。

努力实现生产经营活动的各项指标，而不能为了经济效益或效率，牺牲安全，甚至强令劳动者从事危险作业。“安全第一”既是“坚持人民至上、生命至上，把保护人民生命安全摆在首位”管理理念的必然要求，也是“以人为本”理念的体现。

“预防为主”是指把预防生产事故的发生放在安全生产工作的首位，力争做到事前防范，而不是事后补救。安全生产事故往往会给人民群众的生命财产带来损失，也会给经济发展造成负面影响，而且事故发生后，损失已经造成，往往只能由经营单位、受到伤害的人民群众以及社会承受最终的损失，即便是追责也无法挽回损失。因此，安全生产管理，重点并非事后的抢救，追责更非目的，相反，工作的重点在于采取有效的控制措施，防止和减少事故的发生。本法第一条即规定“为了……防止和减少生产安全事故……制定本法”，“预防为主”是本法立法目的的直接体现，也是安全生产方针和管理工作的核心。

“综合治理”是指在安全生产管理工作中，要综合运用法律、经济、行政等手段，从发展规划、安全投入、科技进步、经济政策、教育培训以及责任追究等方面入手，健全安全生产管理体系，建立安全生产长效机制。本次安全生产法的修改，进一步明确了安全生产的责任体系，提出要加大投入，健全安全生产保险制度、建立安全生产的公益诉讼机制，都是“综合治理”方针的体现。

“从源头上防范化解重大安全风险”是本次修改新增加的内容，是“预防为主”工作方针的最终目的。本次修改强化了“预防为主”的工作方针，并提出了具体的制度和措施，如本法第四条规定“构建安全风险分级管控和隐患排查治理双重预防机制，健全风险防范化解机制”，与本条规定相呼应，都是预防为主的体现。

三、安全生产工作原则

“管行业必须管安全、管业务必须管安全、管生产经营必须管安全”，是安全生产领域的“三个必须”原则，是习近平总书记在 2013 年考察中石化黄岛经济开发区输油管线泄漏引发爆燃事故抢险工作时首先提出来的。此次修改专门增加了“三个必须”原则，进一步明确了各方面的安全生产责任，建立起了一套比较完善的责任体系①。

“管行业必须管安全”是指负有安全监管职责的各个部门，要在各自

---

① 《修改后的安全生产法明确“三个必须”》，载应急管理部网站，https：//www.mem.gov.cn/xw/xwfbh/2021n5y18rxwfbh_ 4155/fbyd_ 4100/202106/t20210611_ 388353.shtml，最后访问时间：2021 年 6 月 26 日。

的职责范围内对负责的行业和领域的安全生产工作实行监督管理。应急管理部门是我国负责安全生产管理的综合管理部门，除了负责全行业的监督管理外，对其直接监管的行业，比如冶金、有色、建材、轻工、纺织、机械、烟草、商贸这八大行业，还对危化品、烟花爆竹等也负责监管。除应急管理部门外，其他部门，如交通运输、住房和城乡建设、水利、民航这些部门，应分别对各自的行业实行安全监管。对于一些新兴的行业，如果所属领域不清晰导致安全监管职责不明确时，应由县级以上地方人民政府按照业务相近的原则确定监督管理的部门，防止部门之间互相推责而形成监管的“盲区”①。

“管业务必须管安全”是对生产经营单位安全管理责任的细化，是指主要负责人是第一责任人以外，其他的副职都要根据分管的业务对安全生产工作负一定的职责。本法第五条规定“生产经营单位的主要负责人是本单位安全生产第一责任人……其他负责人对职责范围内的安全生产工作负责”。如一个企业的董事长和总经理是主要负责人，其是企业安全生产第一责任人，同时其他分管专项工作的副职，应对分管领域的安全负责，如果分管领域出现安全事故，则分管的副职也应承担责任。简而言之，管生产的副职不能只抓生产，不顾安全，抓生产的同时必须兼顾安全，抓好安全，否则应对事故负责。

“管生产经营必须管安全”是指生产经营单位是安全生产工作的主体，主要负责人是本单位安全生产第一负责人。本法第五条规定“生产经营单位的主要负责人是本单位安全生产第一责任人，对本单位的安全生产工作全面负责……”单位主要负责人应全面负责本单位的安全生产管理，包括物资和人力的投入、预防体系的建立、风险排查工作的开展等，总之，其应保障单位的生产经营活动满足安全生产条件，为从业人员提供安全保障。

四、安全生产工作机制

按照本条规定，安全生产工作要明确生产经营单位的主体责任与政府监管责任，建立生产经营单位负责、职工参与、政府监管、行业自律和社会监督的机制。同时，本次修改明确了党在安全生产工作中的领导地位。

“安全生产工作坚持中国共产党的领导”，这是本次修改新增加的内容，其强化了党委和政府的领导责任。党中央、国务院历来高度重视安全

---

① 《在国新办举行贯彻落实〈安全生产法〉推动安全发展发布会》，载应急管理部网站，https://www.mem.gov.cn/xw/xwfbh/2021n5y18rxwfbh_4155/，最后访问时间：2021年6月26日。

生产工作，中央领导同志多次就安全生产工作提出要求，强调安全生产工作的重要性。2016 年 12 月，《中共中央、国务院关于推进安全生产领域改革发展的意见》出台，对安全生产工作的指导思想、基本原则、制度措施等作出新的重大部署。其明确要求“地方各级党委和政府要始终把安全生产摆在重要位置，加强组织领导。党政主要负责人是本地区安全生产第一责任人，班子其他成员对分管范围内的安全生产工作负领导责任”。2018 年 4 月，中共中央办公厅、国务院办公厅印发了《地方党政领导干部安全生产责任制规定》。本次修法明确了安全生产工作坚持党的领导，强化了党委对安全生产工作的职责，健全了安全生产的工作机制。

本法第五条规定“生产经营单位的主要负责人是本单位安全生产第一责任人，对本单位的安全生产工作全面负责。其他负责人对职责范围内的安全生产工作负责”。生产经营单位应依法加强安全生产管理，保证物资和人力的投入，构建预防体系和风险排查机制，加强对员工的培训等，保障安全生产条件。

职工参与，就是通过安全生产教育，提高广大职工的自我保护意识和安全生产意识。劳动者站在生产的一线，直面安全生产风险隐患，常常也是安全风险的最先发现者，职工参与对保证安全生产有重要的意义，应通过工会、职工代表大会等组织，依法维护和落实职工对安全生产工作的参与权、建议权和监督权。

政府监管，是指要明确政府职能部门的监管职责，各部门切实履行安全生产管理和监督职责。本条规定“管行业必须管安全”，就是要求除了综合监管部门外，各个政府职能部门对自己管理的行业领域的安全生产切实履行监管职责。

行业自律，是指行业协会等行业组织要充分发挥行业自治，加强行业管理，将安全生产管理纳入行业自治组织的监督范畴，对违反安全生产管理的成员进行通报、惩戒，制定行业安全生产标准，督促成员改进安全生产，提示行业安全生产水准。

社会监督，是指要充分发挥社会各方面的作用，充分利用社会舆论、新闻媒体、群众个人等方面的监督，及时发现、治理安全事故隐患和制止安全生产违法行为，在全社会形成关注安全生产的舆论氛围，提升全面的安全生产意识。

【相关规定】

《中华人民共和国安全生产法》第一条、第五条；《中华人民共和国消防法》第二条；《中华人民共和国建筑法》第三十六条；《国务院关于坚持科学发展安全发展 促进安全生产形势持续稳定好转的意见》；《中共中央、国务院关于推进安全生产领域改革发展的意见》；《地方党政领导干部安全生产责任制规定》。

第四条　【生产经营单位的基本义务】 生产经营单位必须遵守本法和其他有关安全生产的法律、法规，加强安全生产管理，建立健全全员安全生产责任制和安全生产规章制度，加大对安全生产资金、物资、技术、人员的投入保障力度，改善安全生产条件，加强安全生产标准化、信息化建设，构建安全风险分级管控和隐患排查治理双重预防机制，健全风险防范化解机制，提高安全生产水平，确保安全生产。

平台经济等新兴行业、领域的生产经营单位应当根据本行业、领域的特点，建立健全并落实全员安全生产责任制，加强从业人员安全生产教育和培训，履行本法和其他法律、法规规定的有关安全生产义务。

【条文主旨】

本条是关于生产经营单位在安全生产管理方面基本义务的规定。

【理解与适用】

一、遵守法律法规的义务

“有法必依、执法必严”是依法治国的基本要求，安全生产同样必须坚持法治原则。依照本条规定，生产经营单位必须遵守本法和其他有关安全生产的法律、法规。

根据立法法，法律是指由全国人民代表大会及其常务委员会制定的规范，法规包括行政法规和地方性法规，前者是指国务院制定的规范，后者是指具有立法权的地方人民代表大会及其常务委员会制定的规范。

安全生产法是全国人民代表大会常务委员会制定的有关安全生产的专门法律，确立了安全生产的各项基本制度，也对安全生产提出了基本的要求，是生产经营单位在安全生产方面必须遵守的行为规范。此外，我国还针对一些特殊领域的安全生产制定了特别法律和法规，如矿山安全法、消防法、《煤矿安全监察条例》、《民用爆炸物品管理条例》等，对这些有关安全生产的法律、法规，生产经营单位也应遵守和执行。

二、生产经营单位必须加强安全生产管理

“管生产必须管安全”，安全生产管理是企业管理的重要内容。经营单位必须严格遵守安全生产法律、规章制度与技术标准，依法加强安全投入，设置安全生产的管理机构、管理人员，建立健全本单位安全生产制度并组织实施，保障安全设备有效。本条规定的“建立健全全员安全生产责任制和安全生产规章制度，加大对安全生产资金、物资、技术、人员的投入保障力度，改善安全生产条件，加强安全生产标准化、信息化建设，构建安全风险分级管控和隐患排查治理双重预防机制，健全风险防范化解机制”，都是安全生产管理的基本内容。

三、建立健全安全生产责任制度

安全生产责任制度是指生产经营单位根据有关安全生产的法律、法规和规章的规定，结合本单位具体的生产经营特点制定的有针对性的具体规定本单位的安全生产管理和具体的负责人员的规章、制度。安全生产责任制度应当包含以下几个方面的内容：

1. 明确、具体的安全生产要求，这些安全生产要求主要是为了保证有效地预防生产安全事故的发生。

2. 明确、具体的安全生产管理程序，即为了安全生产，要进行哪些常规检查和防范工作。

3. 明确、具体的安全生产管理人员，即哪个岗位由哪个人来负责，责任落实到人。

4. 明确、具体的安全生产培训要求，包括哪个岗位要经过什么样的安全生产培训，应当具备什么样的安全生产知识等。

5. 明确、具体的安全生产责任，即对安全生产方面存在的问题，具体由谁负责，负什么样的责任等。

确保安全生产的关键是建立、健全安全生产责任制度，使安全生产有人管，安全生产责任的落实有人抓。通过安全生产责任制度的落实，从源头上消除事故隐患，从制度上预防生产安全事故的发生。

四、改善安全生产条件

“安全生产条件”是指生产经营单位在安全生产中的设施、设备、场所、环境等硬件方面的条件，这些条件与安全生产责任制度相配套。仅有管理制度，没有基本的安全生产条件，将会使安全生产落入“巧妇难为无米之炊”的境地，无法保障安全生产。

安全生产条件通常表现在以下几个方面：

1. 工作场所方面符合安全生产要求。生产经营单位新建、改建、扩建工程项目的安全设施，应当与主体工程同时设计、同时施工、同时投入生产和使用。

2. 生产设备符合安全生产要求。生产经营单位安全设备的设计、制造、安装、使用、检测、维修、改造和报废，应当符合国家标准或者行业标准，生产经营单位必须对安全设备进行经常性维护、保养，并定期检测，保证正常运转。

3. 特殊的作业场所符合安全生产要求。生产经营单位必须在有危险因素的生产经营场所和有关设施、设备上，设置明显的安全警示标志，并应当向从业人员告知作业场所和工作岗位存在的危险因素、防范措施及事故应急措施。完善安全生产条件，要求生产经营单位必须保证必要的安全生产资金投入。

五、构建安全风险分级管控和隐患排查治理双重预防体系，健全风险防范化解机制

习近平总书记在关于安全生产工作的指示中强调，对易发重特大事故的行业领域，要采取风险分级管控、隐患排查治理双重预防性工作机制，推动安全生产关口前移。[①] 2016 年，国务院安委会办公室印发了《关于实施遏制重特大事故工作指南构建双重预防机制的意见》，该意见明确要求“各地区、各有关部门和单位要将构建双重预防机制摆上重要议事日程，切实加强组织领导……抓住辨识管控重大风险、排查治理重大隐患两个关键”。

安全风险分级管控，是国内外企业安全管理的先进经验和成功做法。建立安全风险分级管控机制，是指要求生产经营单位要定期组织开展风险辨识评估，严格落实分级管控措施，防止风险演变而引发事故。隐患排查治理是安全生产法已经确立的重要制度，这次修改又补充增加了重大事故隐患排查治理情况要及时向有关部门报告的规定，目的是使生产经营单位在监管部门和本单位职工的双重监督之下，来确保隐患排查治理到位。[②]

① 《习近平、李克强对加强安全生产工作作出重要指示批示》，载中国政府网，http：//www. gov. cn/xinwen/2016 -01/06/content_ 5031029. htm，最后访问时间：2021 年 7 月 6 日。

② 《国新办举行贯彻落实〈安全生产法〉推动安全发展发布会》，载国务院新闻办公室网站，http：//www. scio. gov. cn/xwfbh/xwbfbh/wqfbh/44687/45901/index. htm，最后访问时间：2021 年 7 月 6 日。

本法第四十一条规定："生产经营单位应当建立安全风险分级管控制度，按照安全风险分级采取相应的管控措施。生产经营单位应当建立健全并落实生产安全事故隐患排查治理制度，采取技术、管理措施，及时发现并消除事故隐患。事故隐患排查治理情况应当如实记录，并通过职工大会或者职工代表大会、信息公示栏等方式向从业人员通报。其中，重大事故隐患排查治理情况应当及时向负有安全生产监督管理职责的部门和职工大会或者职工代表大会报告……"

近年来，应急管理部持续推动煤炭、危险化学品领域的双重预防机制建设工作，制定出台了《化工园区安全风险排查治理导则（试行）》《危险化学品企业安全风险隐患排查治理导则》等多项规定，规范了双重预防机制建设工作。此外，各地也积极开展了双重预防机制的建设工作，如山东省和河南省还对双重预防机制建设制定出台了地方性法规和分行业的地方标准，取得了明显的工作成效。本次修改增加专门规定，将有关双重预防机制决策部署和行之有效的做法上升为法律的规定，有利于双重预防机制建设落地见效，进一步提升企业安全生产整体防控能力。

六、加强标准化建设，提高安全生产水平，确保安全生产

2014 年安全生产法修改时增加了"推进安全生产标准化建设，提高安全生产水平，确保安全生产"的内容，经过近年来的发展，我国安全生产标准化建设取得了一定的进展，并收到了良好的效果。2021 年的修改进一步推动标准化建设，规定"加强"标准化建设，以提高安全生产水平。

安全生产标准化是指通过建立安全生产责任制和安全生产规章制度，制定安全生产管理制度和操作规程，排查、治理隐患和监控重大危险源，建立预防机制，规范生产行为，使各生产环节符合有关安全生产法律法规和标准规范的要求，人、机、物、环处于良好的生产状态，并持续改进，不断加强企业安全生产规范化建设。①

开展安全标准化建设应包括以下几点内容：确定目标；设置组织机构，确定相关岗位职责；安全生产投入保证；法律法规的执行与完善安全管理制度；教育培训；生产设备设施管理；作业安全；隐患排查治理；重大危险源监控；职业健康；应急救援；事故管理；绩效评定和持续改进。

---

① 国家安全生产监督管理总局宣传教育中心编：《新修订〈安全生产法〉学习读本》，团结出版社 2014 年版，第 35 页。

七、平台经济等新兴行业、领域生产经营单位的义务

随着互联网和新兴技术的发展，出现了一批传统产业之外的新兴产业，如外卖平台、人工智能、新能源汽车、自动驾驶等。由于这些新兴行业形式较为灵活，使其对应的监管部门难以明确，由此形成一些监管漏洞，造成了一些安全生产事故。为此，本次修改加强了对这些新兴行业、领域的安全生产监管，本条第二款就是这一趋势的体现，也是本次修改新增的内容。

根据本条第二款规定，平台经济等新兴行业、领域的生产经营单位应当根据本行业、领域的特点，建立健全并落实全员安全生产责任制，加强从业人员安全生产教育和培训，履行本法和其他法律、法规规定的有关安全生产义务。

本款与本条第一款规定并无本质区别，都是要求生产经营单位应落实安全生产责任制，只是平台经济等应从本行业、领域的特点出发，建立与之相适应的安全生产责任制。之所以如此规定，是因为新兴行业、领域还处于探索阶段，尚未形成稳定的模式，变动较大，因此本条规定的安全生产要求应理解为一个动态调整的过程，即新兴行业、领域的生产经营单位应将安全生产的要求贯穿本行业、领域生产的全过程，并随着行业、领域业务模式的调整而调整，主动根据新的特点调整安全生产责任制，落实安全生产责任制。

需要注意的是，在理解本款规定时，应注意新兴行业、领域的生产经营单位的义务是“履行本法和其他法律、法规规定的有关安全生产义务”，即并不限于“建立健全并落实全员安全生产责任制，加强从业人员安全生产教育和培训”。质言之，本条虽然未规定，但本法或其他法律法规有要求的，新兴行业、领域的生产经营单位也应按照要求实施。

【相关规定】

《中华人民共和国立法法》第七条、第六十五条、第七十二条；《中华人民共和国建筑法》第四十四条、第四十六条、第四十七条；《中华人民共和国劳动法》第五十二条、第五十三条；《中华人民共和国矿山安全法》第十三条、第十五条。

第五条　【经营单位的责任主体】生产经营单位的主要负责人是本单位安全生产第一责任人，对本单位的安全生产工作全面负责。其他负责人对职责范围内的安全生产工作负责。

【条文主旨】

本条是关于生产经营单位的主要负责人在安全生产方面的责任的规定。

【理解与适用】

本法第三条在此次修改时增加了“管业务必须管安全、管生产经营必须管安全”的规定，进一步健全了安全生产管理的责任体系，该条除了明确单位负责人的责任外，也明确了具体业务管理者的安全生产责任。与之相对应，本条在此次修改时增加了“其他负责人对职责范围内的安全生产工作负责”的规定，是对本法第三条规定的细化。

根据本条规定，生产经营单位安全生产工作的负责人既包括主要负责人，也包括其他负责人，两者责任的区别在于，前者全面负责本单位的安全生产工作，后者仅对职责范围内的安全生产工作负责。

在理解本条时，应注意把握以下几个方面：

一、在确定生产经营单位的主要负责人时，应结合经营单位的组织形式予以确定

生产经营单位的主要负责人是指在本单位的日常生产经营活动中具有指挥权的领导人员，包括厂长、经理以及其他主要的领导人员。

如前所述，严格意义上说，单位并非法律概念，因此本法所称的生产经营单位的情况复杂，既包括企业法人，也包括个人合伙、个人独资企业、合伙企业等非法人组织形式的经营单位，还包括具有自然人属性的个体工商户等其他生产经营主体，而其中企业是安全生产规制的重点。

在我国，企业可以选择不同的组织形式。对于公司制企业，公司法第十三条规定，“公司法定代表人依照公司章程的规定，由董事长、执行董事或者经理担任，并依法登记……”第四十九条规定，经理行使以下职权：“（一）主持公司的生产经营管理工作，组织实施董事会决议……”因此，公司制企业的主要负责人应是公司的法定代表人、经理。对于非公司制企业，主要负责人主要是企业的厂长、经理、矿长等行政负责人，因为他们往往也是企业的法定代表人，对企业负有全面责任。如矿山安全法第二十条规定："……矿长对本企业的安全生产工作负责。"又如建筑法第四十四条规定："……建筑施工企业的法定代表人对本企业的安全生产负责。"

二、生产经营单位的主要负责人对本单位的安全生产工作职责范围是"全面负责"

由于生产经营单位的主要负责人在生产经营单位中处于决策者、指挥者的地位，其是否重视安全生产，对本单位的安全生产具有至关重要的意义，因此必须明确生产经营单位的主要负责人是安全生产的第一责任人，对本单位的安全生产全面负责。这样才能促使生产经营单位的主要负责人切实负起责任，管生产又管安全，而不能"重生产、轻安全"。

需要注意的是，本条规定生产经营单位的主要负责人是对本单位的安全生产工作"全面负责"，即生产经营单位的主要负责人应对本单位的安全生产进行全面性的组织。根据本法第二十一条，"生产经营单位的主要负责人对本单位安全生产工作负有下列职责：（一）建立健全并落实本单位全员安全生产责任制，加强安全生产标准化建设；（二）组织制定并实施本单位安全生产规章制度和操作规程；（三）组织制定并实施本单位安全生产教育和培训计划；（四）保证本单位安全生产投入的有效实施；（五）组织建立并落实安全风险分级管控和隐患排查治理双重预防工作机制，督促、检查本单位的安全生产工作，及时消除生产安全事故隐患；（六）组织制定并实施本单位的生产安全事故应急救援预案；（七）及时、如实报告生产安全事故"。本法第九十四条第一款规定："生产经营单位的主要负责人未履行本法规定的安全生产管理职责的，责令限期改正，处二万元以上五万元以下的罚款；逾期未改正的，处五万元以上十万元以下的罚款，责令生产经营单位停产停业整顿。"

另外，尽管本条增加了"其他负责人对职责范围内的安全生产工作负责"的规定，但这并不意味着主要负责人就可以对其他负责人"职责范围内的安全生产工作"不负责，相反，如果其他负责人未尽职责导致安全生产事故，其他负责人当然要承担责任，而作为应负全面责任的第一责任人，主要负责人也要承担责任。

三、注意把握"其他负责人对职责范围内的安全生产工作负责"

2002 年安全生产法制定时就明确了生产经营单位主要负责人是"本单

位安全生产第一责任人”的属性，2014 年修改时也予以保留，但未明确其他负责人的责任。本法第三条在此次修改时增加了“管业务必须管安全、管生产经营必须管安全”的规定，因此本条修改中增加了“其他负责人对职责范围内的安全生产工作负责”。

实践中，生产经营单位的负责人全面负责企业的生产经营活动，具体的业务交由相关的副职负责组织和落实，根据“管业务必须管安全”的原则，分管业务的负责人也应承担起安全生产管理的职责，否则也应承担责任。实际上，根据刑法规定，当安全生产事故发生时，并非只有主要负责人承担刑责，直接负责的主管人员也属于刑事责任追责的范围，如刑法第一百三十五条第一款规定：“安全生产设施或者安全生产条件不符合国家规定，因而发生重大伤亡事故或者造成其他严重后果的，对直接负责的主管人员和其他直接责任人员，处三年以下有期徒刑或者拘役；情节特别恶劣的，处三年以上七年以下有期徒刑。”

【相关规定】

《中华人民共和国公司法》第十三条；《中华人民共和国刑法》第一百三十四条、第一百三十五条；《中华人民共和国安全生产法》第二十一条、第九十四条；《中华人民共和国建筑法》第四十四条、第四十五条；《中华人民共和国矿山安全法》第二十条。

第六条　【从业人员的权利和义务】生产经营单位的从业人员有依法获得安全生产保障的权利，并应当依法履行安全生产方面的义务。

【条文主旨】

本条是关于生产经营单位的从业人员在安全生产方面的权利与义务的原则规定。

【理解与适用】

本条规定的“生产经营单位的从业人员”是指该单位从事生产经营活动各项工作的人员，既包括管理人员、技术人员和一线工人，也包括生产经营单位临时聘用人员和被派遣劳动者。

本条是关于生产经营单位的从业人员在安全生产管理方面权利和义务的原则性规定，本法第三章对从业人员的安全生产权利义务作了细化规定。

一、从业人员在安全生产方面的权利

根据本法第五十二条至第五十六条规定，从业人员在安全生产方面的权利包括：

（一）从业人员有依法获得社会保险的权利。生产经营单位在与从业人员订立的劳动合同中，应当载明有关保障从业人员劳动安全和依法为从业人员办理工伤社会保险的事项。生产经营单位与从业人员订立的合同中，不得含有免除或者减轻生产经营单位对从业人员因生产安全事故伤亡依法应承担的责任的内容。

（二）从业人员有了解作业场所和工作岗位存在的危险因素的权利。生产经营单位有义务将从业人员作业场所和工作岗位中存在的可能导致生产安全事故的危险因素如实、全面地告诉从业人员。

（三）从业人员有权了解和掌握事故的防范措施和应急措施，并对本单位的安全生产工作提出意见和建议。生产经营单位有义务将生产安全事故的防范措施和事故的应急措施告知从业人员。

（四）从业人员有对安全生产工作中存在的问题提出批评、检举和控告的权利，有权拒绝违章指挥和强令冒险作业。生产经营单位不得因从业人员对本单位安全生产工作提出批评、检举、控告或者拒绝违章指挥和强令冒险作业而降低从业人员的工资、福利等待遇或者解除与其签订的劳动合同。

（五）从业人员发现直接危及人身安全的紧急情况时，有进行紧急避险的权利。即可以停止作业或者在采取可能的应急措施后撤离作业场所。

（六）从业人员因生产安全事故受到损害时，除依法享有工伤保险外，还有依照民事法律的相关规定，向本单位提出赔偿要求的权利。

二、生产经营单位从业人员在安全生产方面的义务

根据本法第五十七条至第六十一条规定，从业人员在安全生产方面的义务包括：

（一）遵守国家有关安全生产的法律、法规和规章。有关安全生产的法律、法规和规章是安全生产的基本要求和保证。每一个从业人员都有义务认真遵守。

（二）从业人员在作业过程中，应当严格遵守本单位的安全生产规章制度和操作规程，服从安全生产管理。

（三）从业人员在作业过程中，应当正确佩戴和使用劳动防护用品，严禁在作业过程中放弃使用防护用品或者不正确佩戴或使用劳动防护用品。

（四）从业人员应当自觉地接受生产经营单位有关安全生产的教育和培训，掌握所从事工作应当具备的安全生产知识。

（五）从业人员在作业过程中发现事故隐患或者其他不安全因素的，应当立即向现场安全生产管理人员或者本单位的负责人报告。

刑法第一百三十四条第一款规定："在生产、作业中违反有关安全管理的规定，因而发生重大伤亡事故或者造成其他严重后果的，处三年以下有期徒刑或者拘役；情节特别恶劣的，处三年以上七年以下有期徒刑。"劳动者在生产中应严格遵守安全规定，对自己负责，对他人负责。

【相关规定】

《中华人民共和国劳动法》第三十二条、第五十四条、第五十六条、第七十条；《中华人民共和国安全生产法》第五十二条至第六十一条；《中华人民共和国刑法》第一百三十四条；《中华人民共和国建筑法》第四十七条、第四十八条。

第七条　【工会的监督职责】 工会依法对安全生产工作进行监督。

生产经营单位的工会依法组织职工参加本单位安全生产工作的民主管理和民主监督，维护职工在安全生产方面的合法权益。生产经营单位制定或者修改有关安全生产的规章制度，应当听取工会的意见。

【条文主旨】

本条是关于工会在单位安全生产方面的职责的规定。

【理解与适用】

一、工会依法对安全生产工作进行监督

根据工会法第二条，工会是职工自愿结合的工人阶级的群众组织，维

护职工合法权益是工会的基本职责。安全生产直接涉及职工的生命安全与身体健康，是职工根本利益的具体体现，因此对安全生产工作进行监督，既是工会的权力，也是其职责。

工会依法维护职工在安全生产方面的合法权益，主要表现在组织职工参加本单位安全生产工作的民主管理和民主监督，维护职工在安全生产方面的合法权益。

二、工会在安全生产方面的职责

依照工会法，工会有权监督有关劳动安全卫生法律法规和政策的落实情况，督促生产单位落实安全生产责任制，依照本法，工会有权对安全生产工作进行监督。

根据本法第六十条和工会法第二十三条至第二十五条的规定，工会在安全生产方面的职责包括：

（一）对建设项目的安全设施与主体工程同时设计、同时施工、同时投入生产和使用进行监督，提出意见。

（二）对生产经营单位违反安全生产法律、法规，侵犯从业人员合法权益的行为，有权要求纠正。

（三）发现生产经营单位违章指挥、强令冒险作业或者发现事故隐患时，有权提出解决的建议，生产经营单位应当及时研究答复。

（四）发现危及从业人员生命安全的情况时，有权向生产经营单位建议组织从业人员撤离危险场所，生产经营单位必须立即作出处理。

（五）有权依法参加事故调查，向有关部门提出处理意见，并要求追究有关人员的责任。

三、生产经营单位制定或者修改有关安全生产的规章制度，应当听取工会的意见

依照本条规定，生产经营单位制定或者修改有关安全生产的规章制度，应当听取工会的意见，质言之，生产经营单位制定或者修改有关安全生产的规章制度时，听取工会意见是其应当履行的程序，也是其基本的义务。

工会作为代表职工的组织，具有广泛的群众性，相较于劳动者个体，在维权、谈判能力等方面具有更大话语权。安全生产事关劳动者的生命安全，安全生产制度是否合理、科学和可行，将直接影响一线劳动者的切身利益，必须征求劳动者的意见。而规章制度针对的对象是不确定的主体，具有极大的广泛性，由代表劳动者群体的工会进行监督更能代表广大劳动者的利益，可以有效防范“事不关己高高挂起”现象，相较于个体劳动者，工会更有能力与生产经营单位进行有效沟通。

【相关规定】

《中华人民共和国安全生产法》第六十条；《中华人民共和国工会法》第二十三条至第二十五条；《中华人民共和国矿山安全法》第二十一条至第二十五条。

第八条　【政府的工作原则】 国务院和县级以上地方各级人民政府应当根据国民经济和社会发展规划制定安全生产规划，并组织实施。安全生产规划应当与国土空间规划等相关规划相衔接。

各级人民政府应当加强安全生产基础设施建设和安全生产监管能力建设，所需经费列入本级预算。

县级以上地方各级人民政府应当组织有关部门建立完善安全风险评估与论证机制，按照安全风险管控要求，进行产业规划和空间布局，并对位置相邻、行业相近、业态相似的生产经营单位实施重大安全风险联防联控。

【条文主旨】

本条是关于国务院和地方各级人民政府安全生产工作职责的原则性规定。

【理解与适用】

一、国务院和县级以上地方各级人民政府应当制定安全生产规划

本条第一款是2014年安全生产法修改时增加的，本次修改将原“城乡规划”调整为“国土空间规划”等相关规划。

安全生产规划是各级人民政府制定的比较全面、长远的安全生产发展计划，是在对未来整体性、长期性、基本性问题考量的基础上设计的未来整套行动方案，具有综合性、基本性、时间性、强制性等特点。

依照本条第一款规定，国务院和县级以上地方各级人民政府应当根据国民经济和社会发展规划制定安全生产规划，并组织实施，也即国务院和县级以上地方各级人民政府在制定国民经济和社会发展规划时，应当

将安全生产规划纳入，并且安全生产规划应当与国土空间等相关规划相衔接。

2021 年我国迈入第十四个五年规划。在已经发布的《中华人民共和国国民经济和社会发展第十四个五年规划和 2035 年远景目标纲要》中，第五十四章“全面提高公共安全保障能力”就涉及安全生产，该章第一节“提高安全生产水平”对“十四五规划”中的安全生产工作进行了全面部署。当然，这是国务院在国家层面制定的五年发展规划，地方各级政府也应制定相应的五年规划。目前，本条第一款已经形成了较为成熟的机制，并产生了良好的效果。

二、安全生产规划应当与国土空间等相关规划相衔接

根据本条第一款规定，安全生产规划应当与国土空间等相关规划相衔接，这是本次修改新增的内容，也是对安全生产规划的制定提出的新要求。

2018 年政府机构改革中成立了自然资源部，负责统领国土空间规划，将主体功能区规划、土地利用规划、城乡规划等空间规划融合为统一的国土空间规划，实现“多规合一”。2019 年 5 月发布的《中共中央、国务院关于建立国土空间规划体系并监督实施的若干意见》对国土空间规划的编制和实施作了全面部署。

要求安全生产规划与国土空间规划等相关规划相衔接，主要是指安全生产规划应当与国土空间规划的内容相匹配，要根据本地区生产经营活动的特点对安全生产进行宏观设计和长远考虑，同时也要考虑经济结构、产业规划等问题，如有关危险化学品的化工园区的建设、化工产业的布局等。

三、各级人民政府在安全生产基础建设方面的职责

依照本条第二款规定，各级人民政府应当加强安全生产基础设施建设和安全生产能力建设，所需经费列入本级预算。这是本次修改新增加的内容，进一步明确了各级政府在安全生产中的职责，并明确所需经费列入本级预算。

安全生产基础设施建设和安全生产能力建设，是指与安全生产相关的软、硬件建设，如消防站的建设、监管队伍的配备、应急设施的建设，这些基础设施由于受众广，建设周期长，维护成本高，但也是安全生产的基本保障。良好的安全生产基础设施和安全生产能力，是安全生产的基本保障，本条明确各级政府有建设基础设施的义务，并应将相关经费列入本级预算，即从财政上保障了建设的经费。

四、地方各级人民政府的安全风险防控职责

根据本条第三款规定，县级以上地方各级人民政府应当组织有关部门建立完善安全风险评估与论证机制，按照安全风险管控要求，进行产业规划和空间布局，并对位置相邻、行业相近、业态相似的生产经营单位实施重大安全风险联防联控。该款也是本次修改新增加的内容，明确了地方人民政府的职责，以应对新兴领域的安全生产监管。

在理解该款时，应注意把握以下两方面：

（一）根据该款规定，县级以上地方各级人民政府在进行产业规划和空间布局时，应按照安全风险管控要求，组织安全风险评估与论证

本款规定源于2016年《中共中央、国务院关于推进安全生产领域改革发展的意见》，该意见明确要求地方各级政府要建立完善安全风险评估与论证机制，科学合理确定企业选址和基础设施建设、居民生活区空间布局。高危项目审批必须把安全生产作为前置条件，城乡规划布局、设计、建设、管理等各项工作必须以安全为前提，实行重大安全风险“一票否决”。加强新材料、新工艺、新业态安全风险评估和管控。

风险评估和论证的内容一般包括评估目的、评估范围、评估方法、论证分析、评估结论等，常见的评估方法有工作危害分析法、安全检查表分析法、风险矩阵分析法、作业条件危险性分析法、风险程度分析法等。

（二）根据该款规定，县级以上地方各级人民政府应按照安全风险管控要求，建立完善重大安全风险联防联控机制

行业相近、业态相似的地区和行业在安全风险管控方面有着共同需求，通过统筹位置相邻的安全生产防控力量，形成合力，共同来防控重大安全风险。相关地区和行业要打破区域和行业分割，通过建立联席会议制度、制定应急联动预案、建立区域通信联络和应急响应机制、定期开展安全互查和应急调度、联合应急处置演练等方式，推动实现地区、行业间的资源共享。

【相关规定】

《中华人民共和国特种设备安全法》第五条；《中华人民共和国矿山安全法》第四条。

第九条 【政府工作职责】 国务院和县级以上地方各级人民政府应当加强对安全生产工作的领导，建立健全安全生产工作协调机制，支持、督促各有关部门依法履行安全生产监督管理职责，及时协调、解决安全生产监督管理中存在的重大问题。

乡镇人民政府和街道办事处，以及开发区、工业园区、港区、风景区等应当明确负责安全生产监督管理的有关工作机构及其职责，加强安全生产监管力量建设，按照职责对本行政区域或者管理区域内生产经营单位安全生产状况进行监督检查，协助人民政府有关部门或者按照授权依法履行安全生产监督管理职责。

【条文主旨】

本条是关于各级人民政府在安全生产方面职责的规定。

【理解与适用】

一、国务院和县级以上地方各级人民政府的安全生产工作职责

按照本条第一款规定，各级人民政府在安全生产方面的职责主要表现在以下几个方面：

（一）加强领导

安全生产工作是关系国家和人民群众的生命财产安全、关系经济发展和社会稳定的大事。加强对安全生产的监督管理是政府应尽的职责。地方各级人民政府也应当充分认识加强对安全生产工作领导的重要性和必要性，依法履行对本地区安全生产工作的领导责任。

（二）支持、督促各有关部门依法履行安全生产监督管理职责

由于安全生产监管的具体工作由县级以上地方各级人民政府应急管理部门承担，因此，县级以上地方各级人民政府安全生产工作的另一项重要任务，是支持和督促所属的有关部门依法履行安全生产监管职责。

（三）建立健全安全生产工作协调机制，对安全生产监督管理中存在的重大问题，及时予以协调、解决

建立安全生产协调机制，主要是通过成立安全生产委员会，对安全生产工作进行协调指导。国务院于2003年成立了国务院安全生产委员会，其

主要任务是，在国务院领导下研究部署指导协调全国安全生产工作，研究提出全国安全生产工作的重大方针政策，研究解决安全生产工作中的重大问题。

此外，由于安全生产工作是一项系统工程，在工作中可能会涉及一些安全监管以外的管理职能，如关闭不符合安全生产条件的企业，淘汰安全隐患较多的落后生产工艺，对重大安全事故的抢救组织工作等，仅靠有关部门自身难以解决，此时，需要县级以上各级人民政府充分发挥领导组织协调的功能，从全局高度解决问题①。

二、明确乡镇人民政府以及街道办事处等人民政府的派出机关的安全生产工作职责

本条第二款对乡镇人民政府以及地方人民政府的派出机关在安全生产方面的职责作了规定，根据该款规定，乡镇人民政府以及街道办事处的工作职责包括：加强安全生产监管力量建设；按照职责对本行政区域或者管理区域内生产经营单位安全生产状况进行监督检查，协助上级人民政府有关部门或者按照授权依法履行安全生产监督管理职责。

随着经济的快速发展，在乡、镇基层广泛分布着大量的中小企业，许多企业规模小、安全基础差，容易出现生产安全事故，乡镇人民政府、街道办事处一线管理人员相对比较熟悉本地情况，更能直接发挥作用，具有能够普遍监督的优势。

需要注意的是，本次修改增加了“按照授权”的表述，这意味着在获得授权的情况下，乡镇人民政府和街道办事处也具有了一定的监督权和执法权，对提升安全生产水平有重要的意义。当然，这也是2021年修改后的行政处罚法在安全生产领域的体现，根据修改后的行政处罚法第二十四条规定“省、自治区、直辖市根据当地实际情况，可以决定将基层管理迫切需要的县级人民政府部门的行政处罚权交由能够有效承接的乡镇人民政府、街道办事处行使，并定期组织评估。决定应当公布。承接行政处罚权的乡镇人民政府、街道办事处应当加强执法能力建设，按照规定范围、依照法定程序实施行政处罚。有关地方人民政府及其部门应当加强组织协调、业务指导、执法监督，建立健全行政处罚协调配合机制，完善评议、考核制度”。

三、明确开发区、工业园区、港区、风景区等管理机构的安全生产工作职责

本次修改除了保留原“开发区”的管理职责外，还增加了“开发区、工业园区、港区、风景区等应当明确负责安全生产监督管理的有关工作机

---

① 阚珂：《中华人民共和国安全生产法释义》，法律出版社2014年版，第25页。

构及其职责，加强安全生产监管力量建设”的内容，明确了开发区、工业园区、港区、风景区等管理机构的安全生产工作职责。

近年来，全国各级各类工业园区发展较快，且量大面广，但有一部分开发区安全监管体制不顺，安全监管不到位，致使一些地方的开发区成为隐患集中区、政府监管盲区和事故多发区。

因此，有必要加强开发区、工业园区、港区、风景区的安全生产工作，本次修改要求开发区、工业园区、港区、风景区等应当明确负责安全生产监督管理的有关工作机构及其职责，加强安全生产监管力量建设，明确了其安全生产工作职责及工作机制，对加强这些区域的安全生产工作有着重要意义。

【相关规定】

《中华人民共和国行政处罚法》第二十四条；《中华人民共和国矿山安全法》第四条；《中华人民共和国建筑法》第六条。

第十条 【监督管理体制】 国务院应急管理部门依照本法，对全国安全生产工作实施综合监督管理；县级以上地方各级人民政府应急管理部门依照本法，对本行政区域内安全生产工作实施综合监督管理。

国务院交通运输、住房和城乡建设、水利、民航等有关部门依照本法和其他有关法律、行政法规的规定，在各自的职责范围内对有关行业、领域的安全生产工作实施监督管理；县级以上地方各级人民政府有关部门依照本法和其他有关法律、法规的规定，在各自的职责范围内对有关行业、领域的安全生产工作实施监督管理。对新兴行业、领域的安全生产监督管理职责不明确的，由县级以上地方各级人民政府按照业务相近的原则确定监督管理部门。

应急管理部门和对有关行业、领域的安全生产工作实施监督管理的部门，统称负有安全生产监督管理职责的部门。负有安全生产监督管理职责的部门应当相互配合、齐抓共管、信息共享、资源共用，依法加强安全生产监督管理工作。

【条文主旨】

本条是关于安全生产工作监督管理体制的规定。

【理解与适用】

本法第三条规定了安全生产工作的方针，要求“建立生产经营单位负责、职工参与、政府监管、行业自律和社会监督的机制”，本条是对第三条规定中“政府监管”的细化，明确了安全生产工作中负责监管的部门以及不同部门之间监管工作的分工原则，具体的监管事项、监管职权则由本法第四章规定。根据本条规定，对安全生产工作的监督管理采取的是专项监管和综合监管相结合的工作原则。

本条内容包括以下几个方面：

一、负有安全生产监督管理职责的部门的类型

根据本条第三款规定，“负有安全生产监督管理职责的部门”包括应急管理部门和对有关行业、领域的安全生产工作实施监督管理的部门，因此，在我国，政府机构中对安全生产工作承担监督管理职责的包括两大类：

（一）应急管理部门

在本次修改前，根据原安全生产法第九条，负责综合监督管理的是“安全生产监督管理部门”，对应的是原国家安全生产监督管理总局和县级以上人民政府的安全生产监督管理部门。本次修改将“安全生产监督管理部门”修改为“应急管理部门”，也即根据本条第一款规定，目前负责对安全生产综合监督管理的是应急管理部门，包括国务院应急管理部以及县级以上地方各级人民政府应急管理部门。

应急管理部是根据2018年中共中央印发的《深化党和国家机构改革方案》设置的，是在“将国家安全生产监督管理总局的职责，国务院办公厅的应急管理职责，公安部的消防管理职责，民政部的救灾职责，国土资源部的地质灾害防治、水利部的水旱灾害防治、农业部的草原防火、国家林业局的森林防火相关职责，中国地震局的震灾应急救援职责以及国家防汛抗旱总指挥部、国家减灾委员会、国务院抗震救灾指挥部、国家森林防火指挥部的职责整合”的基础上组建而来。可见，相较于原国家安全生产监督管理总局，应急管理部负责的事项更为全面，涉及多个领域的安全生产。

（二）有关行业、领域的安全生产工作实施监督管理的部门

本次修改在本法第三条明确增加了“管行业必须管安全”的原则，根

据该原则，负有安全监管职责的各个部门，要在各自的职责范围内对负责的行业和领域的安全生产工作实行监督管理，也即除应急管理部门外，其他如交通运输、住房和城乡建设、水利、民航等部门，应分别对各自的行业施行安全监管。

二、不同部门的监管职责分工

（一）应急管理部门

根据本条第一款规定，在我国安全生产工作的政府监督中，应急管理部门是主要的监督者，承担的是综合监督职责。所谓综合监督职责，可以理解为一种广泛的监督，也可以理解为一种概括授权，质言之，只要法律没有明确某事项专属某个部门监督，那么应急管理部门就有监督权，这样即便将来出现了新的行业、新的情况，当监督职责归属不明时，应急管理部门也可以根据本条规定主动承担监督职责。

根据本法规定，国务院应急管理部以及县级以上地方各级人民政府应急管理部门的综合监督管理职责主要包括：（1）依照有关法律、法规和国家标准或者行业标准规定对涉及安全生产的事项进行审批；（2）依法对生产经营单位执行有关安全生产的法律、法规和国家标准或者行业标准的情况进行监督检查；（3）按照国务院规定的权限依法组织对安全生产事故的调查处理；（4）依照法律、法规开展执法活动，对违法行为依法给予行政处罚等。

（二）对有关行业、领域的安全生产工作实施监督管理的部门

在本次修改前，原安全生产法第九条第二款规定为“国务院相关部门”在各自职责范围内实施监督管理，在本次修改时，本条第二款增加了“交通运输、住房和城乡建设、水利、民航等有关部门”的表述，其他基本没有变化。本次修改虽然改变了原概括式的做法，采取了“列举＋概括”的立法模式，但本质上没有变化，近年来相关行业、领域的管理部门也在依法对安全生产工作实施监督管理。

需要注意的是，尽管本条第一款和第二款对应急管理部门和行业主管部门的安全生产监督管理职责做了区分，但本条第三款也明确规定“负有安全生产监督管理职责的部门应当相互配合、齐抓共管、信息共享、资源共用，依法加强安全生产监督管理工作”，这也是本次修改增加的内容，目的在于强调第一款和第二款的分工只是为了明晰工作职责，相关部门不能以此为由相互推脱责任，相反各个部门是一个有机的整体，应相互配合、共同努力，一起保障安全生产。

【相关规定】

《中华人民共和国安全生产法》第六十三条、第六十五条；《中华人民共和国矿山安全法》第四条；《中华人民共和国建筑法》第六条。

第十一条　【标准化工作原则】国务院有关部门应当按照保障安全生产的要求，依法及时制定有关的国家标准或者行业标准，并根据科技进步和经济发展适时修订。

生产经营单位必须执行依法制定的保障安全生产的国家标准或者行业标准。

【条文主旨】

本条是关于安全生产标准化工作的原则性规定。

【理解与适用】

本法第四条要求生产经营单位在加强安全生产管理时应加强安全生产标准化建设，对经营单位而言，加强标准化建设的前提是有“标准”可供参照执行。本条是对标准化工作的原则性规定，明确了标准的类型、标准的制定机关，以及生产经营单位执行国家标准和行业标准的义务。

在理解本条时，应注意把握以下几个方面：

一、标准的类型包括国家标准、行业标准

安全生产的国家标准或者行业标准，包括生产作业、场所的安全标准，也可以是生产作业、施工的工艺安全标准，还可以是必须具备的安全设备、设施器材、劳动防护用品的产品安全标准。

根据标准化法实施条例第二条和第十条的规定，对工业产品的生产、储存、运输过程中的安全要求以及建设工程的安全要求等，应当制定标准，其中对需要在全国范围内统一的技术要求，应当制定国家标准，国家标准由国务院标准化行政主管部门制定。

同时，根据标准化法第十二条规定，对没有推荐性国家标准而又需要在全国某个行业范围内统一的技术要求，可以制定行业标准，行业标准由国务院有关行政主管部门制定，报国务院标准化行政主管部门备案。制定行业标准的前提是没有推荐性国家标准。

二、标准的制定和修订

尽管本条规定标准有国家标准和行业标准，但依照本条规定，无论是国家标准还是行业标准，制定的机关都是“国务院有关部门”，这是因为根据标准化法第五条第一款“国务院标准化行政主管部门统一管理全国标准化工作。国务院有关行政主管部门分工管理本部门、本行业的标准化工作”。

需要指出的是，本条只规定了制定的机关是“国务院有关部门”，但并未明确具体的部门，这一方面是因为安全生产涉及面广，由一个部门负责制定所有的标准并不现实；另一方面，我国采取的是专项监管和综合监管相结合的工作原则，也无法明确所有标准具体的制定部门。当然，最重要的是，我国已经制定了标准化法，该法对标准如何制定作了详细的规定，也是有关标准制定的特别法，因此对标准制定的具体细则不宜在本法中作出规定，而应执行标准化法的相关规定。因此，不同领域、不同类型的标准，制定机关可能完全不同，如矿山安全法第八条规定：“……矿山安全规程和行业技术规范，由国务院管理矿山企业的主管部门制定”，又如建筑法第五十二条规定：“建筑工程勘察、设计、施工的质量必须符合国家有关建筑工程安全标准的要求，具体管理办法由国务院规定……”

值得注意的是，技术是在不断变化和进步的，因此无论是行业标准还是国家标准，都应随着技术的进步不断修订，以适应安全生产工作的实际，因此本条对标准的修订予以明确。需要注意的是，本条规定是安全生产工作领域标准修订的一般原则，具体行业领域中的相关标准应与本条保持一致，明确标准的修订制度，如建筑法第五十二条第二款规定：“有关建筑工程安全的国家标准不能适应确保建筑安全的要求时，应当及时修订。”

三、生产经营单位必须遵守国家标准和行业标准

本条第二款是对生产经营单位遵守标准义务的规定。本条规定中所用的措辞是“必须执行”，也即生产经营单位在是否执行上并无选择，只能执行，否则即构成违法行为。需要注意的是，根据标准化法实施条例，国家标准、行业标准分为强制性标准和可以自愿采用的推荐性标准，顾名思义，前者必须强制执行，后者可以自愿采用。同样根据标准化法实施条例，保障人体健康，人身、财产安全的标准和法律、行政法规规定强制的标准为强制性标准，其他标准为推荐性标准。省、自治区、直辖市标准化行政主管部门制定的工业产品的安全、卫生要求的地方标准，在本行政区内是强制性标准。本条规定生产经营单位必须执行，因此本条规定中的国家标准和行业标准应指强制性标准。

根据本条规定，生产经营单位必须执行的是“依法制定的保障安全生产的国家标准或者行业标准”，这包括三层意思：

1. 如果有国家标准，生产经营单位必须执行国家标准，因为根据标准化法的规定，在国家标准公布后，行业标准即废止。

2. 如果没有国家标准，但有强制性行业标准，生产经营单位必须执行强制性行业标准。

3. 根据标准化法实施条例第十五条和第十八条，如果既无国家标准也无行业标准，但有省、自治区、直辖市标准化行政主管部门制定的地方性标准，如果该标准涉及工业产品的安全、卫生要求，在本行政区内是强制性标准，经营单位也必须执行。

【相关规定】

《中华人民共和国标准化法》第二条、第十条；《中华人民共和国矿山安全法》第八条、第九条；《中华人民共和国建筑法》第三十七条、第五十二条。

第十二条　【国家标准的制定】 国务院有关部门按照职责分工负责安全生产强制性国家标准的项目提出、组织起草、征求意见、技术审查。国务院应急管理部门统筹提出安全生产强制性国家标准的立项计划。国务院标准化行政主管部门负责安全生产强制性国家标准的立项、编号、对外通报和授权批准发布工作。国务院标准化行政主管部门、有关部门依据法定职责对安全生产强制性国家标准的实施进行监督检查。

【条文主旨】

本条是关于国家标准制定工作的规定。

【理解与适用】

本法第四条要求企业加强标准化建设。根据本法第十一条，国家标准或行业标准由国务院有关部门制定，但第十一条并未明确具体的部门，本条是关于标准制定对应的国务院具体部门的规定，是对本法第十一条规定的细化，也是本次修改新增的内容。

党中央一直高度重视安全生产中的标准化工作，2016 年《中共中央、国务院关于推进安全生产领域改革发展的意见》就强调“加快安全生产标准制定修订和整合，建立以强制性国家标准为主体的安全生产标准体系。鼓励依法成立的社会团体和企业制定更加严格规范的安全生产标准，结合国情积极借鉴实施国际先进标准。国务院安全生产监督管理部门①负责生产经营单位职业危害预防治理国家标准制定发布工作；统筹提出安全生产强制性国家标准立项计划，有关部门按照职责分工组织起草、审查、实施和监督执行，国务院标准化行政主管部门负责及时立项、编号、对外通报、批准并发布”。本条体现了上述意见的精神，对加强标准化建设有重要的意义。

在理解本条时，注意把握以下几个方面：

一、本条规定的标准限于强制性国家标准

国家标准分为强制性标准和推荐性标准。

本条规定的是有关安全生产的“强制性国家标准”的制定，推荐性国家标准、行业标准等其他类型的标准，并不属于本条调整的情形。如矿山安全法第八条规定了“矿山安全规程和行业技术规范，由国务院管理矿山企业的主管部门制定”。可见，安全生产标准的形式是多样化的，如果是强制性国家标准，应依照本条规定，由规定的部门按照规定的流程进行制定、实施和监督，其他类型的标准，仍可依照标准化法的规定或特别法律的规定进行制定、实施和监督。

二、安全生产强制性国家标准制定的流程

本条规定了安全生产强制性国家标准制定工作的流程，包括项目提出、组织起草、征求意见、技术审查、对外通报、授权批准发布、实施、监督检查 8 个步骤。

标准化法第十条规定：“对保障人身健康和生命财产安全、国家安全、生态环境安全以及满足经济社会管理基本需要的技术要求，应当制定强制性国家标准。国务院有关行政主管部门依据职责负责强制性国家标准的项目提出、组织起草、征求意见和技术审查。国务院标准化行政主管部门负责强制性国家标准的立项、编号和对外通报。国务院标准化行政主管部门

---

① 对应现在的应急管理部门。

应当对拟制定的强制性国家标准是否符合前款规定进行立项审查，对符合前款规定的予以立项。省、自治区、直辖市人民政府标准化行政主管部门可以向国务院标准化行政主管部门提出强制性国家标准的立项建议，由国务院标准化行政主管部门会同国务院有关行政主管部门决定。社会团体、企业事业组织以及公民可以向国务院标准化行政主管部门提出强制性国家标准的立项建议，国务院标准化行政主管部门认为需要立项的，会同国务院有关行政主管部门决定。强制性国家标准由国务院批准发布或者授权批准发布。法律、行政法规和国务院决定对强制性标准的制定另有规定的，从其规定。”

三、强制性国家标准化制定的部门及分工

本条规定了安全生产强制性国家标准制定工作的原则，即由各部门按照职责分工，分工负责标准的制定，也就是说强制性国家标准的制定并非由某一个部门单独完成。具体而言：

1. 应急管理部统筹提出安全生产强制性国家标准的立项计划。

2. 国务院标准化行政主管部门负责安全生产强制性国家标准的立项、编号、对外通报和授权批准发布工作。

3. 国务院标准化行政主管部门、有关部门依据法定职责对安全生产强制性国家标准的实施进行监督检查。这里的“有关部门”是一个泛指，包括但不限于本法第十条规定的“负有安全生产监督管理职责的部门”，即应急管理部门和对有关行业、领域的安全生产工作实施监督管理的部门。

【相关规定】

《中华人民共和国标准化法》第二条、第五条、第十条、第十四条；《中华人民共和国矿山安全法》第八条。

第十三条　【安全生产宣传教育】各级人民政府及其有关部门应当采取多种形式，加强对有关安全生产的法律、法规和安全生产知识的宣传，增强全社会的安全生产意识。

【条文主旨】

本条是关于各级人民政府及其有关部门安全生产宣传义务的规定。

【理解与适用】

根据本法第三条，我国安全生产工作应“建立生产经营单位负责、职工参与、政府监管、行业自律和社会监督的机制”。本条是对第三条的扩展和延伸规定。

安全生产工作事关人民群众的生命财产安全，事关经济的持续健康发展，做好安全生产工作，离不开广大职工的参与和社会舆论的监督。无论是职工的参与还是社会舆论的监督，都需要认同安全生产的理念，树牢安全生产的意识。实践中，一些劳动者使用质量不可靠的劳保用品，给自己带来了安全风险，也极易造成安全事故，还有一些企业认为消防等设施长期闲置，拒绝出资进行维护，这些都带来了安全隐患，背后根源是安全意识不强，缺乏对安全生产法律、法规的了解，因此，提高安全生产意识，对保障安全生产、落实安全生产具有重要的意义。

提高安全生产意识的重要途径就是加强对有关安全生产的法律、法规和有关安全生产知识的宣传，这属于各级人民政府及其有关部门安全生产工作的应有之义。况且，各级人民政府及其有关部门对有关安全生产的法律、法规和安全生产知识掌握得比较全面、透彻，更具有宣传人力、宣传渠道等天然优势，由其进行宣传，相对于其他主体来说有更大的优势。

此外，作为行政执法机关，政府部门具有权威性，其对安全生产的法律、法规和安全生产知识的宣传，更易为社会公众所接受，也能够消除社会公众、生产经营单位的一些误解，保障安全生产法律、法规得到落实。因此，各级人民政府及相关部门对于安全生产宣传应从思想上高度重视，组织上切实保证，经费上予以支持。

至于宣传的形式，本条并未予以限制，而是鼓励各级人民政府和相关部门采取多种形式进行宣传。在具体宣传时，可以利用电视、报纸、广播、新媒体等多种渠道途径进行宣传，多采用群众喜闻乐见、通俗易懂的方式进行宣传。

第十四条　【行业自律】有关协会组织依照法律、行政法规和章程，为生产经营单位提供安全生产方面的信息、培训等服务，发挥自律作用，促进生产经营单位加强安全生产管理。

【条文主旨】

本条是有关行业协会组织在安全生产领域的工作职责的规定。

【理解与适用】

根据本法第三条，我国安全生产工作应“建立生产经营单位负责、职工参与、政府监管、行业自律和社会监督的机制”，即我国安全生产工作要求行业自治组织参与，本条是关于行业自治组织在安全生产工作中职责的原则性规定，是对本法第三条的补充。本条源于2014年安全生产法的修改，在本次修改中予以保留。

在理解本条时，应注意以下几个方面：

一、协会组织应依法成立

协会组织属于民间团体，是社团组织。根据《社会团体登记管理条例》的规定，社会团体，是指中国公民自愿组成，为实现会员共同意愿，按照其章程开展活动的非营利性社会组织，成立社会团体，应当经其业务主管单位审查同意，并依照该条例的规定进行登记。

二、协会组织的类型

目前我国存在众多行业组织，涉及各行各业，在维护本行业企业权益、协调行业利益、共同抵御市场风险和规范市场行为方面，起到了重要的作用。在安全生产领域，目前我国也成立了一些协会组织，如全国性的协会组织——中国安全生产协会，又如北京市安全生产联合会等众多区域性协会组织。

需要指出的是，本条并未对“协会组织”的类型作出限制，因此本条中的协会组织并不限于安全生产领域的协会组织，其他类型的行业协会，如建筑业协会、采矿业协会、民航业协会等，也应在日常管理中注意安全生产工作，促进生产经营单位加强安全生产管理。

三、协会自律组织在安全生产工作的职责

安全生产协会组织作为有关安全生产领域的自治性组织，主要起到相互交流和相互促进的作用，就大家共同关心的问题进行研讨并制定解决方案，维护所有成员的利益，其职能主要体现为协调职能、服务职能及一定程度的监管职能，就服务职能而言，主要体现在为成员提供相关信息、组织培训等。

如中国安全生产协会章程规定，该协会的业务范围包括“（一）组织开展安全生产方面的调查研究，为国家安全生产方针政策、法律法规、发展规划的制定和安全生产重大决策等提出意见和建议；（二）经政府有关部门批准依法开展、组织安全生产团体标准的制定和实施，参与国家安全生产相关法律法规、标准规范的制修订工作；（三）贯彻‘安全第一、预防为主、综合治理’的安全生产方针，总结、交流和推广安全生产先进经验；（四）承担行业安全生产标准化相关工作，推动企业安全管理水平的提升；（五）组织开展安全文化建设，推动全国安全文化示范企业创建工作；（六）组织开展安全生产宣传教育活动，增强全民安全生产意识；（七）发挥专家委员会作用，为安全生产提供智库支撑。经政府有关部门批准依法开展、组织‘安全科技进步奖’的评定，组织安全生产新技术、新产品、新工艺、新成果的研究、评定和推广应用，组织开展安全生产咨询、安全风险评估等相关技术服务、技术帮扶等公益性活动，推动安全生产科技创新，促进安全生产科技进步；（八）履行为政府服务职能，承接政府购买服务项目，经政府有关部门批准，承担安全评价、安全培训、行业数据统计等技术支持工作，组织开展安全生产领域职业技能等级认定和从业注册、继续教育、诚信体系建设等行业自律管理工作；（九）指导办事机构、分支机构、代表机构、实体机构、合作机构（或联合组织）在本会的业务范围内依法依规开展活动；（十）反映会员单位的意见诉求，维护会员单位和安全生产工作者的合法权益；（十一）开展安全生产国际合作和交流活动；（十二）承办政府部门和有关单位委托的其他事项。”①

四、行业自律组织应依照法律、法规和章程开展活动

《社会团体登记管理条例》第四条规定：“社会团体必须遵守宪法、法律、法规和国家政策，不得反对宪法确定的基本原则，不得危害国家的统一、安全和民族的团结，不得损害国家利益、社会公共利益以及其他组织和公民的合法权益，不得违背社会道德风尚。社会团体不得从事营利性经营活动。”安全生产有关协会组织作为社会组织，自然也不例外，也应受到该条的约束，依法、依规履行职责。

需要注意的是，尽管安全生产法第十四条规定行业组织的职能包括提供信息、培训等服务，但根据《社会团体登记管理条例》第四条第二款的规定，“社会团体不得从事营利性经营活动”，因此行业协会在提供服务时不得从事营利性活动。

值得强调的是，这并不意味着有关组织在提供培训等服务时不能收取

---

① 载中国安全生产协会网站，http：//www. china – safety. org. cn/Detail/1_ 14. html，最后访问时间：2021 年 6 月 27 日。

费用，即要注意准确把握“营利”的含义。对“营利”的理解，可以结合民法典关于营利法人和非营利法人的规定进行把握。民法典第七十六条第一款规定，“以取得利润并分配给股东等出资人为目的成立的法人，为营利法人”，第八十七条第一款规定，“为公益目的或者其他非营利目的成立，不向出资人、设立人或者会员分配所取得利润的法人，为非营利法人”。可见，所谓“营利”并不意味着不能“盈利”，并不意味着不能“取得利润”，只是不能将“利润”分配给“出资人、设立人或者会员”。因此，行业协会组织在提供信息、培训服务时仍可收取报酬，只是应将其所得仍用于安全生产的公益活动，而不能在成员间进行分配。

此外，行业协会组织作为自治性团体，如何管理、运行等，应由成员自行决定并制定协议，该协议即是所谓的章程。《社会团体登记管理条例》第十四条规定：“社会团体的章程应当包括下列事项：（一）名称、住所；（二）宗旨、业务范围和活动地域；（三）会员资格及其权利、义务；（四）民主的组织管理制度，执行机构的产生程序；（五）负责人的条件和产生、罢免的程序；（六）资产管理和使用的原则；（七）章程的修改程序；（八）终止程序和终止后资产的处理；（九）应当由章程规定的其他事项”。安全生产法第十四条要求协会组织依照章程开展活动，主要是指有关协会组织在开展活动时，应符合协会的宗旨、业务范围和活动地域，要符合组织管理制度和资产管理、使用原则。

【相关规定】

《社会团体登记管理条例》第二条、第三条、第四条、第十四条；《中华人民共和国民法典》第七十六条。

第十五条　【服务机构】依法设立的为安全生产提供技术、管理服务的机构，依照法律、行政法规和执业准则，接受生产经营单位的委托为其安全生产工作提供技术、管理服务。

生产经营单位委托前款规定的机构提供安全生产技术、管理服务的，保证安全生产的责任仍由本单位负责。

【条文主旨】

本条是关于为安全生产提供技术、管理服务的机构的规定。

【理解与适用】

安全生产是一个复杂的系统工程，涉及众多的领域，有时需要第三方机构提供服务。如本法第八条规定："……县级以上地方各级人民政府应当组织有关部门建立完善安全风险评估与论证机制……"对生产经营单位项目的风险评估和论证，交由专业的第三方机构就较为合适，因为如果交由生产经营单位自己评估论证，难以保证其报告的客观性。又如本法第十四条规定的行业协会为生产经营单位提供的培训服务，该服务也可能交由第三方服务机构来落实。

此外，实践中对企业的安全生产条件和工程建设项目进行安全评价以及对有关设施设备进行安全性能的检测、检验或者认证，往往也需要第三方机构承担。总之，安全生产管理中的许多工作，专业性和技术性较强，需要由具有专门知识和丰富经验的专业人员来完成，而一些中小企业缺少具有专门知识和经验的安全工程技术人员，希望能从有关机构聘请到专业人员为其安全生产工作提供技术管理服务。基于这种需要，实践中也的确出现了很多相关的服务机构。然而，实践中，有些服务机构为了一己私利，迎合客户需要出具虚假报告，甚至造成了生产事故，因此有必要对相关技术、管理服务机构的执业行为作出规定。

在理解本条时，应注意把握两个方面：

一、技术、管理服务机构的设立和执业原则

从事专业安全生产服务的机构必须要符合法律、法规等规定的设立条件，国家对其工作人员有资质要求的，应配备具有相应资质的工作人员，以保证其能提供专业化的服务。如《安全生产检测检验机构管理规定》《安全生产检测检验机构资质认定评审通用准则》即对安全生产检测检验甲级机构提出了能力要求。

安全生产服务机构必须遵守法律、行政法规的有关规定和执业准则，按照生产经营单位的委托，提供有关的安全评价、检测、检验、认证、咨询、培训、管理等服务。否则，将依法承担法律责任。如本法第九十二条规定："承担安全评价、认证、检测、检验职责的机构出具失实报告的，责令停业整顿，并处三万元以上十万元以下的罚款；给他人造成损害的，依法承担赔偿责任。承担安全评价、认证、检测、检验职责的机构租借资质、挂靠、出具虚假报告的，没收违法所得；违法所得在十万元以上的，并处违法所得二倍以上五倍以下的罚款，没有违法所得或者违法所得不足十万元的，单处或者并处十万元以上二十万元以下的罚款；对其直接负责的主管人员和其他直接责任人员处五万元以上十万元以下的罚款；给他人造成损害的，与生产经营单位承担连带赔偿责任；构成犯罪的，依照刑法有关规定追究刑事责任。对有前款违法行为的机构及其直接责任人员，吊销其相应资质和资格，五年内不得从事安全评价、认证、检测、检验等工作；情节严重的，实行终身行业和职业禁入。”又如刑法第二百二十九条规定：“承担资产评估、验资、验证、会计、审计、法律服务、保荐、安全评价、环境影响评价、环境监测等职责的中介组织的人员故意提供虚假证明文件，情节严重的，处五年以下有期徒刑或者拘役，并处罚金；有下列情形之一的，处五年以上十年以下有期徒刑，并处罚金：……在涉及公共安全的重大工程、项目中提供虚假的安全评价、环境影响评价等证明文件，致使公共财产、国家和人民利益遭受特别重大损失的……”

安全生产服务机构应当遵守公开公正诚信和自愿的原则按照政府指导价或者行业自律价，与委托方签订委托协议，明确双方的权利和义务。

二、委托服务机构并不意味着生产经营单位安全生产责任的免除

根据本条第二款规定，生产经营单位委托服务机构提供技术、管理服务的，两者之间是委托的法律关系，换言之，服务机构是生产经营单位的辅助人，而非责任替代人。根据民法典的规定，在委托范围之内，受托机构的一切行为后果都由委托的生产经营单位承担。

需要注意的是，生产经营单位委托相关机构为其安全生产提供技术、管理服务，特别是管理服务，属于单位内部安全生产管理的一种方式，生产经营单位的安全生产责任并不因为委托相关机构就减轻或者免除。这是因为，服务机构与生产经营单位之间是委托关系，双方的权利义务主要通过委托协议约定来设定，属于约定权利和义务，而安全生产责任是本法施加给生产经营单位的法定义务，不能通过约定予以免除。

实践中，一些单位认为自己委托服务机构管理后，如果发生安全生产管理事故，应由服务机构承担责任，这种认识是错误的，为了避免这种错误，本条第二款特别强调，生产经营单位委托机构提供技术管理服务的保证安全生产的责任仍由本单位负责。

【相关规定】

《中华人民共和国消防法》第三十四条；《中华人民共和国刑法》第二百二十九条。

第十六条　【法律责任】国家实行生产安全事故责任追究制度，依照本法和有关法律、法规的规定，追究生产安全事故责任单位和责任人员的法律责任。

【条文主旨】

本条是关于安全生产事故责任追究制度的规定。

【理解与适用】

“违法必究”是依法治国的基本要求，在安全生产领域也不例外。2002 年安全生产法制定时就规定了本条的基本内容，明确宣布实行生产安全事故责任追究制度，对于使人们对安全生产法产生敬畏之心，保证安全生产方面法律、法规得到遵守，保障安全生产，起到了重要作用。本次修改进一步健全责任体系，加大惩罚力度，确保安全生产责任落实，为此，本条在此次修改时增加了“责任单位”的内容。

需要注意的是，本条只是责任追究的总则性规定，对什么主体承担责任、承担何种责任、承担何种形式的责任并未规定，具体的细则规定在本法第六章（第九十条至第一百一十六条）以及其他相关法律法规中。

在理解本条时，应注意把握以下几个方面：

一、本法适用的对象是“生产安全事故责任单位和责任人员”

生产安全事故责任人员，是指造成安全生产事故的人员，既包括直接责任人，也包括间接责任人，既可能是生产经营单位中对安全生产负有领导责任的单位负责人，也可能是在生产一线进行具体操作的劳动者，还可能是有关地方人民政府及其有关部门对生产安全事故的发生负有领导责任或有失职、渎职情形的有关人员。

当然，在具体确定责任时，应注意把握一定是对生产事故负有责任的人员，因此必须在事故调查的基础上，结合每个单位、每个人员的岗位和职责，对事故责任加以认真分析判断，寻找出真正的事故责任人，使其受到应有的法律追究。

本次修改增加了追究“责任单位”的规定，因此，本法的适用对象也包括责任单位。本法对各安全生产工作机制中的各主体规定了安全生产的法定义务，当单位违反法律法规的义务而导致生产事故发生时，如生产经营单位未规定建立安全生产制度、安全生产设施不符合标准化建设要求，又如技术服务机构提供虚假证明等，此时单位对事故发生负有直接或间接责任，追究其法律责任也是“违法必究”的必然要求，本次修改也增加了对单位的责任规定，如修改后的本法第九十二条第一款规定“承担安全评价、认证、检测、检验职责的机构出具失实报告的，责令停业整顿，并处三万元以上十万元以下的罚款；给他人造成损害的，依法承担赔偿责任。”

二、追究责任时，应根据具体的法律条款确定是否承担责任以及承担何种责任

本条并未对具体的责任成立要件和责任形式进行规定，不能作为责任追究的具体法律依据，即在追究责任时，还应以本法以及对应的法律、法规作为法律依据。

就本条规定中的“依照本法”而言，主要是指本法第六章“法律责任”中的相关规定，就本条规定中的“依照有关法律、法规”而言，是指本法之外的其他有关安全生产的法律、法规，如刑法、行政处罚法、行政复议法、矿山安全法、道路交通安全法等。

例如，本法第一百零八条规定：“违反本法规定，生产经营单位拒绝、阻碍负有安全生产监督管理职责的部门依法实施监督检查的，责令改正；拒不改正的，处二万元以上二十万元以下的罚款；对其直接负责的主管人员和其他直接责任人员处一万元以上二万元以下的罚款；构成犯罪的，依照刑法有关规定追究刑事责任。”因此，针对生产经营单位拒绝、阻碍负有安全生产监督管理职责的部门依法实施监督检查的情形，一方面，在追究生产经营单位的行政法律责任时，应以本法第一百零八条作为法律依据，责令改正、处以罚款，处罚的对象既包括单位，也包括直接负责的主管人员和其他直接责任人员；另一方面，在追究生产经营单位的刑事法律责任时，则应以刑法为依据，根据该情形对应的刑事法律规定来判断其具体的罪名以及应当承担的刑罚。

三、本法中的法律责任既可能是行政法律责任、刑事法律责任，也可能是民事法律责任

法律责任一般指违反法律义务后所应承担的不利后果，通常可以分为民事责任、刑事责任和行政责任。

根据民法典第一百七十九条，承担民事责任的方式主要有：停止侵害；排除妨碍；消除危险；返还财产；恢复原状；修理、重作、更换；继续履行；赔偿损失；支付违约金；消除影响、恢复名誉；赔礼道歉。

根据刑法第三十三条，刑事责任中的主刑包括：管制、拘役、有期徒刑、无期徒刑、死刑。此外，根据刑法第三十四条，刑事责任的形式还有附加刑，主要包括罚金、剥夺政治权利和没收财产。

行政法律责任的形式主要包括行政处罚和处分，前者包括警告、通报批评；罚款、没收违法所得、没收非法财物；暂扣许可证件、降低资质等级、吊销许可证件；限制开展生产经营活动、责令停产停业、责令关闭、限制从业；行政拘留；法律、行政法规规定的其他行政处罚，后者包括警告、记过、记大过、降级、撤职、开除。

例如，根据本法第一百零八条规定，违反本法规定，生产经营单位拒绝、阻碍负有安全生产监督管理职责的部门依法实施监督检查的，责令改正；拒不改正的，处二万元以上二十万元以下的罚款；对其直接负责的主管人员和其他直接责任人员处一万元以上二万元以下的罚款；构成犯罪的，依照刑法有关规定追究刑事责任。

又如，本法第一百一十六条第一款规定："生产经营单位发生生产安全事故造成人员伤亡、他人财产损失的，应当依法承担赔偿责任；拒不承担或者其负责人逃匿的，由人民法院依法强制执行"，规定的"依法承担赔偿责任"，就是民事法律责任。

总之，本条只是规定了责任追究，但具体如何追究责任，应依照本法以及相关的法律、法规，根据具体情况具体确定。

本条只是责任追究的总则性规定，具体的责任在本法第六章作了详细规定，在个案中追究具体责任时，应适用本法第六章对应的具体条款，而非本条规定。

另外，对于刑事法律责任，根据"罪行法定"原则，对刑事责任的追究，应依照我国刑法的相关规定进行认定和处罚。

【相关规定】

《中华人民共和国民法典》第一百七十九条；《中华人民共和国刑法》第三十三条、第三十四条、第一百三十四条至第一百三十九条、第二百二十九条；《中华人民共和国建筑法》第七十一条、第七十二条；《中华人民共和国矿山安全法》第四十条至第四十八条。

第十七条　【社会监督】县级以上各级人民政府应当组织负有安全生产监督管理职责的部门依法编制安全生产权力和责任清单，公开并接受社会监督。

【条文主旨】

本条是关于安全生产监督管理职责部门权力和责任清单以及社会监督的规定。

【理解与适用】

本条是本次修改新增的内容，在理解本条时，应注意把握以下几个方面：

一、本条的意义

本条要求监管部门将权力进行公示，接受社会监督，对强化依法行政、健全安全生产责任体系和优化营商环境具有重要的意义。

（一）本条规定是依法行政、政务公开制度的体现

本条适用的对象是“县级以上各级人民政府负有安全生产监督管理职责的部门”，这些部门尽管履行的是监管职责，但都属于行政部门，其监管活动也是一种行政执法活动。根据行政法的基本原则对公权力机关而言“法无授权不可为”，行政主体只有在法律授权的范围内才享有执法权，未获法律授权的则无执法权。为了避免在对安全生产进行有效监管同时给少数不法分子留下权力寻租的机会，本条要求编制权力清单，将之公开并接受社会监督，既可以督促行政执法人员依法行政，也可为本法第四条规定的工作机制中的“社会监督”创造条件。

（二）本条规定有利于健全安全生产责任体系

安全生产是一个系统复杂的工程，涉及生产的多个方面，也涉及多个部门，导致有时出现责任不清的局面，甚至出现“九龙治水”、相互推诿的现象。此外，实践中也存在一些监管部门因责任心不强而出现消极不作为，有权不行使、有责不担当的情况。本条明确要求“安全生产监督管理职责的部门依法编制安全生产权力和责任清单，公开并接受社会监督”，通过公开权力清单和责任清单，一方面，督促监管部门厘清自身的职责，为依法行政创造条件；另一方面，通过公开，社会公众可以了解相关部门的职责，依照权力清单和责任清单对监管部门进行监督，及时发现、投诉和反馈滥用职权、懒政怠政的消极不作为等现象。

安全生产事关人民群众生命财产安全，事关社会秩序和经济健康发展，监管部门切实尽职履责，对提高安全生产有重大意义，但除了依靠自觉外，社会监督也非常必要，而社会监督需要公众首先了解监督管理部门的职责。本条规定既是2015年《关于推行地方各级政府工作部门权力清单制度的指导意见》精神的体现，也是对本法中安全生产工作机制的具体落实。

二、准确把握县级以上各级人民政府和安全监督管理机关的职责

本条规定“县级以上各级人民政府应当组织负有安全生产监督管理职责的部门依法编制安全生产权力和责任清单”，根据本条规定可知，县级以上各级人民政府的职责在于督促和组织具体负有安全生产监督管理职责的部门依法编制安全生产权力和责任清单，具体清单的编制和公开，仍应由各具体负有安全生产监督管理职责的部门直接负责。

需要注意的是，本条规定并不意味着县级以上人民政府对清单的编制和公开没有任何责任。2015年《关于推行地方各级政府工作部门权力清单制度的指导意见》明确要求“各省（自治区、直辖市）政府要制定本地区推行权力清单制度工作方案，明确工作步骤，细化政策措施，认真研究部署。上级政府要加强对下级政府的指导和督促检查，重要事项及时向党委报告”。可见各级政府对权力清单制度的推动负有组织和督促的职责，本次修改体现了相关精神，各级政府在安全生产领域，应按照《关于推行地方各级政府工作部门权力清单制度的指导意见》的要求组织实施。

本条中“负有安全生产监督管理职责的部门”，与本法第十条第三款规定的“负有安全生产监督管理职责的部门”相同，既包括应急管理部门，也包括对有关行业、领域的安全生产工作实施监督管理的部门。

三、权力清单和责任清单的编制

2015年，《关于推行地方各级政府工作部门权力清单制度的指导意见》指出“将地方各级政府工作部门行使的各项行政职权及其依据、行使主体、运行流程、对应的责任等，以清单形式明确列示出来，向社会公布，接受社会监督”“地方各级政府工作部门要对行使的直接面对公民、法人和其他组织的行政职权，分门别类进行全面彻底梳理，逐项列明设定依据，汇总形成部门行政职权目录”。此外，该意见还要求“在建立权力清单的同时，要按照权责一致的原则，逐一厘清与行政职权相对应的责任事项，建立责任清单，明确责任主体，健全问责机制”。可见，权力清单，就是把各级政府及其所属工作部门掌握的各项公共权力进行全面统计，并将权力的列表清单公之于众，主动接受社会监督。责任清单，就是在权力清单的基础上，按照权责一致的原则，逐一厘清与行政职权相对应的责任事项和责任主体，并将清单公之于众，主动接受社会监督。

《关于推行地方各级政府工作部门权力清单制度的指导意见》推行至今，权力清单制度已经取得了不错的成效。需要注意的是，根据上述意见，权力清单和责任清单并非简单的罗列，而是对法律进行系统清理、梳理的过程。事实上，根据该意见，权力清单的编制包括全面梳理现有职权、大力清理调整行政职权、依法律法规审核确认、优化权力运行流程、公布权力清单、推进责任清单、强化权力监督和问责等方面内容。因此，只有依法律、法规审核确认后的权力，才能被列入清单，而在审核时要求“地方各级政府要对其工作部门清理后拟保留的行政职权目录，按照严密的工作程序和统一的审核标准，依法逐条逐项进行合法性、合理性和必要性审查。需修改法律法规的，要先修法再调整行政职权，先立后破，有序推进。在审查过程中，要广泛听取基层、专家学者和社会公众的意见。审查结果按规定程序由同级党委和政府确认”。

关于权力清单的公布，可以采取多种方式，但应注意保密的特殊情况。根据《关于推行地方各级政府工作部门权力清单制度的指导意见》，地方各级政府对其工作部门经过确认保留的行政职权，除保密事项外，要以清单形式将每项职权的名称、编码、类型、依据、行使主体、流程图和监督方式等，及时在政府网站等载体公布。垂直管理部门设在地方的具有行政职权的机构，其权力清单由其上级部门进行合法性、合理性和必要性审核确认，并在本机构业务办理窗口、上级部门网站等载体公布。

第十八条　【科技支撑】国家鼓励和支持安全生产科学技术研究和安全生产先进技术的推广应用，提高安全生产水平。

【条文主旨】

本条是关于鼓励和支持安全生产科学技术研究和先进技术推广应用的规定。

【理解与适用】

本条是党中央、国务院在安全生产领域重视科技发展的体现。

安全生产法的立法目的是预防和减少事故的发生，安全生产在某种意义上可以说就是人们认识自然、改造自然的一个过程。尽管安全生产事故有一定的偶然性和突发性，但也并非毫无规律。因此发现规律、利用规律，也可以有效地降低损失，甚至预防安全事故的发生。如随着人工智能的发展，目前已经研发出汽车自动防撞系统，可以在一定程度上避免交通事故的发生，又如随着5G技术的发展，部分领域目前已经实现了通过远程遥控机器进行生产，通过“机器换人”，即便发生危险，也可以避免人员伤亡，降低损失。实践表明，科学技术研究和先进技术的推广应用，对安全生产有着重要的意义。

党中央、国务院一直高度重视科技在安全生产中的重要作用，如《中共中央、国务院关于推进安全生产领域改革发展的意见》中明确指出要建立科技支撑体系，提出要优化整合国家科技计划，统筹支持安全生产和职业健康领域科研项目，加强研发基地和博士后科研工作站建设。开展事故预防理论研究和关键技术装备研发，加快成果转化和推广应用。推动工业机器人、智能装备在危险工序和环节广泛应用……加强安全生产理论和政策研究，运用大数据技术开展安全生产规律性、关联性特征分析，提高安全生产决策科学化水平。

在具体的生产领域，也有关于鼓励和支持安全生产技术研究、推广具体的规定，如建筑法第四条规定：“国家扶持建筑业的发展，支持建筑科学技术研究，提高房屋建筑设计水平，鼓励节约能源和保护环境，提倡采用先进技术、先进设备、先进工艺、新型建筑材料和现代管理方式。”矿山安全法第五条规定：“国家鼓励矿山安全科学技术研究，推广先进技术，改进安全设施，提高矿山安全生产水平。”

【相关规定】

《中华人民共和国矿山安全法》第五条；《中华人民共和国建筑法》第四条。

第十九条　【奖励制度】国家对在改善安全生产条件、防止生产安全事故、参加抢险救护等方面取得显著成绩的单位和个人，给予奖励。

【条文主旨】

本条是关于对在有关安全生产工作中取得显著成绩的单位和个人给予奖励的规定。

【理解与适用】

赏罚分明是管理工作的重要方面，本法第十六条规定对违反安全生产工作的行为追究法律责任，本条则规定对在安全生产方面做出突出贡献的单位和个人给予奖励。通过奖励，既肯定了他们对安全生产做出的贡献，也在全社会树立了榜样，可以鼓励和提高人们安全生产工作的积极性。

在理解本条时，注意把握以下几个方面：

一、受奖励的主体既可以是单位，也可以是个人

尽管本法主要规制生产经营单位的安全生产工作，但根据本条规定，在对安全生产工作进行奖励时不限于生产经营单位，对个人也可以给予奖励。

奖励对象是在改善安全生产条件、防止生产安全事故、参加抢险救护等方面取得显著成绩的单位和个人，既包括生产经营单位及其有关人员，也包括政府、有关部门及其工作人员，还包括其他社会组织和公民个人。

至于奖励的方式，本法并未规定，一般而言，既可以是精神性的奖励，如授予荣誉称号、颁发奖状、嘉奖、记功等，也可以是物质性的奖励，如发给奖金等。

二、对本条中的“国家”应做广义的理解

依照本条规定，“国家对……的单位和个人，给予奖励”，此处所说的“国家”不应理解为中央人民政府，而应做广义理解，即代表国家行使职权的政府部门。质言之，给予奖励的主体既可以是中央人民政府，也可以是各级地方人民政府，还可以是政府有关部门。如龙岩市委、市政府对2020年安全隐患大排查大整治工作中成绩突出的集体和个人进行表彰奖励，其中15个集体和49名个人获记功或嘉奖①，就是本条奖励制度的体现。

三、正确理解受奖励的范围

本法的立法目的是预防和减少安全生产事故，因此对在改善安全生产

---

① 《龙岩市嘉奖安全工作突出者15个集体和49名个人获记功或嘉奖》，载闽西新闻网，http://www.mxrb.cn/news.html? aid=89583，最后访问时间：2021年7月6日。

条件、防止生产安全事故方面取得显著成绩的单位和个人给予奖励，契合本法立法目的，属于应有之义，但安全生产事故具有突发性，在事故发生后，及时抢救也能尽可能地挽回损失，而且，在抢救时抢救人员往往面临较大的生命危险，因此也应对其给予奖励。

1. 改善安全生产条件，是指通过对现有生产经营设施、设备、工艺等的革新，使安全生产条件明显改善，安全生产得到进一步的保障。如通过发明创造、技术革新，发明了新的安全有效的机器、设备或者工艺，取得了明显的安全效益，又如在引进、吸收、开发、应用国外先进的安全科学技术中，做出创造性贡献并取得重大经济效益或社会效益的。

2. 防止生产安全事故，是指通过及时发现事故隐患和其他问题并及时采取措施，或者通过其他行为防止事故发生；或者提出了行之有效的事故预防、控制方法等。如根据新闻媒体报道，2020 年 6 月，百色市强降雨，村民报告高铁线路隐患，防止了可能发生的事故，获 1 万元奖励。①

3. 参加抢险救护，是指在事故发生后积极参与抢险救护，尽职尽责、见义勇为、不畏艰险做出重要贡献的。

需要注意的是，对于奖励范围，本条采取的是“列举 + 概括”的方式，即本条在列举了改善安全生产条件、防止生产安全事故和参加抢险救护后，又用了一个“等”字，这意味着，除以上三种情况外，其他在安全生产工作方面取得显著成绩的单位和个人，也可以给予奖励，具体由相关部门根据情况决定。

【相关规定】

《中华人民共和国矿山安全法》第六条。

---

① 《百色一村民发现铁路险情及时上报获奖万元》，载南宁新闻网，http：//www.nnnews.net/yaowen/p/3043209.html，最后访问时间：2021 年 7 月 6 日。

第二章　生产经营单位的安全生产保障

第二十条　【安全生产条件】生产经营单位应当具备本法和有关法律、行政法规和国家标准或者行业标准规定的安全生产条件；不具备安全生产条件的，不得从事生产经营活动。

【条文主旨】

本条是关于生产经营单位在从事生产活动的过程中需要具备的安全生产条件的规定。

【理解与适用】

生产经营单位应当保障生产活动的安全进行，防止或减少安全事故的发生，在从事生产经营的过程中，需要确定相关的设施设备、专业人员、管理制度以及技术方面达到法律、行政法规所规定的要求，抑或是符合国家或行业标准。

一、法律、行政法规规定的安全生产条件

本条将安全生产的条件与其他法律进行了有效衔接，在单位从事生产经营的活动中，不仅要遵循本法对于安全生产的规定，在其他法律法规中有涉及安全生产的条文，也应当遵守。在本法中，规定了生产经营单位相关负责人应当建立相应的安全责任制度、制定教育培训计划、及时消除安全生产事故隐患、定期实施应急预案以及在事故发生时及时上报；生产经营单位应当在生产安全方面投入必要的资金保证安全生产的进行；经营单位应设置安全管理机构或专职的生产管理人员；对于从业人员，生产经营单位应当对其进行安全生产教育和培训，并建立档案，保障从业人员的专业知识和安全防范意识；对于特种作业人员要求其必须持证上岗；在项目施工的同时要求安全设施同步跟进；特殊项目的建设要在可行性研究阶段按照国家的规定进行安全评价；在有较大危险因素的生产经营场所和有关设施、设备上，设置明显的安全警示标志；在使用特种设备时，应当先由专业生产单位进行安全隐患排查；对危险物品的生产、经营、运输、储存、使用以及废弃等，也要接受有关主管部门的监督管理；单位必须为从业人员缴纳工伤保险。

由于安全生产所涉领域甚广，安全生产法不可能一一罗列、面面俱到，因此，不同的领域、行业也有相应的行政法规、部门规章。比如，《危险化学品安全管理条例》第十二条规定，在新建、改建、扩建生产、储存危险化学品的建设项目，应当由安全生产监督管理部门①进行安全条件审查。矿山安全法第七条、第十条规定，矿山工程中的安全设施必须采取“三同时”的原则，并且每个矿井须有两人以上能行人的安全出口，其直线水平距离必须符合安全规程和技术规范。我国各行业各领域安全生产的行政法规包括煤矿安全、非煤矿山安全、化学品安全、民用爆炸物品安全、劳动安全与职业健康、建设工程与项目安全、消防安全等。在《安全生产许可证条例》第二条中规定国家对矿山、建筑施工、危险化学品、烟花爆竹以及民用爆炸物品生产企业实行安全生产许可制度。例如，《安全生产许可证条例》第六条规定：“企业取得安全生产许可证，应当具备下列安全生产条件：（一）建立、健全安全生产责任制，制定完备的安全生产规章制度和操作规程；（二）安全投入符合安全生产要求；（三）设置安全生产管理机构，配备专职安全生产管理人员；（四）主要负责人和安全生产管理人员经考核合格；（五）特种作业人员经有关业务主管部门考核合格，取得特种作业操作资格证书；（六）从业人员经安全生产教育和培训合格；（七）依法参加工伤保险，为从业人员缴纳保险费；（八）厂房、作业场所和安全设施、设备、工艺符合有关安全生产法律、法规、标准和规程的要求；（九）有职业危害防治措施，并为从业人员配备符合国家标准或者行业标准的劳动防护用品；（十）依法进行安全评价；（十一）有重大危险源检测、评估、监控措施和应急预案；（十二）有生产安全事故应急救援预案、应急救援组织或者应急救援人员，配备必要的应急救援器材、设备；（十三）法律、法规规定的其他条件。”生产经营单位必须遵守法律、行政法规对于安全生产条件的规定，否则，不得从事有关的生产经营活动。

---

① 对应现在的应急管理部门。

二、国家标准或行业标准规定的安全生产条件

生产经营单位在遵守法律、法规的同时，还需要符合我国对于安全生产的国家标准和行业标准。国家标准在全国范围内使用，其他各级标准不得与国家标准相抵触。行业标准是指没有推荐性国家标准，又需要在全国某个行业范围内统一技术要求所制定的标准。行业标准是对国家标准的补充，是具有较强专业性和技术性的标准。行业标准不能与国家标准相抵触。国家标准化委员会有关安全生产方面的标准包括个体防护装备、粉尘防爆、矿山、电气及防爆、带电作业、危险化学品、民爆物品、烟花爆竹、石油天然气、交通运输、涂装作业、索道及游乐设施、机械、消防、压力容器、部分职业卫生等。安全生产标准是生产经营单位搞好安全生产工作的重要技术管理规范，是保障安全设施、设备、仪器、仪表、器材有效可靠的手段，是政府开展依法行政和履行安全生产监管监察职责的技术依据，是防止和减少生产安全事故，促进安全生产稳定好转的保证。

【相关规定】

《安全生产许可证条例》第二条、第六条；《危险化学品安全管理条例》第十二条。

第二十一条　【生产经营单位主要负责人安全生产职责】 生产经营单位的主要负责人对本单位安全生产工作负有下列职责：

（一）建立健全并落实本单位全员安全生产责任制，加强安全生产标准化建设；

（二）组织制定并实施本单位安全生产规章制度和操作规程；

（三）组织制定并实施本单位安全生产教育和培训计划；

（四）保证本单位安全生产投入的有效实施；

（五）组织建立并落实安全风险分级管控和隐患排查治理双重预防工作机制，督促、检查本单位的安全生产工作，及时消除生产安全事故隐患；

（六）组织制定并实施本单位的生产安全事故应急救援预案；

（七）及时、如实报告生产安全事故。

【条文主旨】

本条是对生产经营单位的主要负责人在安全生产工作中主要职责的规定。

【理解与适用】

“管生产必须管安全”，这是安全生产的基本原则之一，生产经营单位在从事生产经营的活动中必须落实安全工作，谁主管谁负责，安全生产法第五条规定：“生产经营单位的主要负责人是本单位安全生产第一责任人，对本单位的安全生产工作全面负责……”安全生产的重要性要求主管者也必须是责任人，全面履行安全生产的责任。生产经营与安全工作必须同时进行，主要负责人有责任义务在管理本单位生产经营的同时兼顾安全生产的工作，坚持安全发展，认真贯彻落实“安全第一、预防为主、综合治理”方针，正确处理好安全与效益的关系，做到生产经营与安全工作同时进行。本条规定是在原安全生产法第十八条基础上修改而成的，与原法条相比完善了对于安全生产责任制和安全生产标准化建设的落实责任，并在第五项中增加了风险分级管控和隐患排查治理双重预防工作机制。修改的目的是加强对安全事故的防范，减少安全事故的发生。

根据本条规定，生产经营单位的主要负责人对安全生产工作负有以下职责：

一、建立健全并落实本单位全员安全生产责任制，加强安全生产标准化建设

安全生产责任制是最早见于1963年3月30日颁布的《国务院关于加强企业生产中安全工作的几项规定》（已失效），其要求企业的各级领导、职能部门、有关工程技术人员和生产工人，在各自的工作过程中对实现安全生产的要求负责。安全生产责任制是生产经营单位最基本的安全生产管理制度，依据“管生产经营必须管安全”的原则，要求生产经营单位中的生产、技术、设计、供销、运输、财务等各有关专职机构人员，包括单位的主要负责人、其他负责人、职能部门及其工作人员、工程技术人员和各岗位的操作人员等全体人员都应在各自的业务范围内，对实现安全生产的要求负责。本项对比原安全生产法第十八条第一项更加强调了落实工作和全员安全生产责任制，安全生产责任必须具有全面性，做到安全工作层层有人负责。

本项对比原安全生产法第十八条第一项，还增加了加强安全生产标准化建设的规定。安全生产标准化，遵循了“安全第一、预防为主、综合治理”的方针，可以提高安全生产水平，减少事故发生，保障人身安全监控，生产经营活动顺利进行，通过建立安全生产责任制，制定安全管理制度和操作流程，排查治理隐患和监控重大危险源，建立防御机制，规范生产行为，使各生产环节符合有关安全生产法律法规和标准规范的要求。①

二、组织制定并实施本单位安全生产规章制度和操作

生产经营单位的主要负责人应依照国家有关法律、行政法规、规章的标准和要求，结合本单位的自身生产经营范围、危险系数以及具体工作内容，制定安全生产规章制度和操作，并落实实施。安全生产规章制度是生产经营单位规章制度的重要组成部分，是保证生产经营活动安全、顺利进行的重要手段，其主要包括两方面内容：一是安全操作规程。包括在生产前安全检查的内容、方法以及要求，安全操作的步骤以及注意事项，排除故障方法，应急处理措施等。二是基本安全管理制度。包括职工安全守则，安全生产教育制度，事故管理制度，危险作业审批制度，重大危险源安全监控制度，以及危险品的装卸、储存、运输和废弃处置安全规则等。②

三、组织制定并实施本单位安全生产教育和培训计划

生产经营单位主要负责人要承担组织制定并实施本单位安全生产教育和培训计划的职责，强化安全生产教育和培训，提高从业人员的安全素质。生产经营单位的安全生产教育和培训计划是根据本单位安全生产状况、岗位特点、人员结构组成，有针对性地规定单位负责人、职能部门负责人、车间主任、班组长、安全生产管理人员、特种作业人员以及其他从业人员的安全生产教育和培训统筹安排，包括经费保障、教育培训内容以及组织实施措施等内容。

四、保证本单位安全生产投入的有效实施

生产经营单位的主要负责人要保证本单位具备法律、法规以及国家、行业标准规定的安全生产条件。安全生产投入是保障生产经营单位具备安

---

① 参见《企业安全生产标准化基本规范》。

② 参见《企业安全生产规章制度》，载安全管理网，http：//www. safehoo. com/Manage/System/Common/201101/166066_ 3. shtml，最后访问时间：2021 年 7 月 3 日。

全生产条件的必要物质基础。生产经营单位的主要负责人要确保对安全生产的资金投入，不能一味追求经济效益，要在追求经济效益的同时保证安全生产。

五、组织建立并落实安全风险分级管控和隐患排查治理双重预防工作机制，督促、检查本单位的安全生产工作，及时消除生产安全事故隐患

本条第五项对应原安全生产法第十八条第五项，本次修改增加了安全风险分级管控和隐患排查治理双重预防工作机制的有关内容。安全风险分级管控是指通过识别生产经营活动中存在的危险、有害因素，并运用定性或定量的统计分析方法确定其风险严重程度，进而确定风险控制的优先顺序和风险控制措施，以达到改善安全生产环境、减少和杜绝安全生产事故的目标而采取的措施和规定。①“双重预防工作机制”就是预防生产安全事故的两道“防火墙”。第一道是“管风险”，利用风险评估技术，以安全风险辨识和管控为基础，从源头上系统辨识风险、分级管控风险，通过行政和技术手段落实管控方案，杜绝和减少事故隐患的产生，把各类风险控制在可接受范围内；第二道是“治隐患”，以隐患排查和治理为手段，认真排查风险管控过程中出现的缺失、漏洞和风险控制失效环节，坚决把隐患消灭在事故发生之前。②

六、组织制定并实施本单位的生产安全事故应急救援预案

生产安全事故应急预案，是指生产经营单位根据本单位的实际情况，针对可能发生的事故的类别、性质、特点和范围等情况制定的事故发生时组织、技术措施和其他应急措施。生产安全事故应急预案对于防止事故扩大和迅速抢救受害人员，尽可能地减少损失，具有重要的作用。它是一个涉及多方面工作的系统工程，需要生产经营单位主要负责人组织制定和实施，一旦发生事故也要亲自指挥、调度。

七、及时、如实报告生产安全事故

在发生安全事故后，生产经营单位的主要负责人应及时向有关部门及时、全面、真实、客观地报告安全事故的具体情况，一方面可以使有关部门及时配合生产经营单位进行抢救，防止事故扩大，减少伤亡和损失；另一方面也有助于相关部门进行事故的调查处理。生产经营单位的主要负责人应当按照本法和其他有关法律、法规、规章的规定，及时、如实地报告生产安全事故，不得隐瞒不报、谎报或者迟报。

---

① 乔勇、严建华主编：《安全生产风险管控》，河海大学出版社 2018 年版，第 6 页。

② 乔勇、严建华主编：《安全生产风险管控》，河海大学出版社 2018 年版，第 6 页。

【相关规定】

《企业安全生产标准化基本规范》。

第二十二条　【安全生产责任制】生产经营单位的全员安全生产责任制应当明确各岗位的责任人员、责任范围和考核标准等内容。

生产经营单位应当建立相应的机制，加强对全员安全生产责任制落实情况的监督考核，保证全员安全生产责任制的落实。

【条文主旨】

本条是关于安全生产责任制的规定。

【理解与适用】

本条是在原安全生产法第十九条基础上修改而成的，在条文中增加了“全员”两字，明确安全生产是全员，也就是生产经营单位每一个人的责任。规定全员安全生产责任制的目的是贯彻执行“安全第一、预防为主、综合治理”的安全生产方针，明确全体从业人员的安全生产责任，形成全员、全过程、全天候的安全生产局面，有效预防安全事故的发生，保障员工在生产建设中的健康和安全，确保生产、建设的正常进行。

一、生产经营单位要高度重视本单位全员安全生产责任制

安全生产责任制应当做到“三定”，即定岗位、定人员、定安全责任，根据岗位的实际工作情况，确定相应的人员，明确岗位职责和相应的安全生产职责，实行“一岗双责”。安全生产责任制主要内容应当包括以下五个方面：一是生产经营单位的各级负责生产和经营的管理人员，在完成生产或经营任务的同时，保证生产安全负责；二是各职能部门的人员，对自己业务范围内有关的安全生产负责；三是班组长、特种作业人员对其岗位的安全生产工作负责；四是所有从业人员应在自己本职工作范围内做到安全生产；五是各类安全责任的考核标准，以及奖惩措施。安全生产责任制应当内容全面、要求清晰、操作方便，各岗位的责任人员、责任范围及相关考核标准一目了然。工作岗位变动，人员调整，生产经营单位应当及时对安全生产责任制内容作出相应修改，以适应安全生产工作的需要。①

生产经营单位要求全员安全生产责任制，是生产经营单位根据安全生产法律法规和相关标准要求，在生产经营活动中，根据企业岗位的性质、特点以及具体的工作内容，明确所有层级、各类岗位从业人员的安全责任，通过加强培训，强化管理考核等方式，建立起安全工作“层层负责、人人有责、各负其责”的工作体系。并且全面加强生产经营单位全员安全生产责任制工作，是推动经营单位落实安全生产主体责任的重要抓手，有利于减少企业违章指挥、违章作业、违反劳动纪律的发生，有利于降低因人为因素造成的生产安全事故，对解决生产经营单位安全生产责任传导不力的问题，维护广大从业人员的生命安全和职业健康具有重要的意义。

二、建立健全生产经营单位全员安全生产责任制

生产经营单位应依据安全生产法、职业病防治法等法律法规，参照《企业安全生产标准化基本规范》和《企业安全生产责任体系五落实五到位规定》等相关要求，结合生产经营单位自身实际特点，明确从主要负责人到一线从业人员的安全生产责任、责任范围和考核标准等。

（一）加强生产经营单位全员安全生产责任制公示

生产经营单位要在适当位置对全员安全生产责任制进行长期公示。公示的内容主要包括：所有层级、所有岗位的安全生产责任、安全生产责任范围、安全生产责任考核标准等。

（二）加强生产经营单位全员安全生产责任制教育培训

生产经营单位主要负责人要指定专人组织制定并实施本单位全员安全生产教育和培训计划。生产经营单位要将全员安全生产责任制教育培训工作纳入安全生产年度培训计划，通过自行组织或委托具备安全培训条件的中介服务机构等实施。要通过教育培训，提升所有从业人员的安全技能，培养良好的安全习惯。要建立健全教育培训档案，如实记录安全生产教育和培训情况。

（三）加强落实生产经营单位全员安全生产责任制的考核管理

生产经营单位要建立健全安全生产责任制管理考核制度，对全员安全生产责任制落实情况进行考核管理。要健全激励约束机制，通过奖励主动落实、全面落实责任，惩处不落实责任、部分落实责任，不断激发全员参与安全生产工作的积极性和主动性，形成良好的安全文化氛围。

---

① 《实用版法规专辑：安全生产法》，中国法制出版社2020年版，第10页。

三、加强对生产经营单位全员安全责任制的监督检查

生产经营单位应当根据本单位实际，建立由本单位主要负责人牵头，相关负责人、安全生产管理机构负责人以及人事、财务等相关职能部门人员组成的安全生产责任制监督考核领导机构，协调处理安全生产责任制执行中的问题。主要负责人对安全生产责任制落实情况全面负责，安全生产管理机构具体负责安全生产责任制的监督和考核工作。生产经营单位应当建立完善安全生产责任制监督、考核、奖惩的相关制度，明确安全生产管理机构和人事、财务等相关职能部门的职责。明确对企业全员安全生产责任制监督检查的主要内容。地方各级负有安全生产监督管理职责的部门要按照“管行业必须管安全、管业务必须管安全、管生产经营必须管安全”和“谁主管、谁负责”的要求，切实履行安全生产监督管理职责，加强对企业建立和落实全员安全生产责任制工作的指导督促和监督检查，其一，检查生产经营单位全员安全生产责任制的建立情况；其二，检查安全生产责任制公示情况；其三，检查安全生产责任制教育培训情况；其四，检查生产经营单位全员安全责任考核情况。①

【相关规定】

《企业安全生产标准化基本规范》。

第二十三条　【资金投入及其安全生产费用】生产经营单位应当具备的安全生产条件所必需的资金投入，由生产经营单位的决策机构、主要负责人或者个人经营的投资人予以保证，并对由于安全生产所必需的资金投入不足导致的后果承担责任。

有关生产经营单位应当按照规定提取和使用安全生产费用，专门用于改善安全生产条件。安全生产费用在成本中据实列支。安全生产费用提取、使用和监督管理的具体办法由国务院财政部门会同国务院应急管理部门征求国务院有关部门意见后制定。

---

① 参见《中共中央、国务院关于推进安全生产领域改革发展的意见》。

【条文主旨】

本条是关于生产经营单位的决策机构、主要负责人或个人经营的投资人必须保证安全生产资金投入的规定。

【理解与适用】

本条在原安全生产法第二十条基础上修改而成，在原法的基础上并没大的变动，只是将原法条中“国务院安全生产监督管理部门”修改为“国务院应急管理部门”，2018 年设立的应急管理部主要负责组织编制国家应急总体预案和规划，指导各地区部门对应突发事件工作，推动应急预案体系建设和预案演练，并承担发布灾情，统筹应急力量，组织救灾体系，承担特别重大灾害指挥部工作等，对应的地方应急管理部门，也承担本行政区域内的相关突发事件应对工作。

一、生产经营单位的决策机构、主要负责人或者个体经营的投资人要保障安全生产所必需的资金投入

为保障安全生产，需要投入资金进行安全设施的建造、维护，安全设备的配备、维护、保养、更新以及对从业人员的培训等。安全生产法第二十条规定：“生产经营单位应当具备本法和有关法律、行政法规和国家标准或者行业标准规定的安全生产条件；不具备安全生产条件的，不得从事生产经营活动。”要求生产经营单位从事生产经营活动必须具备本法和有关法律、行政法规和国家标准或者行业标准规定的安全生产条件，缺乏保障安全生产所必需的资金投入，直接的后果是使生产经营单位不具备安全生产条件，严重的则可能导致生产安全事故。

二、因安全生产所必需的资金投入不足而导致的后果承担责任

本法规定，生产经营单位应当具备的安全生产条件所必需的资金投入，由生产经营单位的决策机构、主要负责人或者个人经营的投资人予以保证，并对由于安全生产所必需的资金投入不足导致的后果承担责任。该规定明确了安全生产资金投入的保证主体与法律责任之间的关系，如因为投入资金不足而产生安全事故，则需要追究主要负责人或投资人的民事责任、行政责任以至刑事责任。在本法第九十三条中规定，如没有依照法律法规规定保证必需的安全生产资金的投入，导致生产经营单位不具备安全生产条件的，则限期改正，逾期没有改正的，则停业整顿。而因为保证安全资金的投入不足导致生产安全事故的，则对主要负责人予以撤职处分，对个体经营的投资人处 2 万元以上 20 万元以下的罚款，构成犯罪的，则依法追究其刑事责任。

三、应当按照规定提取和使用安全生产费用

安全生产经营单位应当按照相关的法律法规提取和使用安全生产费用，根据《企业安全生产费用提取和使用管理办法》第三条规定，安全生产费用是指企业按照规定标准提取在成本中列支，专门用于完善和改进企业或者项目安全生产条件的资金，安全生产费用按照“企业提取、政府监管、确保需要、规范使用”的原则进行管理。根据行业不同，各行业对安全生产费用的提取也有各自的标准。如《企业安全生产费用提取和使用管理办法》第五条规定了煤炭生产企业的安全费用提取标准，“煤炭生产企业依据开采的原煤产量按月提取。各类煤矿原煤单位产量安全费用提取标准如下：（一）煤（岩）与瓦斯（二氧化碳）突出矿井、高瓦斯矿井吨煤30元；（二）其他井工矿吨煤15元；（三）露天矿吨煤5元。矿井瓦斯等级划分按现行《煤矿安全规程》和《矿井瓦斯等级鉴定规范》的规定执行”。而第七条中的建设工程施工企业的安全生产费用提取标准则为：“（一）矿山工程为2.5%；（二）房屋建筑工程、水利水电工程、电力工程、铁路工程、城市轨道交通工程为2.0%；（三）市政公用工程、冶炼工程、机电安装工程、化工石油工程、港口与航道工程、公路工程、通信工程为1.5%。建设工程施工企业提取的安全费用列入工程造价，在竞标时，不得删减，列入标外管理。国家对基本建设投资概算另有规定的，从其规定。总包单位应当将安全费用按比例直接支付分包单位并监督使用，分包单位不再重复提取”。安全生产是保护劳动者的安全、健康和国家财产，促进社会生产力发展的基本保证，因此对法律规定的安全生产费用还要建立定期报告制度，公开安全生产费用提取和使用情况并接受监督。

【相关规定】

《企业安全生产费用提取和使用管理办法》。

第二十四条　【安全生产管理机构及人员】 矿山、金属冶炼、建筑施工、运输单位和危险物品的生产、经营、储存、装卸单位，应当设置安全生产管理机构或者配备专职安全生产管理人员。

前款规定以外的其他生产经营单位，从业人员超过一百人的，应当设置安全生产管理机构或者配备专职安全生产管理人员；从业人员在一百人以下的，应当配备专职或者兼职的安全生产管理人员。

【条文主旨】

本条是关于生产经营单位设置安全生产管理机构以及安全生产管理人员职责的规定。

【理解与适用】

本条的主要目的在于明确生产经营单位设置安全管理机构或配备专职安全管理人员的职责和义务，加强生产经营单位的安全管理。安全生产管理机构，是指生产经营单位内部设立的专门负责安全生产管理实务的独立部门；专职安全生产管理人员，是指在生产经营单位中专门负责安全生产管理，不再兼做其他工作的人员。① 对安全生产管理机构和专职安全管理人员的配备规定，是法律规定生产经营单位所必须遵守的义务。《安全生产许可证条例》第六条规定，“企业取得安全生产许可证，应当具备下列安全生产条件：……（三）设置安全生产管理机构，配备专职安全生产管理人员……”因生产经营单位性质不同，本法对于安全生产管理机构以及安全生产管理人员的设置要求也不同：

一、矿上、金属冶炼、建筑施工、道路运输单位和危险物品的生产、经营、储存、装卸单位

要求矿山、金属冶炼、建筑施工、道路运输单位和危险物品的生产、经营、储存单位等高危企业必须设置安全管理机构或安全生产管理人员。上述企业无论生产经营规模大小，由于其行业特性均属于高危行业，法律要求必须设立专职的安全管理机构或人员。实践中需要注意的是，对于矿山、建筑施工、金属冶炼、道路运输单位和危险物品的生产、经营、储存单位和从业人员超过 100 人的其他生产经营单位，具体在什么情况下应当设置安全生产管理机构，在什么情况下可以只配备专职安全生产管理人

① 《实用版法规专辑：安全生产法》，中国法制出版社 2020 年版，第 11 页。

员，本条未作具体规定。生产经营单位可以根据本单位的规模大小、安全生产风险等实际情况，自主作出决定。一般来讲，规模较小的生产经营单位，如个别人数较少的危险物品的经营单位，可只配专职安全生产管理人员；规模较大的生产经营单位则应当设置安全生产管理机构。从根本上说，无论是配备专职安全生产管理人员还是设置安全生产管理机构，都必须以满足本单位安全生产管理工作的实际需要为原则。

二、非矿上、金属冶炼、建筑施工、道路运输单位和危险物品的生产、经营、储存、装卸单位

（一）从业人员超过100人的

其他生产经营单位，从业人员在100人以上的，应当设置安全生产管理机构或者配备专职安全生产管理人员。从业人员超过100人的生产经营单位是规模比较大的生产经营单位，大多有人员密集的作业场所，如服装加工企业、人工装配、包装等场所。对于这类生产经营单位，考虑到其人员较多，一旦发生事故，造成的损失也可能较大，安全生产工作尤其重要。因此，必须在单位内成立专门从事安全生产管理工作的机构，或者配备专职的人员从事安全生产管理工作。

（二）从业人员不超过100人的

其他生产经营单位，从业人员在100人以下的，应当配备专职或者兼职的安全生产管理人员。从业人员在100人以下的其他生产经营单位，从事的生产经营活动风险较小，生产经营的规模也较小。因此，法律规定不要求其必须设置安全生产管理机构，可以配备专职的安全生产管理人员，也可以配备兼职的安全生产管理人员。

三、本条规定属于法律上的强制性义务

该条规定是法律为生产设定的强制性法律义务，不履行该项义务的必定追究法律责任。解决了生产经营单位安全生产管理机构和安全生产管理人员法律地位不明、法定职责不清的问题，进一步落实企业安全生产主体责任，加强日常安全管理。在国务院颁布的多项行政法规中，也将生产经营单位的各个行业进行了具体的规定，如《烟花爆竹安全管理条例》第八条规定，“生产烟花爆竹的企业，应当具备下列条件：……（八）有安全生产管理机构和专职安全生产管理人员……”《建设工程安全生产管理条例》第二十三条规定：“施工单位应当设立安全生产管理机构，配备专职安全生产管理人员。专职安全生产管理人员负责对安全生产进行现场监督检查。发现安全事故隐患，应当及时向项目负责人和安全生产管理机构报告；对违章指挥、违章操作的，应当立即制止……”等。

【相关规定】

《安全生产许可证条例》第六条；《烟花爆竹安全管理条例》第八条；《建设工程安全生产管理条例》第二十三条；《建筑施工企业主要负责人、项目负责人和专职安全生产管理人员安全生产管理规定》第二条、第三条、第十九条、第二十二条；《国务院关于进一步加强安全生产工作的决定》第十条。

第二十五条　【安全生产管理机构以及安全生产管理人员职责】生产经营单位的安全生产管理机构以及安全生产管理人员履行下列职责：

（一）组织或者参与拟订本单位安全生产规章制度、操作规程和生产安全事故应急救援预案；

（二）组织或者参与本单位安全生产教育和培训，如实记录安全生产教育和培训情况；

（三）组织开展危险源辨识和评估，督促落实本单位重大危险源的安全管理措施；

（四）组织或者参与本单位应急救援演练；

（五）检查本单位的安全生产状况，及时排查生产安全事故隐患，提出改进安全生产管理的建议；

（六）制止和纠正违章指挥、强令冒险作业、违反操作规程的行为；

（七）督促落实本单位安全生产整改措施。

生产经营单位可以设置专职安全生产分管负责人，协助本单位主要负责人履行安全生产管理职责。

【条文主旨】

本条是关于生产经营单位安全生产管理机构以及安全生产管理人员职责的规定。

【理解与适用】

本条对应原安全生产法的第二十二条，在原法基础上增加了“组织开展危险源识别和评估”的职责，并且增加了专职安全生产分管负责人的规定。

一、组织或者参与拟订本单位安全生产规章制度、操作规程和生产安全事故应急救援预案

根据安全生产法第二十一条规定，生产经营单位的主要负责人负责组织制定并实施本单位安全生产规章制度和操作规程，并组织制定、实施本单位的生产安全事故应急救援预案。制定安全生产规章制度和操作规程的目的是加强生产经营单位的劳动保护、改善劳动条件，保护劳动者在生产过程中的安全和健康，促进生产经营单位的发展，保障生产经营单位的安全生产。生产安全事故应急预案是指生产经营单位针对本单位可能发生的生产安全事故的特点和危害，进行风险辨别和评估，并制定相应的生产安全事故应急救援预案。① 安全生产管理机构作为本单位具体负责安全生产管理事务的部门，是贯彻落实有关安全生产方针、政策、法律、法规、标准以及规章制度等事项的具体执行者，从某种意义上讲，也是主要负责人在安全生产方面的重要助手。安全生产管理机构对本单位的安全生产状况最了解、最熟悉。因此，本条规定，安全生产管理机构有职责和义务，根据主要负责人的安排，负责组织或者参与拟订本单位安全生产规章制度和操作规程、生产安全事故应急救援预案，以确保相关制度、规程和预案符合本单位安全生产的实际，起到应有的作用。

二、组织或者参与本单位安全生产教育和培训，如实记录安全生产教育和培训情况

安全生产教育和培训是为了贯彻“安全第一、预防为主、综合治理”的方针，提高生产经营单位员工的安全生产意识，帮助他们掌握安全生产知识。生产经营单位的安全生产教育和培训应根据本单位安全生产状况、岗位特点、人员结构组成，有针对性地组织单位负责人、职能部门负责人、车间主任、班组长、安全生产管理人员、特种作业人员以及其他从业人员参加。

从业人员既是安全生产的保护对象，同时又是保证安全生产的决定因素。具有高安全素质和技能的从业人员，是保证生产经营活动安全进行的

---

① 参见《生产安全事故应急条例》第二条。

前提。安全生产教育和培训是具体落实从业人员教育和培训任务、保证教育和培训质量、提高从业人员安全素质和安全操作技能的重要保障。安全生产教育和培训工作又是一项系统工程，安全生产管理机构是贯彻落实有关安全生产方针、政策、法律、法规、标准以及规章制度的具体执行者，对本单位安全生产工作最了解、最熟悉。为了使安全生产教育和培训更有针对性，安全生产管理机构有职责和义务根据本单位的实际情况进行组织。同时，安全生产管理机构还应当详细记录本单位安全生产教育和培训情况，及时掌握安全生产教育和培训的进展动向，向本单位主要负责人报告。

三、组织开展危险源辨识和评估，督促落实本单位重大危险源的安全管理措施

本条第三项在本次修改中增加了对危险源的辨识和评估，通过风险评估，全面辨识生产经营单位在生产活动中的危险源，明确危险源可能产生的风险及其后果，对危险源进行分级分类、监测、预警、控制，可以预防事故的发生。重大危险源是指长期地或者临时地生产、搬运、使用或者储存危险物品，且危险物品的数量等于或者超过临界量的单元（包括场所和设施）。[①] 重大危险源的含义包括，一是长期或者临时地生产、搬运、使用或储存危险物品；二是危险物品的数量等于或超过临界量。生产经营单位的安全机构以及安全管理人应对重大危险源采取有效的防护措施，并且对其进行评估，建立实施监测系统，保证重大危险源的安全。

四、组织或者参与本单位应急救援演练

应急救援演练是最快提升应急能力的方法，应对可能出现的生产安全事故进行预测和评估，提前制定应急方案，根据已有的应急方案进行预演。其一，应急救援演练可以提高负责人应对安全生产事故的应对能力以及广大从业人员的应急处置能力；其二，应急救援演练可以在应急救援演练中发现应急预案中存在的问题，及时修订应急预案，切实增强应急预案的有效性、针对性和可操作性。

五、检查本单位的安全生产状况，及时排查生产安全事故隐患，提出改进安全生产管理的建议

根据《安全生产事故隐患排查治理暂行规定》，安全生产事故隐患是指生产经营单位违反安全生产法律、法规、规章、标准、规程和安全生产管理制度的规定，或者因其他因素在生产经营活动中存在可能导致事故发

---

① 参见《中华人民共和国安全生产法》第一百一十七条。

生的物的危险状态、人的不安全行为和管理上的缺陷。《安全生产事故隐患排查治理暂行规定》将安全生产事故隐患分为两类：一般安全生产事故隐患和重大安全生产事故隐患。一般安全生产事故隐患是指危害和整改难度较小，发现后能够立即整改排除的隐患。而重大安全事故隐患是指危害和整改难度较大，应当全部或者局部停产停业，并经过一定时间整改治理方能排除的隐患，或者因外部因素影响致使生产经营单位自身难以排除的隐患。① 安全事故隐患是客观存在的，存在于生产经营单位的生产全过程，而且对职工的人身安全，国家的财产安全和企业的生存、发展都直接构成威胁。正确认识隐患的特征，对熟悉和掌握隐患产生的原因，及时研究并落实防范对策是十分重要的。安全工作中出现的事故隐患，通常是指在生产、经营过程中有可能造成人身伤亡或者经济损失的不安全因素，它包含人的不安全因素、物的不安全状态和管理上的缺陷。其往往具有以下特征：隐蔽性、危险性、突发性、因果性、连续性、重复性、意外性、时效性、特殊性以及季节性。

安全生产管理机构以及安全生产管理人员应当有计划、有步骤地巡查、检查本单位每个作业场所、设备、设施，不留死角。对于安全风险大、容易发生生产安全事故的地点，应当加大检查频次。对于检查中发现的生产安全事故隐患，应当要求立即整改或排除；不能立即整改或排除的，要求暂时停止作业或施工，责令有关业务部门、车间、班组提出整改措施，限期整改；如果有可能发生生产安全事故，危及从业人员生命健康的，立即采取撤离从业人员到安全地点的措施；对于迟迟未整改完成的事故隐患，应当及时向本单位主要负责人或者主管安全生产工作的负责人报告。在排查生产安全事故隐患的过程中，发现本单位在安全生产管理、技术、装备、人员等方面存在问题的，安全生产管理机构以及安全生产管理人员有责任及时提出改进的建议。

六、制止和纠正违章指挥、强令冒险作业、违反操作规程的行为

在生产经营过程中，由于人为因素引起的安全生产事故不在少数，安全生产规章制度和操作规程中应包含对人的行为的约束。对于人为的违章指挥，强令从业人员冒险作业以及违反操作规程等行为，应当立即予以纠正或制止。为了促进从业人员遵章守纪，安全生产管理机构及安全生产管理人员还应当将从业人员的违规记录纳入安全生产奖惩的内容，对违规者严肃处理。

---

① 参见《安全生产事故隐患排查治理暂行规定》第三条。

七、督促落实本单位安全生产整改措施

按照“管生产经营必须管安全”的原则，落实安全生产整改措施应当由相关业务部门负责。实践中，业务主管部门也有能力做好此项工作，他们掌握相应的资源，包括具有专业人员等，如危险物品生产单位某车间发生危险物品管道泄漏，由车间负责人组织相关人员进行整改较为妥当。因此，本条规定，安全生产管理机构以及安全生产管理人员督促落实本单位的安全生产整改措施。为了保证安全生产整改措施及时得到落实，安全生产管理机构以及安全生产管理人员应当加强对有关业务主管部门的监督；对不按照规定落实安全生产整改措施的，应当及时向本单位主要负责人报告。

【相关规定】

《生产安全事故应急预案管理办法》；《生产安全事故应急条例》第二条；《安全生产事故隐患排查治理暂行规定》第三条。

第二十六条　【安全生产管理机构以及安全生产管理人员履职要求和履职保障】生产经营单位的安全生产管理机构以及安全生产管理人员应当恪尽职守，依法履行职责。

生产经营单位作出涉及安全生产的经营决策，应当听取安全生产管理机构以及安全生产管理人员的意见。

生产经营单位不得因安全生产管理人员依法履行职责而降低其工资、福利等待遇或者解除与其订立的劳动合同。

危险物品的生产、储存单位以及矿山、金属冶炼单位的安全生产管理人员的任免，应当告知主管的负有安全生产监督管理职责的部门。

【条文主旨】

本条是关于安全生产管理机构和安全生产管理人员履职要求和履职保障的规定。

【理解与适用】

本条对安全生产管理机构以及安全生产管理人员提出了恪尽职守的要求，同时也为安全生产人员的履职提供了保障。本法第二十五条规定了安全生产管理机构以及安全生产管理人员的需要组织制定安全生产规章制度、操作规程和应急预案，组织参与安全生产教育和培训并记录情况，督促重大危险源安全管理措施，组织应急救援演练，排查生产安全事故隐患，纠正违章操作，以及督促安全生产整改措施等职责；本法第四十六条规定，生产经营单位的安全生产管理人员应当根据本单位的生产经营特点，对安全生产状况进行经常性检查；对检查中发现的安全问题，应当立即处理；不能处理的，应当及时报告本单位有关负责人，有关负责人应当及时处理。检查及处理情况应当如实记录在案。生产经营单位的安全生产管理人员在检查中发现重大事故隐患，依照前款规定向本单位有关负责人报告，有关负责人不及时处理的，安全生产管理人员可以向主管的负有安全生产监督管理职责的部门报告，接到报告的部门应当依法及时处理。此外，安全生产人员还要遵守有关各行业的行政法规和行业标准的规定，如《建筑施工企业主要负责人、项目负责人和专职安全生产管理人员安全生产管理规定》第十九条规定："企业安全生产管理机构专职安全生产管理人员应当检查在建项目安全生产管理情况，重点检查项目负责人、项目专职安全生产管理人员履责情况，处理在建项目违规违章行为，并记入企业安全管理档案。"

本条给予了安全生产管理人员在履行职责时的法律保障，很多生产经营单位在追求经济效益的同时往往会忽视安全生产，或以牺牲安全为代价换取更高效的生产方式，安全生产管理人员在依法履职尽责时，如向生产经营单位提出安全隐患或违规操作行为，要求生产经营单位改正，个别单位负责人为追求经济效益可能选择忽视或不予处理，如安全生产管理人员向主管的负有安全生产监督管理职责的部门报告，生产经营单位有关负责人甚至可能对该安全生产管理人员通过降低其工资、福利待遇等方式进行打击报复，或者因此解除与该安全生产管理人员订立的劳动合同，就是对安全生产管理人员行使正当权利的侵犯。对这类打击报复行为，本条明确规定予以禁止。

从事危险物品生产、储存以及矿山开采、金属冶炼活动，安全风险较大，易发生生产安全事故。为此，本法第二十七条规定，其负责安全生产管理的人员，应当由主管的负有安全生产监督管理职责的部门对其安全生产知识和管理能力考核合格；第三十二条规定：“矿山、金属冶炼建设项目和用于生产、储存、装卸危险物品的建设项目，应当按照国家有关规定进行安全评价”。为了加强对危险物品的生产、储存单位以及矿山、金属冶炼单位安全管理，及时了解、掌握安全生产管理人员的配备及调整情况，本条第四款规定，危险物品的生产、储存单位以及矿山、金属冶炼单位的安全生产管理人员的任免，应当告知主管的负有安全生产监督管理职责的部门。这里所讲的告知，是一种告知性备案，仅是向主管的负有安全生产监督管理职责的部门告知，不是审批。这样规定，有利于加强生产经营单位和有关主管部门就安全生产工作方面的沟通。危险物品的生产、储存单位以及矿山、金属冶炼单位有权任免安全生产管理人员，这是一项生产经营自主权利，主管的负有安全生产监督管理职责的部门不得干涉。

【相关规定】

《建筑施工企业主要负责人、项目负责人和专职安全生产管理人员安全生产管理规定》第十四条、第十五条。

第二十七条　【主要负责人和安全生产管理人员的知识、管理能力要求】生产经营单位的主要负责人和安全生产管理人员必须具备与本单位所从事的生产经营活动相应的安全生产知识和管理能力。

危险物品的生产、经营、储存、装卸单位以及矿山、金属冶炼、建筑施工、运输单位的主要负责人和安全生产管理人员，应当由主管的负有安全生产监督管理职责的部门对其安全生产知识和管理能力考核合格。考核不得收费。

危险物品的生产、储存、装卸单位以及矿山、金属冶炼单位应当有注册安全工程师从事安全生产管理工作。鼓励其他生产经营单位聘用注册安全工程师从事安全生产管理工作。注册安全工程师按专业分类管理，具体办法由国务院人力资源和社会保障部门、国务院应急管理部门会同国务院有关部门制定。

【条文主旨】

本条是关于生产经营单位的主要负责人和安全生产管理人员的安全生产知识和管理能力要求的规定。

【理解与适用】

根据“管生产必须管安全”的原则，生产经营单位的主要负责人是本单位安全生产第一责任人，对本单位的安全生产工作全面负责。其他负责人对其职责范围内的安全生产工作负责。根据本法第二十一条规定，生产经营单位的主要负责人，要组织、领导本单位的安全管理工作，并承担安全保障责任。这就要求生产经营单位的主要负责人必须具备与本单位所从事的生产经营活动相应的安全生产知识，同时具有领导安全生产工作和处理生产安全事故的能力。近年来发生的生产安全事故表明，生产经营单位的主要负责人缺乏基本的安全生产知识，安全生产管理和组织能力不强，指挥不当，调度不及时，措施不得力，是导致事故发生的重要原因之一。因此，提高生产经营单位主要负责人的安全生产知识水平和管理能力，对于加强单位的安全管理、改善劳动条件、保障从业人员的安全健康、促进单位安全生产、防止和减少生产安全事故，具有重要意义。

一、一般生产经营单位

（一）主要负责人

对于一般的生产经营单位，其主要负责人必须具备与本单位所从事的生产经营活动相应的安全生产知识和管理能力，这是一项原则性要求。如何确定“相应的安全生产知识和管理能力”，既要考虑单位的生产经营范围，又要考虑经营规模，还要考虑单位的性质、危险程度等因素。一般来说，生产经营单位的主要负责人应当具备下列条件：（1）熟悉、了解并能认真贯彻国家有关安全生产的法律、法规、规章和方针政策，以及与本单位有关的安全标准；（2）基本掌握安全分析、安全决策及事故预测和防护知识，具有审查安全建设规划、计划、施工方案的安全决策知识；（3）具有一定文化程度，受过一定的安全技术培训，具有一定的从事本行业工作的经验，基本熟悉和掌握对本单位从事的生产经营活动所必需的安全知识；（4）具有一定的组织管理能力，较好地组织和领导本单位的安全生产工作。

（二）安全生产管理人员

生产经营单位的安全生产管理人员是本单位直接、具体承担本单位日常的安全生产管理工作的人员。安全生产法第二十五条对其职责进行了明确规定。他们安全素质的高低将直接影响生产经营单位安全生产工作的好坏。

对于一般的生产经营单位的安全生产管理人员，必须具备与本单位所从事的生产经营活动相适应的安全生产知识和管理能力，这也是一项原则要求。一般来讲，生产经营单位的安全生产管理人员的安全生产知识要求高于主要负责人，并要有相应的施工现场安全管理能力，应当具备下列条件：（1）熟悉并能认真贯彻国家有关安全生产的法律、法规、规章和方针政策，以及与本单位有关的安全生产规章制度、操作规程和有关的安全标准；（2）掌握安全分析、安全决策及事故预测和防护知识，具有审查安全建设规划、计划、施工方案的安全决策知识；（3）具有一定文化程度，受过一定的安全技术培训，具有从事本行业工作的经验，熟悉和掌握对本单位从事的生产经营活动所必需的安全知识，并能够在安全生产管理工作中熟练地运用；（4）具有一定的组织管理能力，能较好地组织和领导相应的安全生产工作，具有较好的施工现场安全生产管理能力。

二、危险物品的生产、经营、储存、装卸单位以及矿山、建筑施工、金属冶炼、道路运输单位

由于危险物品的生产、经营、储存、装卸单位以及矿山、建筑施工、金属冶炼、道路运输单位的工作专业性强、危险性大，属于事故多发的领域，因此，对这类生产经营单位的主要负责人和安全生产管理人员，应当有更加严格的要求。本条规定，有关主管部门应对上述生产经营单位的负责人和安全生产管理人员的安全生产知识和管理能力进行考核，而考核不得收取费用。这一规定有利于防止个别主管部门“重收费、轻考核”，不注意考核的实际效果，乱发考核合格证的现象，使考核能够真正起到把关的作用，也有利于减轻生产经营单位的负担，使考核工作能够顺利进行。

三、危险物品的生产、储存、装卸单位以及矿山、金属冶炼单位

注册安全工程师，是指取得中华人民共和国注册安全工程师执业资格证书，在生产经营单位从事安全生产管理、安全技术工作或者在安全生产中介机构从事安全生产专业服务工作，并按照本规定注册取得中华人民共和国注册安全工程师执业证和执业印章的人员。[①] 在从事危险物品的生产、储存、装卸单位以及矿山、金属冶炼单位，应该配备注册安全工程师来从事管理工作。除上述生产经营单位，也鼓励其他生产经营单位聘用注册安全工程师从事安全管理工作，提高安全生产管理专业化水平，有效解决安全生产管理“无人管、不会管”的问题。

---

① 参见《注册安全工程师管理规定》第三条。

【相关规定】

《中华人民共和国安全生产法》第五条、第二十一条；《注册安全工程师管理规定》第三条至第六条。

第二十八条　【从业人员的教育和培训】 生产经营单位应当对从业人员进行安全生产教育和培训，保证从业人员具备必要的安全生产知识，熟悉有关的安全生产规章制度和安全操作规程，掌握本岗位的安全操作技能，了解事故应急处理措施，知悉自身在安全生产方面的权利和义务。未经安全生产教育和培训合格的从业人员，不得上岗作业。

生产经营单位使用被派遣劳动者的，应当将被派遣劳动者纳入本单位从业人员统一管理，对被派遣劳动者进行岗位安全操作规程和安全操作技能的教育和培训。劳务派遣单位应当对被派遣劳动者进行必要的安全生产教育和培训。

生产经营单位接收中等职业学校、高等学校学生实习的，应当对实习学生进行相应的安全生产教育和培训，提供必要的劳动防护用品。学校应当协助生产经营单位对实习学生进行安全生产教育和培训。

生产经营单位应当建立安全生产教育和培训档案，如实记录安全生产教育和培训的时间、内容、参加人员以及考核结果等情况。

【条文主旨】

本条是关于从业人员的安全生产教育和培训的规定。

【理解与适用】

一、安全生产教育和培训

安全生产教育和培训的内容，主要包括以下几个方面：（1）安全生产的方针、政策、法律、法规以及安全生产规章制度的教育和培训；（2）安全操作技能的教育和培训，实践中目前一般实行入厂教育、车间教育和现场教育的三级教育和培训；（3）安全技术知识教育和培训，包括一般性安全技术知识，如单位生产过程中不安全因素及规律、预防事故的基本知识、个人防护用品的佩戴使用、事故报告程序等，以及专业性的安全技术知识，如防火、防爆、防毒等知识；（4）发生生产安全事故时的应急处理措施，以及相关的安全防护知识；（5）从业人员在生产过程中的相关权利和义务；（6）特殊作业岗位的安全生产知识和操作要求等。

本条规定的从业人员，主要是指生产经营单位新招收录用的人员、转岗人员等。生产经营单位应当按照本单位安全生产教育和培训计划的总体要求，结合各个工作岗位的特点，科学、合理安排教育和培训工作。采取多种形式开展教育培训，包括组织专门的安全教育培训班、作业现场模拟操作培训、召开事故现场分析会等，确保取得实效。通过安全生产教育和培训，生产经营单位要保证从业人员具备从事本职工作所应当具备的安全生产知识，熟悉有关的安全生产规章制度和安全操作规程，掌握本岗位的安全操作技能，了解事故应急处理措施，知悉自身在安全生产方面的权利和义务。对于没有经过安全生产教育和培训，包括培训不合格的从业人员，生产经营单位不得安排其上岗作业。如《建设工程安全生产管理条例》第三十七条规定："作业人员进入新的岗位或者新的施工现场前，应当接受安全生产教育培训。未经教育培训或者教育培训考核不合格的人员，不得上岗作业。施工单位在采用新技术、新工艺、新设备、新材料时，应当对作业人员进行相应的安全生产教育培训。"

二、加强对被派遣劳动者的教育和培训

被派遣劳动者的安全素质和操作技能的高低对生产经营单位的安全生产也有重要影响。实践中，一些生产经营单位为了降低劳动力成本，大量使用被派遣劳动者，又不负责相应的安全生产教育和培训，致使被派遣劳动者不了解、不熟悉所从事生产经营活动的安全生产规章制度、操作规程和标准，违章指挥，违章作业，最终导致生产安全事故发生。针对这种情况，本条第二款规定，生产经营单位应当将被派遣劳动者纳入本单位从业人员统一管理，对被派遣劳动者进行岗位安全操作规程和安全操作技能的教育和培训。

"统一管理"，是指在安全生产方面生产经营单位将被派遣者与本单位的从业人员一样对待和管理，统一纳入安全生产教育和培训计划。生产经营单位应当避免将被派遣劳动者与本单位人员区别对待，严格按照岗位特点、人员结构、新员工或者调换工种人员等情况，统一组织安全生产教育和培训，包括对被派遣劳动者进行岗位安全操作规程和安全操作技能的教育和培训，保证相同岗位的相同人员（被派遣劳动者和本单位人员）达到同等的水平。劳务派遣单位作为被派遣劳动者的管理单位，也应当组织本单位的有关人员或者聘请本单位以外的有关人员对被派遣劳动者进行必要的安全生产教育和培训。

三、规范中等职业学校、高等学校学生实习的安全生产教育和培训

本条规定生产经营单位在接收中等职业学校、高等学校学生实习的过程中，应当对实习学生进行相应的安全生产教育和培训，提供必要的劳动防护用品。学校也应当协助生产经营单位对实习学生进行安全生产教育和培训。生产经营单位接收中等职业学校、高等学校学生实习的，应当根据本单位生产经营的特点和各种危险性的状况，对实习学生进行相应的安全生产教育和培训，并提供必要的劳动防护用品。学校作为实习学生的管理方，应当协助和配合生产经营单位对实习学生进行安全生产教育和培训。生产经营单位是实习学生安全生产教育和培训的责任主体，应当针对实习学生，制订专门的安全生产教育和培训计划。通过安全生产教育和培训，保证中等职业学校、高等学校的实习学生了解和熟悉有关的安全生产法律法规、安全生产规章制度和操作规程，了解相应的安全生产知识，掌握基本的应急处理措施，能够适应所实习的工作。

四、建立安全生产教育和培训档案

安全生产教育和培训档案，不仅是从业人员安全生产教育和培训的记录轨迹，也是生产安全事故发生后，追究相关人员责任的重要依据。生产经营单位一般应当指定专人负责本单位的安全生产教育和培训档案。档案的范围应当包括本单位的主要负责人、有关负责人、安全生产管理人员、特种作业人员、职能部门工作人员、班组长以及其他从业人员。档案的内容应当详细记录每位从业人员参加安全生产教育培训的时间、内容、考核结果以及复训情况等，包括按照规定参加政府组织的安全培训的主要负责人、安全生产管理人员和特种作业人员的情况。档案应当按照有关法律法规的要求进行保存，不得擅自修改、伪造。档案除电子文档形式保存外，原则上还应当有纸质文件形式。

【相关规定】

《中华人民共和国矿山安全法》第二十六条；《中华人民共和国建筑法》第四十六条；《建设工程安全生产管理条例》第二十五条、第三十七条；《危险化学品安全管理条例》第四条；《安全生产培训管理办法》第三条。

第二十九条　【技术更新的教育和培训】生产经营单位采用新工艺、新技术、新材料或者使用新设备，必须了解、掌握其安全技术特性，采取有效的安全防护措施，并对从业人员进行专门的安全生产教育和培训。

【条文主旨】

本条是关于生产经营单位采用新工艺、新技术、新材料或者使用新设备时的安全要求的规定。

【理解与适用】

随着科技的发展，新工艺、新技术、新材料与新设备与日俱增，这对于促进生产经营单位生产经营效率的提高和产品的升级换代具有重要意义，也给经济发展带来巨大的生机与活力。然而，由于设备的升级与技术的更新换代，也很容易造成从业人员原有的知识不足以应对新事物的发展变化，因此需要对从业人员进行专门的安全生产教育和技术培训，使从业人员更迅速、更全面地了解新工艺、新技术、新材料或是新设备的特点、使用性能以及安全技术特性，有针对性、有效地采取安全防护措施，采用正确的方法操作，以避免由于对新事物的知识盲区而导致安全事故的发生。因此，本条专门作出规定，生产经营单位采用新工艺、新技术、新材料或者使用新设备，必须了解、掌握其安全技术特性，采取有效的安全防护措施，并对从业人员进行专门的安全生产教育和培训。对于这一规定，生产经营单位必须严格遵守。

生产经营单位对采用的新工艺、新技术、新材料或者使用的新设备，必须要了解、掌握其安全技术特性，对该工艺、技术的原理、操作规程有清楚的把握，了解该材料、设备的构成、性质。对采用的新工艺、新技术、新材料或者使用的新设备在生产经营过程中可能产生的危险因素的性质、可能产生的危害后果、如何预防这种危险因素造成事故的措施以及一旦发生事故时如何妥善处理等事项，都要掌握。只有这样，生产经营单位才能有针对性地采取必要的防范措施，防止生产安全事故的发生。所谓“工艺”，是指劳动者利用生产工具通过对各种原材料、半成品进行加工或者处理，如切割、粉碎等，最后使之成为产品的方法，是人类在劳动中积累起来并经过总结的操作技术经验。所谓“技术”，是指根据生产劳动实践经验和自然科学原理而发展成的各种工艺操作方法与技能，如焊接技术、石材加工技术等。所谓“材料”，是指经过人类劳动取得的劳动对象，如开采出来的矿砂就是冶炼金属的原料。所谓“设备”，是指可供人们在生产中长期使用，并在反复使用中基本保持原有实物形态和功能的生产资料和物质资料的总称。

新工艺、新技术、新材料的采用或者新设备的使用，一开始对从业人员来说是陌生的，如果仍按照老知识、老方法来工作，就可能会出问题，引发生产安全事故。因此，生产经营单位采用新工艺、新技术、新材料或者使用新设备时，还应当对相关的从业人员进行专门的安全生产教育和培训，使其掌握相关的安全规章制度和安全操作规程，具备必要的安全生产知识和安全操作技能。这既是对从业人员知情权的保障，也是保障生产安全的一项重要措施。除本法外，有关部门规章也对生经营单位采用新工艺、新技术、新材料或者使用新设备时对从业人员进行安全教育和培训作了规定。比如，《安全生产培训管理办法》第十条第一款规定，生产经营单位应当建立安全培训管理制度，保障从业人员安全培训所需经费，对从业人员进行与其所从事岗位相应的安全教育培训；从业人员调整工作岗位或者采用新工艺、新技术、新设备、新材料的，应当对其进行专门的安全教育和培训。未经安全教育和培训合格的从业人员，不得上岗作业。又如，《生产经营单位安全培训规定》第十七条第二款规定，生产经营单位实施新工艺、新技术或者使用新设备、新材料时，应当对有关从业人员重新进行有针对性的安全培训。

【相关规定】

《安全生产培训管理办法》第十条；《生产经营单位安全培训规定》第十七条。

第三十条　【特种作业人员的资格要求】生产经营单位的特种作业人员必须按照国家有关规定经专门的安全作业培训，取得相应资格，方可上岗作业。

特种作业人员的范围由国务院应急管理部门会同国务院有关部门确定。

【条文主旨】

本条是关于生产经营单位的特种作业人员从业资格的规定。

【理解与适用】

特种作业是指容易发生人员伤亡事故，对操作者本人、他人的生命健康及周围设施的安全可能造成重大危害的作业，直接从事特种作业的人员称为特种作业人员。[①] 因为特种作业有着不同的危险因素，容易损害操作人员的安全和健康，因此对特种作业需要有必要的安全保护措施，包括技术措施、保健措施和组织措施。特种作业人员所从事的工作，在安全程度上与单位内的其他工作有较大差别。他们在工作中接触的危险因素较多，危险性较大，很容易发生生产安全事故，而一旦发生事故，不仅对作业人员本人，而且会对他人和周围设备、设施造成很大危害。因此，劳动法第五十五条规定："从事特种作业的劳动者必须经过专门培训并取得的特种作业资格。"特种作业人员必须接受与本工种相适应的、专门的安全技术培训、经安全技术理论考核和实际操作技能考核合格，取得特种作业操作证后，方可上岗作业；未经培训，或培训考核不合格者，不得上岗作业。

特种作业一般包括：（1）电工作业。指对电气设备进行运行、维护、安装、检修、改造、施工、调试等作业（不含电力系统进网作业）；（2）焊接与热切割作业。指运用焊接和热切割方法对材料进行加工的作业（不含《特种设备安全检查条例》规定的有关作业）；（3）高处作业。指专门或经常在坠落高度基准面 2 米及以上有可能坠落的高处进行的作业；（4）制冷与空调作业。这是指对大中型制冷与空调设备运行操作、安装与修理的作业；（5）煤矿安全作业；（6）金属非金属矿山安全作业；（7）石油天然气安全作业；（8）冶金（有色）生产安全作业；（9）危险化学品安全作业。指从事危险化工工艺过程操作及化工自动化控制仪表安装、维修、维护的作业；（10）烟花爆竹安全作业。这是指从事烟花爆竹生产、储存中的药物混合、造粒、筛选、装药、筑药、压药、切引、搬运等危险工序的作业；（11）有限空间安全作业；（12）应急救援作业；（13）应急

---

① 《特种作业人员安全技术培训考核管理规定》第三条。

管理部会同有关部门认定的其他作业。[①]

【相关规定】

《特种作业人员安全技术培训考核管理规定》第三条、第四条、第七条、第八条。

第三十一条 【建设项目的安全设施“三同时”原则】 生产经营单位新建、改建、扩建工程项目（以下统称建设项目）的安全设施，必须与主体工程同时设计、同时施工、同时投入生产和使用。安全设施投资应当纳入建设项目概算。

【条文主旨】

本条是关于建设项目的安全设施“三同时”原则的规定。

【理解与适用】

一、“三同时”原则

安全生产领域的“三同时”即安全设施与主体工程同时设计、同时施工、同时投产使用。“三同时”原则最早出现在1973年《关于保护和改善环境的若干规定（试行草案）》中，其要求一切新建、扩建和改建的企业中的防治污染项目必须和主体工程同时设计、同时施工、同时投产的原则。在安全生产领域，“三同时”原则也是我国安全生产实践中长期坚持的一项制度。1978年，中共中央《关于认真做好劳动保护工作的通知》中就明确提出，凡新建、改建、扩建的工矿企业和革新、挖潜的工程项目，都必须有保证安全生产和消除有毒、有害物质的设施，这些设施要与主体工程同时设计、同时施工、同时投产，不得削减。后来，党中央、国务院在有关安全生产的文件中也多次强调建设项目安全设施必须坚持“三同时”原则。有关法律也对“三同时”原则进行了规定。如劳动法第五十三条第二款规定，新建、改建、扩建工程的劳动安全卫生设施必须与主体工

---

① 参见《特种作业目录》；另参见《关于征求〈特种作业目录（征求意见稿）〉意见的函》，载应急管理部网站，https：//www. mem. gov. cn/gk/tzgg/h/202008/t20200826_ 357460. shtml，最后访问时间：2021年7月6日。

程同时设计、同时施工、同时投入生产和使用。矿山安全法第七条也规定，矿山建设工程的安全设施必须和主体工程同时设计、同时施工、同时投入生产和使用。本条也对“三同时”原则作了规定，还明确要求，安全设施投资应当纳入建设项目概算。概算也叫设计概算，发生在初步设计或扩大初步设计阶段；概算需要具备初步设计或扩大初步设计图纸，对项目建设费用计算确定工程造价；编制概算要注意不能漏项、缺项或重复计算，标准要符合定额或规范。

二、建设项目安全设施的“三同时”应当达到的要求

1. 建设项目的设计单位在编制建设项目投资计划文件时，应同时按照有关法律、法规、国家标准或者行业标准以及设计规范，编制安全设施的设计文件。安全设施的设计不得随意降低安全设施的标准。

2. 生产经营单位在编制建设项目投资计划和财务计划时，应将安全设施所需投资一并纳入计划，同时编报。

3. 对于按照有关规定项目设计需报经主管部门批准的建设项目，在报批时，应当同时报送安全设施设计文件；按照规定，安全设施设计需报主管的负有安全生产监督管理职责的部门审批的，应依法报批。

4. 生产经营单位应当要求具体从事建设项目施工的单位严格按照安全设施的施工图纸和设计要求施工。安全设施与主体工程应同时进行施工，安全设施的施工不得偷工减料，降低建设质量。

5. 在生产设备调试阶段，应同时对安全设施进行调试和考核，并对其效果进行评价。

6. 建设项目验收时，应同时对安全设施进行验收。

7. 安全设施应当与主体工程同时投入生产和使用，不得只将主体工程投入使用，而将安全设施摆样子，不予使用。①

三、违反“三原则”的法律责任

《建设项目安全设施“三同时”监督管理办法》规定，生产经营单位在非煤矿矿山建设项目；生产、储存危险化学品（包括使用长输管道输送危险化学品）的建设项目；生产、储存烟花爆竹的建设项目；金属冶炼建设项目中有下列情形之一的，责令停止建设或者停产停业整顿，限期改正；逾期未改正的，处50万元以上100万元以下的罚款，对其直接负责的主管人员和其他直接责任人员处2万元以上5万元以下的罚款；构成犯罪的，依照刑法有关规定追究刑事责任：（1）未按照本办法规定对建设项目

---

① 参见《建设项目安全设施“三同时”监督管理办法》第三章。

进行安全评价的；（2）没有安全设施设计或者安全设施设计未按照规定报经负有安全生产监督管理职责的部门审查同意，擅自开工的；（3）施工单位未按照批准的安全设施设计施工的；（4）投入生产或者使用前，安全设施未经验收合格的。[①] 该办法第二十九条规定，“已经批准的建设项目安全设施设计发生重大变更，生产经营单位未报原批准部门审查同意擅自开工建设的，责令限期改正，可以并处 1 万元以上 3 万元以下的罚款。”该办法第三十条规定，除前述所提到的四类项目外，其他建设项目有下列情形之一的，对有关生产经营单位责令限期改正，可以并处 5000 元以上 3 万元以下的罚款：（1）没有安全设施设计的；（2）安全设施设计未组织审查，并形成书面审查报告的；（3）施工单位未按照安全设施设计施工的；（4）投入生产或者使用前，安全设施未经竣工验收合格，并形成书面报告的。该办法第三十一条规定，承担建设项目安全评价的机构弄虚作假、出具虚假报告，尚未构成犯罪的，没收违法所得，违法所得在 10 万元以上的，并处违法所得 2 倍以上 5 倍以下的罚款；没有违法所得或者违法所得不足 10 万元的，单处或者并处 10 万元以上 20 万元以下的罚款，对其直接负责的主管人员和其他直接责任人员处 2 万元以上 5 万元以下的罚款；给他人造成损害的，与生产经营单位承担连带赔偿责任。“对有前款违法行为的机构，吊销其相应资质。”

此外《国务院关于进一步加强企业安全生产工作的通知》第十三条规定，企业新建、改建、扩建工程项目的安全设施，要包括安全监控设施和防瓦斯等有害气体、防尘、排水、防火、防爆等设施，并与主体工程同时设计、同时施工、同时投入生产和使用。安全设施与建设项目主体工程未做到同时设计的一律不予审批，未做到同时施工的责令立即停止施工，未同时投入使用的不得颁发安全生产许可证，并视情节追究有关单位负责人的责任。

【相关规定】

《中华人民共和国劳动法》第五十三条；《中华人民共和国矿山安全法》第七条；《建设项目安全设施“三同时”监督管理办法》。

---

① 参见《建设项目安全设施“三同时”监督管理办法》第二十八条。

第三十二条　【特殊建设项目的安全评价】矿山、金属冶炼建设项目和用于生产、储存、装卸危险物品的建设项目，应当按照国家有关规定进行安全评价。

【条文主旨】

本条是关于对矿山、金属冶炼建设项目和用于生产、储存、装卸危险物品的建设项目进行安全评价的规定。

【理解与适用】

矿山、金属冶炼建设项目和用于生产、储存、装卸危险物品的建设项目，应当按照国家有关规定进行安全评价。根据本法第一百一十七条的规定，危险物品是指易燃易爆物品、危险化学品、放射性物品等能够危及人身安全及财产安全的物品。安全评价是指运用定量或定性的方法，对建设项目或生产经营单位存在的职业危险因素和有害因素进行识别、分析和评估。安全评价包括安全预评价、安全验收评价、安全现状综合评价和专项安全评价。①

一、安全预评价

建设项目中的安全生产预评价主要是指在建设项目的可行性研究阶段的安全预评价，即根据建设项目可行性研究阶段报告的内容，运用科学的评价方法，分析和预测该建设项目存在的危险、危害因素的种类和危险、危害程度，提出合理可行的安全技术和管理对策，作为该建设项目初步设计中安全设计和建设项目安全管理、监督的重要依据。安全预评价通过分析生产过程中固有的或潜在的危险因素、危害后果以及消除和控制这些危险因素的技术措施和方案以及建设项目选址、平面位置、安全措施是否符合法律、法规、国家标准或者行业标准、设计规范等国家规定，提出评价建议，并要求在安全设计中实现这些措施，从而保证建设项目的安全。

《建设项目安全设施“三同时”监督管理办法》的第二章是关于建设项目安全预评价的规定，其要求非煤矿矿山建设项目；生产、储存危险化学品的建设项目；生产、储存烟花爆竹的建设项目；金属冶炼建设项目；

---

①　参见《关于加强安全评价机构管理的意见》。

使用危险化学品从事生产并且使用量达到规定数量的化工建设项目（属于危险化学品生产的除外）；法律、行政法规和国务院规定的其他建设项目，应按照国家规定在进行可行性研究时，进行安全生产预评价。[1] 该办法第八条规定，“生产经营单位应当委托具有相应资质的安全评价机构，对其建设项目进行安全预评价，并编制安全预评价报告。建设项目安全预评价报告应当符合国家标准或者行业标准的规定。生产、储存危险化学品的建设项目和化工建设项目安全预评价报告除符合本条第二款的规定外，还应当符合有关危险化学品建设项目的规定”。该办法第九条规定，除上述该办法第七条规定以外的其他建设项目，生产经营单位应当对其安全生产条件和设施进行综合分析，形成书面报告备查。

二、安全验收评价

安全验收评价是在建设项目竣工、试生产运行正常后，通过对建设项目的设施、设备、装置实际运行状况的检测、考察，查找该建设项目的设施投产后可能存在的危险、有害因素，提出合理可行的安全技术调整方案和安全管理对策。[2] 安全验收评价也包括对危险、有害因素的辨识与分析；符合性评价和危险危害程度的评价；安全对策措施建议；安全验收评价结论等内容。

三、安全现状综合评价

安全现状综合评价是针对某一个生产经营单位总体或局部的生产经营活动安全现状进行的全面评价。

四、专项安全评价

专项安全评价是针对某一项活动或场所，以及一个特定的行业、产品、生产方式、生产工艺或生产装置等存在的危险、有害因素进行的专项安全评价。如《危险化学品生产企业安全生产许可证实施办法》第三十一条规定，“企业在安全生产许可证有效期内，当原生产装置新增产品或者改变工艺技术对企业的安全生产产生重大影响时，应当对该生产装置或者工艺技术进行专项安全评价，并对安全评价报告中提出的问题进行整改；在整改完成后，向原实施机关提出变更申请，提交安全评价报告。实施机关按照本办法第三十条的规定办理变更手续”。

【相关规定】

《中华人民共和国矿山安全法实施条例》第六条；《建设项目安全设施

① 参见《建设项目安全设施“三同时”监督管理办法》第七条。

② 参见《关于加强安全评价机构管理的意见》。

“三同时”监督管理办法》；《危险化学品生产企业安全生产许可证实施办法》第三十一条。

第三十三条　【设计和审查责任】建设项目安全设施的设计人、设计单位应当对安全设施设计负责。

矿山、金属冶炼建设项目和用于生产、储存、装卸危险物品的建设项目的安全设施设计应当按照国家有关规定报经有关部门审查，审查部门及其负责审查的人员对审查结果负责。

【条文主旨】

本条是关于建设项目安全设施的设计人、设计单位责任，以及矿山等建设项目和用于生产、储存、装卸危险物品的建设项目的安全设施设计的审查部门及人员责任的规定。

【理解与适用】

一、建设项目安全设施的设计人、设计单位

本条第一款规定，建设项目安全设施的设计人、设计单位对安全设施设计负责，应当达到下列要求：①

1. 设计人、设计单位必须按照资质等级承担相应的安全设施设计任务，不得擅自超越资质等级及业务范围承接任务。

2. 设计人、设计单位应当保证安全设施的设计质量。应当严格按照技术标准和合同约定进行设计，加强设计过程的质量控制，保证设计文件符合国家现行的有关法律、法规、工程设计技术标准和合同的规定；设计文件的深度，应当满足相应设计阶段的技术要求。施工图应配套，细部节点应交代清楚，标注说明应清楚、完整；设计中选用的材料、设备等，应注明其规格、型号、性能、色泽等，并提出符合国家规定的质量要求。

3. 设计人、设计单位对因安全设施问题造成的后果负责。对于因安全设施设计给生产经营单位造成损失的，应当承担赔偿责任；造成生产安全

① 阚珂主编：《中华人民共和国安全生产法释义》，法律出版社 2014 年版，第 92 页。

事故的，还应承担相应的行政责任；造成严重后果，构成犯罪的，依法承担刑事责任。

二、矿山、金属冶炼建设项目和用于生产、储存、装卸危险物品的建设项目

这些项目除了应依照本法第三十二条的规定进行安全评价外，还需要按照本条第二款的规定，由有关主管部门对其安全设施的设计进行审查，主要是审查安全评价报告对建设项目提出的安全措施和要求是否贯彻落实到了建设项目安全设施的设计中，安全设施的设计是否符合有关法律、法规、规范、国家标准或者行业标准的规定等。只有符合这些规定并经审查同意的，方可施工。例如《中华人民共和国矿山安全法》第八条规定："矿山建设工程的设计文件，必须符合矿山安全规程和行业技术规范，并按照国家规定经管理矿山企业的主管部门批准；不符合矿山安全规程和行业技术规范的，不得批准。矿山建设工程安全设施的设计必须有劳动行政主管部门参加审查。矿山安全规程和行业技术规范，由国务院管理矿山企业的主管部门制定"。

参加矿山、金属冶炼建设项目和用于生产、储存、装卸危险物品的建设项目的安全设施设计审查的有关部门及其负责审查的人员，应当坚持原则，认真履行审查职责，对符合要求的安全设施设计，予以批准；对于不符合要求的安全设施设计，有权责令有关设计人、设计单位重新设计或进行修改，经重新设计或修改后仍不符合安全要求的，不予批准。审查部门和负责审查的人员对其审查结果负责。滥用职权、玩忽职守，对不符合要求的安全设施设计予以批准，造成生产安全事故的，依法追究审查部门有关负责人及其他负有直接责任的人员的责任；构成犯罪的，依法追究刑事责任。如矿山安全法第四十八条规定："矿山安全监督人员和安全管理人员滥用职权、玩忽职守、徇私舞弊，构成犯罪的，依法追究刑事责任；不构成犯罪的，给予行政处分"。

【相关规定】

《中华人民共和国矿山安全法》第八条、第四十八条。

第三十四条　【建设项目安全设施的施工、竣工验收及其监督核查】 矿山、金属冶炼建设项目和用于生产、储存、装卸危险物品的建设项目的施工单位必须按照批准的安全设施设计施工，并对安全设施的工程质量负责。

矿山、金属冶炼建设项目和用于生产、储存、装卸危险物品的建设项目竣工投入生产或者使用前，应当由建设单位负责组织对安全设施进行验收；验收合格后，方可投入生产和使用。负有安全生产监督管理职责的部门应当加强对建设单位验收活动和验收结果的监督核查。

【条文主旨】

本条是关于建设项目安全设施的施工、竣工验收及其监督核查的规定。

【理解与适用】

本条对应原安全生产法第三十一条。增加了第二款中对“装卸”危险物品建设项目的建设单位负责组织对安全设施进行验收的规定，更加全面地对危险物品进行监督核查和验收；同时，将原“安全生产监督管理部门”修改为“负有安全生产监督管理职责的部门”，与原法条相比，扩大了部门的范围，只要具有安全生产监督管理职责的部门就具有该项职责，在表述上也更为完善。

一、施工单位对安全设施的工程质量负责

根据本法第三十三条的规定，有关主管部门对矿山、金属冶炼建设项目和用于生产、储存、装卸危险物品的建设项目的安全设施设计进行审查，对符合有关法律、法规、规范、国家标准或者行业标准的设计，予以批准。矿山、金属冶炼建设项目和用于生产、储存、装卸危险物品的建设项目的施工单位必须按照批准的安全设施设计施工，任何单位和个人不得擅自决定不按照批准的安全设施设计施工或者擅自更改设计文件。凡属安全设施设计内容变更和调整，都必须编制施工调整方案，报原审批部门批准后方可执行。[①] 这是对施工单位的法定要求，施工单位必须遵守。这也

① 参见《建设项目安全设施“三同时”监督管理办法》第十五条、第二十九条。

是保证矿山、金属冶炼建设项目和用于生产、储存、装卸危险物品的建设项目的安全设施质量的基础。

对于因施工原因造成的质量问题，施工单位承担全部责任。这些责任包括由施工单位对项目存在的质量问题给予修复和赔偿所造成损失的民事责任；由有关主管部门对违法施工的单位给予行政处罚的行政责任；以及对造成重大质量事故，构成犯罪的，由司法机关依照刑法的有关规定追究的刑事责任。实行总承包的工程，总承包单位对安全设施工程质量负责。实行分包的工程，分包单位要对其分包的工程质量负责。总承包单位应当与分包单位就分包工程的质量承担连带责任。①

二、应当由建设单位负责组织对安全设施进行验收

矿山、金属冶炼建设项目和用于生产、储存危险物品的建设项目的安全设施的验收，是指安全设施已经按照设计要求完成全部施工任务，准备交付建设单位投入生产和使用前，由建设单位对该安全设施是否符合设计要求和工程质量标准进行的检查、考核工作。这是安全设施建设全过程的最后一道程序，是对安全设施质量控制的最后一个重要环节。认真做好安全设施的验收工作，对于保证安全设施的质量具有重要意义。建设单位是建设项目的投资主体，应当对建设项目安全设施投入生产和使用后的安全质量和效果负责，保证建设项目的安全进行。因此，本条规定，矿山、金属冶炼建设项目和用于生产、储存、装卸危险物品的建设项目竣工投入生产或者使用前，应当由建设单位负责组织对安全设施进行验收；验收合格后，方可投入生产和使用。而矿山安全法第十二条还规定，矿山建设工程安全设施竣工后，由管理矿山企业的主管部门验收，并须有劳动行政主管部门参加；不符合矿山安全规程和行业技术规范的，不得验收，不得投入生产。因此对于矿山建设工程，还需要符合矿山安全法的规定。

三、加强对建设单位验收活动和验收结果的监督核查

为了促使建设单位按标准认真做好验收工作，本条规定负有安全生产监督管理职责的部门应当加强对验收活动和验收结果的监督核查，包括可以对有关重要项目或重要部位进行现场检查，或者对验收结果进行核实。

【相关规定】

《中华人民共和国矿山安全法》第十二条。

---

① 参见《中华人民共和国建筑法》第二十七条。

第三十五条　【安全警示标志】生产经营单位应当在有较大危险因素的生产经营场所和有关设施、设备上，设置明显的安全警示标志。

【条文主旨】

本条是关于生产经营单位设置安全警示标志的规定。

【理解与适用】

如果生产经营场所存在较大的危险因素，或是有关设备设施具有危险性，误触会引发安全事故时，应在上面设置明显的安全警示标志，提醒人们注意。设置安全警示标志，是对从业人员知情权的保障，有利于提高从业人员的安全生产意识，防止和减少生产安全事故的发生。同时，安全警示标志应当设置在作业场所或者有关设施、设备的醒目位置，一目了然，让每一个在该场所从事生产经营活动的从业人员或者该设施、设备的使用者，都能够清楚地看到，这样才能真正起到警示作用。而且警示标识不能模糊不清，必须易于辨识。我国的职业病防治法第二十四条第二款规定："对产生严重职业病危害的作业岗位，应当在其醒目位置，设置警示标识和中文警示说明。警示说明应当载明产生职业病危害的种类、后果、预防以及应急救治措施等内容。"《建设工程安全生产管理条例》第二十八条第一款规定："施工单位应当在施工现场入口处、施工起重机械、临时用电设施、脚手架、出入通道口、楼梯口、电梯井口、孔洞口、桥梁口、隧道口、基坑边沿、爆破物及有害危险气体和液体存放处等危险部位，设置明显的安全警示标志。安全警示标志必须符合国家标准。"

安全警示标志，一般由安全色、几何图形和图形符号构成，其目的是引起人们对危险因素的注意，预防生产安全事故的发生。根据相关国家标准，我国目前使用的安全色主要有四种：（1）红色，表示禁止、停止，也代表防火；（2）蓝色，表示指令或必须遵守的规定；（3）黄色，表示警告、注意；（4）绿色，表示安全状态、提示或通行。而我国目前常用的安全警示标志，根据其含义，也可分为四大类：（1）禁止标志，即圆形内画一斜杠，并用红色描画成较粗的圆环和斜杠，表示"禁止"或"不允许"；（2）警告标志，即"△"，三角的背景用黄色，三角图形和三角内的图像均用黑色描绘，警告人们注意可能发生的各种危险；（3）指令标志，即

“□”，在圆形内配上指令含义的蓝色，并用白色绘画必须履行的图形符号，构成指令标志，要求到这个地方的人必须遵守；（4）提示标志，以绿色为背景的长方几何图形，配以白色的文字和图形符号，并标明目标的方向，即构成提示标志，如消防设备提示标志等。国家颁布了《矿山安全标志》等标准。生产经营单位应当按照这些规定设置安全警示标志。

【相关规定】

《中华人民共和国职业病防治法》第二十四条；《建设工程安全生产管理条例》第二十八条。

第三十六条　【生产经营单位安全设备管理】安全设备的设计、制造、安装、使用、检测、维修、改造和报废，应当符合国家标准或者行业标准。

生产经营单位必须对安全设备进行经常性维护、保养，并定期检测，保证正常运转。维护、保养、检测应当作好记录，并由有关人员签字。

生产经营单位不得关闭、破坏直接关系生产安全的监控、报警、防护、救生设备、设施，或者篡改、隐瞒、销毁其相关数据、信息。

餐饮等行业的生产经营单位使用燃气的，应当安装可燃气体报警装置，并保障其正常使用。

【条文主旨】

本条是关于生产经营单位安全设备管理的规定。

【理解与适用】

本条对应原安全生产法的第三十三条，在原法条的基础上增加了禁止关闭、破坏监控、报警、防护、救生设施的规定，以及对餐饮等行业中关于燃气报警器的安装使用的规定。随着科技的发展和时代的进步，监控、报警设备的普及，生产经营单位越来越多地使用监控设备以及报警装置、防护救生等设施辅助对安全生产的监管，防止安全事故的发生。

一、关于安全设备

本条所称的安全设备，是指为了保护从业人员等生产经营活动参与者的安全，防止生产安全事故发生以及在发生生产安全事故时用于救援而安装使用的机械设备和器械，如矿山使用的自救器、灭火设备，以及各种安全检测仪器，如安全检测系统、瓦斯检测器、测风仪表、氧气检测仪、顶板压力监测仪器等。安全设备有的是作为生产经营装备的附属设备，需要与这些装备配合使用；有的则是能够在保证安全生产方面独立发挥作用。这些安全设备需要按照国家有关要求在生产经营活动中配备，以确保生产安全和事故救援顺利进行。

二、安全设备的标准化管理

标准化管理是生产经营活动现代化的重要标志之一。标准化法实施条例第二条规定，工业产品的安全要求及其生产、储存、运输过程中的安全要求等应当制定标准，制定的标准应当有利于保障安全和人民的身体健康。本法第十一条规定，国务院有关部门应当按照保障安全生产的要求，依法及时制定有关的国家标准或者行业标准，并根据科技进步和经济发展适时修订。根据上述法律中有关标准的要求，本条规定了安全设备从设计到报废各个环节均应符合国家标准或者行业标准的要求。

三、安全设备的维护、保养和定期检测

安全设备发挥效用主要在于安装后投入使用的环节。安全设备在使用过程中，由于内在和外在的因素，不可避免地会出现各种各样的问题，因此，使用安全设备的生产经营单位必须对其进行经常性维护、保养，并定期检测，保证安全设备的正常运转和处于良好的状态，发挥保障安全的效用。通过经常性维护、保养和定期检测，可以及时发现并处理安全设备存在的问题，这是使用单位的一项义务，也是提高安全设备使用年限的一个重要途径。例如，煤矿企业使用的防爆电气设备，由于运输、闲置等原因的影响，可能会造成防爆面以及某个元件的损坏或变形，致使设备不密封而达不到防爆性能，因此一般要求企业必须每月检查一次。另外，矿山企业使用的瓦斯检测仪器，无论是光学原理的，还是催化元件原理的，使用时间长了，就会出现零点漂移，影响应有的精度，而如果瓦斯检测仪器精度不准，就不能正确反映作业环境的瓦斯浓度，容易造成生产安全事故的发生，因此按规定矿山企业必须定期对瓦斯检测仪器进行校正。①

对于经常性维护、保养和定期检测情况应当作好记录。为了明确对安

---

① 参见《煤矿安全监控系统及检测仪器使用管理规范》。

全设备进行维护、保养、检测的责任，增强生产经营单位有关人员的责任心，促使其认真按照要求对安全设备进行维护、保养、检测，本条还规定对维护、保养、检测的有关情况应当作好记录，由有关人员签字。记录的内容一般应当包括经常性维护、保养和定期检测的时间、地点、人员、安全设备的名称，维护、保养、检测的结果，发现的问题以及问题的处理情况等。记录是开展相关工作的证据，是重要的追溯资料，也是相关单位履行义务的凭证。需要在记录上签字的有关人员，包括直接从事维护、保养、检测的技术人员以及相关的安全生产管理人员。必要时，生产经营单位的主要负责人也要签字。这样规定，也有利于在发生事故时分清责任，为正确追究有关人员的法律责任提供第一手的证据。

四、监控、报警、防护、救生设备

生产经营单位不得关闭、破坏监控设备或篡改、隐瞒、销毁其相关证据。监控设备不仅可以实时监控到生产经营场所以及从业人员的动态，还具有记录功能，这就使得通过监控设备不仅可以对安全事故进行有效的防控，也可在安全事故发生后作为资料帮助分析找到引发安全事故的原因，便于日后加强防范和整改，也有利于在发生事故时划分责任。对于报警设备，生产经营单位应保持一直开启不得关闭，因为突发事件发生时报警设备可第一时间将安全事故通知到整个生产经营单位。防护和救生设备都是保障从业人员的安全设备，在遇到突发紧急状况时，从业人员可以通过使用防护、救生设备减少对自身的伤害，实现一定的人身保护，生产经营单位对其也应注意维护。

五、可燃气体报警装置

可燃气体报警装置用来检测可燃气体的泄漏。当环境中有可燃气体泄漏，可燃气体报警装置检测到气体浓度达到爆炸临界点时，可燃气体报警装置就会发出报警信号，以提醒现场工作人员采取安全措施，并驱动排风、切断、喷淋系统，防止发生爆炸、火灾、中毒事故，从而保障安全生产。在燃气使用相当普遍的今天，燃气爆炸也成为不可忽视的安全隐患之一。特别是燃气爆炸的威力极大，波及范围很广。规定餐饮等行业在使用燃气时，同时安装可燃气体报警装置，可以在燃气泄漏时发出警报，警示从业人员有燃气泄漏的情况，以便于及时处理，避免演变为燃气爆炸事故。

【相关规定】

《中华人民共和国矿山安全法》第十五条、第十六条；《建设工程安全生产管理条例》第三十四条、第三十五条。

第三十七条　【危险物品的容器、运输工具以及部分特种设备的管理】 生产经营单位使用的危险物品的容器、运输工具，以及涉及人身安全、危险性较大的海洋石油开采特种设备和矿山井下特种设备，必须按照国家有关规定，由专业生产单位生产，并经具有专业资质的检测、检验机构检测、检验合格，取得安全使用证或者安全标志，方可投入使用。检测、检验机构对检测、检验结果负责。

【条文主旨】

本条是关于危险物品的容器、运输工具以及部分特种设备生产、检测、检验的特殊管理的规定。

【理解与适用】

由于危险物品的容器、运输工具和特种设备本身危险性较大，在实践中与其他生产经营所使用的工具有较大的区别，一般实行特殊管理，在生产、检测、检验方面都有更为严格的要求，本条就属于对它们进行特殊管理的规定。特种设备一般指对人身和财产安全有较大危险性的锅炉、压力容器（含气瓶）、压力管道、电梯、起重机械、客运索道、大型游乐设施、场（厂）内专用机动车辆，以及法律、行政法规规定适用本法的其他特种设备。[①] 而本条涉及的特种设备指涉及人身安全、危险性较大的海洋石油开采特种设备和矿山井下特种设备。

一、特殊管理的对象

本条特殊管理的对象主要包括以下两类：

（一）危险物品的容器、运输工具

根据本法第一百一十七条的规定，危险物品是指易燃易爆物品、危险化学品、放射性物品等能够危及人身安全和财产安全的物品。危险物品的容器、运输工具与安全生产关系密切，需要进行特殊的管理，国家对其实行生产许可制度。2005 年制定的工业产品生产许可证管理条例第二条明确规定，国家对危险化学品及其包装物、容器等影响生产安全、公共安全的

① 《中华人民共和国特种设备安全法》第二条。

产品实行生产许可证制度。《危险化学品安全管理条例》第十七条、第十八条规定，危险化学品包装物、容器的材质以及危险化学品包装的型式、规格、方法和单件质量（重量），应当与所包装的危险化学品的性质和用途相适应。有资质的企业生产的危险化学品包装物、容器“经国务院质量监督检验检疫部门认定的检验机构检验合格，方可出厂销售”。运输危险化学品的船舶及其配载的容器，应当按照国家船舶检验规范进行生产，并经海事管理机构认定的船舶检验机构检验合格，方可投入使用。对重复使用的危险化学品包装物、容器，使用单位在重复使用前应当进行检查；发现存在安全隐患的，应当维修或者更换。使用单位应当对检查情况作出记录，记录的保存期限不得少于 2 年。

2012 年，原国家质量监督检验检疫总局发布了《关于公布实行生产许可证制度管理的产品目录的公告》，其将“危险化学品包装物、容器”纳入实行生产许可证制度管理的产品目录。生产危险化学品包装物、容器的企业，应当依照工业产品生产许可证管理条例的规定，取得工业产品生产许可证。

在危险物品的运输工具方面，应当符合法律法规对危险品运输工具的规定。如《道路运输车辆技术管理规定》要求危险货物运输车辆应当符合《汽车运输危险货物规则》（JT 617）的要求，①《道路危险货物运输管理规定》规定了运输交通工具的停放标准：停车场地设立明显标志并封闭，不得妨碍居民生活和威胁公共安全，并要求有专业的驾驶人员和具有相关从业资格的装卸、押运人员。②《船舶载运危险货物安全监督管理规定》要求载运危险货物的船舶应当经国家海事管理机构认可的船舶检验机构检验合格，取得相应的检验证书和文书，并保持良好状态。③《铁路危险货物运输安全监督管理规定》要求装载和运输危险货物的铁路车辆要在制造、维修、检测、检验和使用、管理等方面符合标准和有关规定，要牢固、清晰地标明危险货物包装标志和警示标志；铁路罐车、罐式集装箱以及其他容器应当封口严密，安全附件设置准确、起闭灵活、状态完好，能够防止运输过程中因温度、湿度或者压力的变化发生渗漏、洒漏；压力容器应当符合《移动式压力容器安全技术监察规程》《气瓶安全技术监察规程》等有关安全技术规范要求，并在经核准的检验机构出具的压力容器安全检验合格有效期内等。④

---

① 参见《道路运输车辆技术管理规定》第七条。
② 参见《道路危险货物运输管理规定》第八条。
③ 参见《船舶运载危险货物安全监督管理规定》第六条。
④ 参见《铁路运输危险货物安全监督管理规定》第十二条。

（二）涉及人身安全、危险性较大的海洋石油开采特种设备和矿山井下特种设备

特种设备因设备本身和外在因素的影响容易发生事故，并且一旦发生事故很可能会造成人身伤亡及重大经济损失，具有较大的危险性。特种设备安全法对特种设备的范围，以及特种设备的生产（包括设计、制造、安装、改造、修理）、经营、使用、检验、检测和特种设备安全的监督管理作出了严格规定。特种设备实行目录管理，纳入目录的特种设备实行特殊的管理。特种设备安全法规定，特种设备目录由国务院负责特种设备安全监督管理的部门制定，报国务院批准后执行。

根据现有的特种设备安全管理体制，负责特种设备安全监督管理的部门主要是指各级质量技术监督管理部门，也有其他一些部门对民航、铁路、矿山、海洋石油开采等领域使用的特种设备安全进行监督管理，特种设备安全法第一百条规定，铁路机车、海上设施和船舶、矿山井下使用的特种设备以及民用机场专用设备安全的监督管理，房屋建筑工地、市政工程工地用起重机械和场（厂）内专用机动车辆的安装、使用的监督管理，由有关部门依照本法和其他有关法律的规定实施。特种设备安全法的这一条例外规定中，海上设施和船舶中用于海洋石油开采的特种设备、矿山井下使用的特种设备，根据现有安全监管体制，由负有安全生产监督管理职责的部门依照本法和特种设备安全法的有关规定实施管理。因此，本条特别规定涉及人身安全、危险性较大的海洋石油开采特种设备和矿山井下特种设备的生产、检测、检验的要求，与特种设备安全法的上述规定进行衔接。

二、对生产、检测、检验的要求

（一）由专业生产单位生产

由于危险物品的容器、运输工具，以及涉及人身安全、危险性较大的海洋石油开采特种设备和矿山井下特种设备比较特殊，为了保证其安全使用，需要由专业的生产单位进行生产。例如，根据《危险化学品安全管理条例》第十八条的规定，生产列入国家实行生产许可证制度的工业产品目录的危险化学品包装物、容器的企业，应当依照工业产品生产许可证管理条例的规定，取得工业产品生产许可证。又如，根据特种设备安全法第十八条的规定，国家按照分类监督管理的原则对特种设备生产实行许可制度，特种设备生产单位应当具备下列条件，并经负责特种设备安全监督管理的部门许可，方可从事生产活动：（1）有与生产相适应的专业技术人员；（2）有与生产相适应的设备、设施和工作场所；（3）有健全的质量保

证、安全管理和岗位责任等制度。对于生产单位专业性的特别要求，能有效保证产品的安全使用效能。

（二）经检测、检验合格

危险物品的容器、运输工具，以及涉及人身安全、危险性较大的海洋石油开采特种设备和矿山井下特种设备投入使用前，必须经专业资质的机构检测、检验合格。为了确保检测、检验机构依法履行职责，公正、客观地对涉及生命安全、危险性较大的特种设备和危险物品的容器、运输工具进行检测、检验，本条还明确规定，检测、检验机构对检测、检验结果负责。检测、检验机构在检测、检验时，必须认真负责，按照规定的技术标准和要求进行检测、检验，提出科学、客观的结论。检测、检验机构应当出具专业检测、检验证明或报告。检测、检验合格的，发给安全使用证或者安全标志；不合格的，不得发给安全使用证或者安全标志。因检测、检验机构的原因，致使不合格的特种设备和危险物品的容器、运输工具投入使用，甚至造成后果的，检测、检验机构及其有关人员应当承担相应的法律责任。①

【相关规定】

《中华人民共和国特种设备安全法》第二条、第十八条至第二十五条；《建设工程安全生产管理条例》第三十五条。

第三十八条　【淘汰制度】 国家对严重危及生产安全的工艺、设备实行淘汰制度，具体目录由国务院应急管理部门会同国务院有关部门制定并公布。法律、行政法规对目录的制定另有规定的，适用其规定。

省、自治区、直辖市人民政府可以根据本地区实际情况制定并公布具体目录，对前款规定以外的危及生产安全的工艺、设备予以淘汰。

生产经营单位不得使用应当淘汰的危及生产安全的工艺、设备。

---

① 参见《中华人民共和国特种设备安全法》第五十三条。

【条文主旨】

本条是关于对危及生产安全的工艺、设备实行淘汰制度的规定。

【理解与适用】

生产安全事故中往往存在造成事故的人为因素，也有部分情况是工艺、设备所造成的，如生产经营单位对于老旧设备没有更新换代，或使用了严重危及生产安全的工艺。本法第二十三条规定了生产经营单位应当保证生产安全的资金投入，以防止生产安全事故的发生。然而，当生产经营单位还在使用危及生产安全的工艺和设备时，这些防护手段措施也难以起到作用。因此应改变思维，从根本上解决问题，对危及生产安全的工艺、设备实行淘汰制度。如此既有利于保障安全生产，也可以推动生产经营单位的设备更新换代与工艺技术革新。

一、危及生产安全的工艺、设备

依据本条规定，危及生产安全的工艺、设备可分为两个等级：一是严重危及生产安全的工艺、设备；二是其他危及生产安全的工艺、设备。

（一）严重危及生产安全的工艺、设备

严重危及生产安全的工艺、设备，是指不符合生产安全要求，极有可能导致生产安全事故发生，致使人民群众生命和财产遭受重大损失的工艺、设备。工艺、设备在生产经营活动中属于物的因素，相对于人的因素来说，这种因素对生产安全的影响是一种“硬约束”，只要是使用严重危及生产安全的工艺、设备，即使安全生产管理得再好，人的作用发挥得再充分，也仍然难以避免生产安全事故的发生。对于这些严重危及生产安全的工艺、设备，必须予以淘汰，且这种淘汰不因地域差异和经济发展水平的不同而有所区别，在全国范围内都应当予以执行。

（二）其他危及生产安全的工艺、设备

本条中的“其他危及生产安全的工艺、设备”与严重危及生产安全的工艺、设备相比危险性较低，有的工艺、设备在生产经营单位及其从业人员履行了适当的注意义务或者附加了必要的防护条件后，可以尽量避免事故的发生。考虑到各地经济发展程度和技术装备水平的差异，国家对于这些工艺、设备不一概予以淘汰，由各省、自治区、直辖市人民政府根据本地区的实际情况决定是否淘汰。

二、关于淘汰目录

对应当淘汰的工艺、设备实行目录管理，有利于生产经营单位对照执行，也方便负有安全生产监督管理职责的部门进行执法和监督检查。对于不符合有关安全标准、安全性能低下、职业危害严重、危及安全生产的落后技术、工艺和装备要列入淘汰目录。[①]

（一）对严重危及生产安全的工艺、设备的淘汰目录

本条规定，严重危及生产安全的工艺、设备淘汰的具体目录，由国务院应急管理部门会同国务院有关部门制定并公布。法律、行政法规对目录的制定另有规定的，适用其规定。国务院应急管理部门对全国安全生产工作实施综合监督管理，由其牵头并会同国务院有关部门制定并公布应当淘汰的严重危及生产安全的工艺、设备的具体目录，可以充分考虑各种因素和各方面的意见，使制定的目录更加科学、合理，具有可操作性。

（二）其他危及生产安全的工艺、设备的淘汰目录

如前所述，由于各地经济发展程度和技术装备水平的差异，对于本条第一款以外的危及生产安全的工艺、设备的淘汰目录，由各省、自治区、直辖市人民政府根据本地区实际情况制定并公布。需要注意的是，制定此处工艺、设备淘汰目录的主体是省级人民政府，地市级以下的人民政府和省级人民政府的职能部门都不能作为主体制定和公布此类淘汰目录。将制定主体限定在较高的层级，可以确保目录的权威性和可执行性，也可以避免因制定目录的主体和层级太多，形成地方保护，阻碍工艺、设备的共享和交流。

三、生产经营单位的义务

本条第三款规定，生产经营单位不得使用应当淘汰的危及生产安全的工艺、设备。这是一项禁止性规定，生产经营单位必须执行。需要注意的是，此处所说的“应当淘汰的危及生产安全的工艺、设备”，既包括国务院应急管理部门会同国务院有关部门制定的淘汰目录中的工艺、设备，也包括生产经营单位所处地区的省、自治区、直辖市人民政府制定的本地区淘汰目录中的工艺、设备。

【相关规定】

《建设工程安全生产管理条例》第四十五条。

---

① 参见《国务院关于发布实施〈促进产业结构调整暂行规定〉的决定》。

第三十九条　【危险物品的监管】 生产、经营、运输、储存、使用危险物品或者处置废弃危险物品的，由有关主管部门依照有关法律、法规的规定和国家标准或者行业标准审批并实施监督管理。

生产经营单位生产、经营、运输、储存、使用危险物品或者处置废弃危险物品，必须执行有关法律、法规和国家标准或者行业标准，建立专门的安全管理制度，采取可靠的安全措施，接受有关主管部门依法实施的监督管理。

【条文主旨】

本条是关于对生产、经营、运输、储存、使用危险物品或者处置废弃危险物品监督管理的规定。

【理解与适用】

危险物品以及废弃危险物品具有较大的危险性，一旦发生事故，将会对国家和广大人民群众的生命财产安全造成重大损害。对危险物品从生产到处置的各个环节都实行规范管理，制定相应的法律、法规和标准，采取必要的监管措施，可以有效降低危险物品发生事故的几率，确保与危险物品相关的生产经营活动安全、顺利地进行。

一、危险物品

根据本法第一百一十七条规定，危险物品，是指易燃易爆物品、危险化学品、放射性物品等能够危及人身安全和财产安全的物品。由此可见，危险物品大致可分为四类：（1）易燃易爆物品。（2）危险化学品。根据《危险化学品安全管理条例》的规定，危险化学品一般指具有毒害、腐蚀、爆炸、燃烧、助燃等性质，对人体、设施、环境具有危害的剧毒化学品和其他化学品。（3）放射性物品。主要包括金属铀、硝石酸钍等。（4）其他能够危及人身安全和财产安全的物品。如枪支、管制刀具等。

二、主管部门的审批和监督管理

由于危险物品以及废弃危险物品具有较大的危险性，因此，从事危险物品生产、经营、运输、储存、使用或者废弃危险物品处置活动的生产经营单位，必须本着高度负责的态度，严格执行相关法律、法规和国家标准或者行业标准，建立、健全严格的安全管理规章制度，设置必要的安全防护设施，提高从业人员的素质，保证生产经营活动的安全进行。对危险物品的生产、经营、运输、储存、使用或者处置废弃，需要由主管部门进行监督管理。危险物品复杂且种类繁多，涉及多行业多部门，国家实行分部门管理制度，按照有关法律法规的规定，由相关部门对危险物品归口管理。如处置废弃危险物品，根据固体废物污染环境防治法规定，从事收集、贮存、处置危险废物经营活动的单位，必须依照国家有关规定向主管部门申请领取许可证，没有许可证的，不得经营。对于医疗废物，县级以上人民政府卫生健康、生态环境等主管部门应当在各自职责范围内加强对医疗废物收集、贮存、运输、处置的监督管理，防止危害公众健康、污染环境。① 危险物品的采购、运输、保管必须严格遵照公安部门和交通运输部门的有关规定办理。如在危险物品运输方面，《道路危险货物运输管理规定》明确规定实行道路危险货物运输许可，道路危险货物运输企业或者单位应当严格按照道路运输管理机构决定的许可事项从事道路危险货物运输活动，不得转让、出租道路危险货物运输许可证件，严禁非经营性道路危险货物运输单位从事道路危险货物运输经营活动，并且驾驶人员应当随车携带《道路运输证》。驾驶人员或者押运人员应当按照《汽车运输危险货物规则》（JT617）的要求，随车携带《道路运输危险货物安全卡》。②

三、生产经营单位生产、经营、运输、储存、使用危险物品或者处置废弃危险物品应履行的义务

生产经营单位生产、经营、运输、储存、使用危险物品或者处置废弃危险物品，应当履行的主要义务：第一，执行有关法律、法规和国家标准或者行业标准。第二，建立专门的安全管理制度。如按《民用爆炸物品安全管理条例》规定，民用爆炸物品从业单位应当建立安全管理制度、岗位安全责任制度，制订安全防范措施和事故应急预案，设置安全管理机构或者配备专职安全管理人员。依据《危险化学品安全管理条例》规定，危险化学品单位应当具备法律、行政法规规定和国家标准、行业标准要求的安全条件，建立、健全安全管理规章制度和岗位安全责任制度，对从业人员进行安全教育、法制教育和岗位技术培训。从业人员应当接受教育和培训，考核合格后上岗作业；对有资格要求的岗位，应当配备依法取得相应资格的人员。第三，采取可靠的安全措施。比如，生产、储存剧毒化学品

---

① 参见《固体废物污染环境防治法》第八十条、第九十条。

② 参见《道路危险货物运输管理规定》第二十七条、第三十六条。

或者国务院公安部门规定的可用于制造爆炸物品的危险化学品的单位，应当如实记录其生产、储存的剧毒化学品、易制爆危险化学品的数量、流向，并采取必要的安全防范措施，防止剧毒化学品、易制爆危险化学品丢失或者被盗；发现剧毒化学品、易制爆危险化学品丢失或者被盗的，应当立即向当地公安机关报告；生产、储存剧毒化学品、易制爆危险化学品的单位，应当设置治安保卫机构，配备专职治安保卫人员。第四，接受有关主管部门依法实施的监督管理。比如，放射性固体废物贮存、处置单位未按照规定建立情况记录档案，或者未按照规定进行如实记录的，由省级以上人民政府环境保护主管部门责令限期改正，处1万元以上5万元以下的罚款；逾期不改正的，处5万元以上10万元以下的罚款。

【相关规定】

《中华人民共和国固体废物污染环境防治法》第八十条、第九十二条；《道路危险货物运输管理规定》第二十七条、第三十六条；《民用爆炸物品安全管理条例》第五条；《危险化学品安全管理条例》第四条、第二十三条；《放射性废物安全管理条例》第三十九条。

第四十条　【重大危险源管理】生产经营单位对重大危险源应当登记建档，进行定期检测、评估、监控，并制定应急预案，告知从业人员和相关人员在紧急情况下应当采取的应急措施。

生产经营单位应当按照国家有关规定将本单位重大危险源及有关安全措施、应急措施报有关地方人民政府应急管理部门和有关部门备案。有关地方人民政府应急管理部门和有关部门应当通过相关信息系统实现信息共享。

【条文主旨】

本条是关于生产经营单位重大危险源管理的规定。

【理解与适用】

本条对应原安全生产法第三十七条。本次修改主要在第二款增加了地方人民政府应急管理部门应建立重大危险源的信息共享系统的要求。重大危险源是危险物品聚集的场所或设施，具有较大的危险性，重大危险源一旦引发生产安全事故，很有可能对从业人员以及相关人员的人身安全和财产造成较大的损害。生产经营单位对重大危险源应当严格管理，采取有效的防护措施，登记建档、定期检查，防止生产安全事故的发生。本条是对重大危险源的管理作出的特别规定，旨在强调生产经营单位对于重大危险源的管理义务和责任，为强化重大危险源的监控、管理提供法律上的依据。

一、重大危险源

重大危险源包括两层含义：一是长期或者临时地生产、搬运、使用或者储存危险物品；二是危险物品的数量等于或者超过临界量。[①] 重大危险源存在于生产经营场所和有关设施上，其设置应当与相关公共场所保持距离。如《危险化学品安全管理条例》第十九条规定，危险化学品生产装置或者储存数量构成重大危险源的危险化学品储存设施（运输工具加油站、加气站除外），与下列场所、设施、区域的距离应当符合国家有关规定：（1）居住区以及商业中心、公园等人员密集场所；（2）学校、医院、影剧院、体育场（馆）等公共设施；（3）饮用水源、水厂以及水源保护区；（4）车站、码头（依法经许可从事危险化学品装卸作业的除外）、机场以及通信干线、通信枢纽、铁路线路、道路交通干线、水路交通干线、地铁风亭以及地铁站出入口；（5）基本农田保护区、基本草原、畜禽遗传资源保护区、畜禽规模化养殖场（养殖小区）、渔业水域以及种子、种畜禽、水产苗种生产基地；（6）河流、湖泊、风景名胜区、自然保护区；（7）军事禁区、军事管理区；（8）法律、行政法规规定的其他场所、设施、区域。储存数量构成重大危险源的危险化学品储存设施的选址，应当避开地震活动断层和容易发生洪灾、地质灾害的区域。

二、重大危险源的管理措施

根据重大危险源不宜移动及具有一定的风险性两个特点，可以对重大危险源采取属地管理和分级管理。

（一）属地管理

县级以上地方人民政府应急管理部门按照有关法律、法规、标准规定，对本辖区内的重大危险源实施安全监督管理。将本行政辖区内的重大危险源依次登记建档，登记建档的目的是对重大危险源的情况有一个总体

---

① 参见《中华人民共和国安全生产法》第一百一十七条。

的掌握，便于采取进一步的措施。重大危险源辨识登记、申报工作完成后的首要任务，是多方面查找、发现和确认是否存在隐患，即是否存在人的不安全行为、物的不安全状态和管理上的缺陷。如重大危险源已成为重大事故隐患，则必须立即整改或治理，并按法律要求进行评审和验收。对受技术或其他条件限制，不能立即整改、治理的重大事故隐患，必须在安全评价基础上，加强严格的管理、监控和应急救援措施。

（二）分级管理

将重大危险源档案中全部的危险源，根据安全风险等级划分为四个等级，定期对其进行检测、评估、监控。检测是指通过一定的技术手段，利用仪器工具对重大危险源的一些具体指标、参数进行测量。评估是指对重大危险源的各种情况进行综合的分析、判断，掌握其危险程度。监控是指通过监控系统等装置、设备对重大危险源进行观察、监测、控制，防止其引发危险。检测、评估、监控的目的是更好地了解和掌握重大危险源的基本情况，及时发现事故隐患，采取相应措施，防止生产安全事故的发生。生产经营单位应当将对重大危险源的检测、评估、监控作为一项经常性的工作，定期进行。检测、评估、监控工作可以由本单位的有关人员进行，也可以委托具有相应资质的中介机构进行。检测、评估、监控应当符合有关技术标准的要求，详细记录有关情况，并出具检测、评估或者监控报告，由有关人员签字并对其结果负责。并且做好对重大危险源的风险防控的预案。

三、关于重大危险源安全措施和应急措施的备案

根据本条规定，生产经营单位应当按照国家有关规定将本单位重大危险源及有关安全措施、应急措施报有关地方人民政府应急管理部门和有关部门备案。之所以这样规定，主要是考虑到安全生产工作的重点在于预防，为便于应急管理部门和有关部门及时、全面地掌握生产经营单位重大危险源的分布以及具体危害情况，可以有针对性地采取措施，加强监督管理，经常性地进行检查，防止生产安全事故的发生。同时，了解生产经营单位重大危险源的情况、安全措施以及应急措施，也有利于应急管理部门和有关部门在发生生产安全事故时及时组织抢救，并为事故原因的调查处理提供方便。生产经营单位应当认真执行这一规定，及时备案。应急管理部门和有关部门应当建立、完善有关备案的工作制度和程序，方便有关生产经营单位进行备案，管理好报备的有关材料，并做好对生产经营单位的监督工作。如根据《危险化学品安全管理条例》第二十五条，对剧毒化学品以及储存数量构成重大危险源的其他危险化学品，储存单位还应当将其储存数量、储存地点以及管理人员的情况向公安机关备案。

四、重大危险源信息共享

为建立重大危险源的信息共享机制，各地方政府可以相互开放监测监控信息系统，共享重大危险源预警监测系统和危险化学品 GIS 系统信息，通过网上巡查、推送预警信息等方式，加强动态监控、风险研判、风险预警、在线巡查、风险分析，督查相关企业及时公告风险承诺，及时处置报警、及时管控风险，实现线上、线下相结合的精准防控。

【相关规定】

《中华人民共和国安全生产法》第一百一十七条；《危险化学品安全管理条例》第二十五条；《危险化学品重大危险源监督管理暂行规定》。

第四十一条　【生产经营单位安全风险分级管控和事故隐患治理】生产经营单位应当建立安全风险分级管控制度，按照安全风险分级采取相应的管控措施。

生产经营单位应当建立健全并落实生产安全事故隐患排查治理制度，采取技术、管理措施，及时发现并消除事故隐患。事故隐患排查治理情况应当如实记录，并通过职工大会或者职工代表大会、信息公示栏等方式向从业人员通报。其中，重大事故隐患排查治理情况应当及时向负有安全生产监督管理职责的部门和职工大会或者职工代表大会报告。

县级以上地方各级人民政府负有安全生产监督管理职责的部门应当将重大事故隐患纳入相关信息系统，建立健全重大事故隐患治理督办制度，督促生产经营单位消除重大事故隐患。

【条文主旨】

本条是关于生产经营单位安全风险分级管控和事故隐患治理的规定。

【理解与适用】

本条对应原安全生产法第三十八条，对比原法条，主要增加了有关生产经营单位安全风险分级管控责任的规定，并且完善了事故隐患排查治理制度，规定重大事故隐患排查治理情况应当向具有安全生产监督管理职责的部门和职工大会报告。

一、安全风险分级管控

安全风险分级管控，重点在于分级，既要将风险分级也要将责任分级。在构建双重防御体系的过程中需要对风险进行辨识评价并分级管理。如依据突发事件应对法第四十二条，将自然灾害、事故灾难和公共卫生事件，按照突发事件发生的紧急程度、发展势态和可能造成的危害程度分为一级、二级、三级和四级，分别用红色、橙色、黄色和蓝色标示，一级为最高级别。生产经营单位应当根据实际情况将风险管控纳入全员安全生产责任制，建立安全生产风险管控制度，编制风险分级管控清单。对重大风险管控措施、较大风险管控措施以及危险作业、发包与出租等风险管控措施作出明确规定。

二、重大事故隐患排查

重大事故隐患一般是指生产经营单位违反安全生产法律、法规、规章、标准、规程和安全生产管理制度的规定，或者因其他因素在生产经营活动中存在可能导致事故发生的物的危险状态、人的不安全行为和管理上的缺陷。事故隐患分为一般事故隐患和重大事故隐患。一般事故隐患，是指危害和整改难度较小，发现后能够立即整改排除的隐患。重大事故隐患，是指危害和整改难度较大，应当全部或者局部停产停业，并经过一定时间整改治理方能排除的隐患，或者因外部因素影响致使生产经营单位自身难以排除的隐患。①

对于一般事故隐患，由生产经营单位的车间、分厂、区队、班组负责人或者有关人员立即组织整改排除。对于重大事故隐患，由生产经营单位主要负责人或者有关负责人组织制定并实施隐患治理方案。② 重大事故隐患的治理方案应当包括治理的目标和任务、采取的方法和措施、经费和装备物资的落实、负责整改的机构和人员、治理的时限和要求、相应的安全措施和应急预案等内容，做到“五落实”，即整改责任人、整改措施、整改资金、整改时限和应急预案的落实。生产经营单位在事故隐患治理过程中，应当采取相应的安全防范措施防止事故发生。事故隐患排除前或者排除过程中无法保证安全的，应当从危险区域内撤出作业人员，并疏散可能

---

① 《安全生产事故隐患排查治理暂行规定》第三条。

② 参见《安全生产事故隐患排查治理暂行规定》第十五条。

危及的其他人员，设置警戒标志，暂时停产停业或者停止使用；对暂时难以停产或者停止使用的相关生产储存装置、设施、设备，应当加强维护和保养，防止事故发生。生产经营单位应当加强对自然灾害的预防。对于因自然灾害可能导致事故灾难的隐患，应当按照有关法律、法规、标准和《安全生产事故隐患排查治理暂行规定》的要求排查治理，采取可靠的预防措施，制定应急预案。在接到有关自然灾害的预报时，应当及时向下属单位发出预警通知；发生自然灾害可能危及生产经营单位和人员安全的情况时，应当采取撤离人员、停止作业、加强监测等安全措施，并及时向当地人民政府及其有关部门报告。

生产经营单位在事故隐患排查和治理过程中，应当将排查治理情况如实记录，并向从业人员通报，确保从业人员的知情权。对于重大事故隐患，生产经营单位应当及时向负有安全生产监督管理职责的部门和职工大会或职工代表大会报告。

三、将风险分级管控与隐患排查治理有机结合

鉴于风险管控与隐患排查的关系，生产经营单位应对各风险点的现有管控措施通过隐患排查等形式进行管控。在风险分级管控的基础上，明确风险点及管控措施，列出详细的隐患排查清单，对风险点的各类管控措施进行隐患排查，确保管控措施有效。

四、建立健全重大事故治理督办制度

重大事故隐患的危害较大，整改难度也较大，一旦发生生产安全事故，可能造成严重的人员伤亡和财产损失。加强重大事故隐患的治理，是防止和减少生产安全事故的重要措施。为此，本条第三款规定，县级以上地方各级人民政府负有安全生产监督管理职责的部门应当将重大事故隐患纳入相关信息系统，建立健全重大事故隐患治理督办制度，督促生产经营单位消除重大事故隐患。根据《安全生产事故隐患排查治理暂行规定》第三章的规定，有关职责部门应当指导、监督生产经营单位按照有关法律、法规、规章、标准和规程的要求，建立健全事故隐患排查治理等各项制度；应当建立事故隐患排查治理监督检查制度，定期组织对生产经营单位事故隐患排查治理情况开展监督检查；应当加强对重点单位的事故隐患排查治理情况的监督检查。对检查过程中发现的重大事故隐患，应当下达整改指令书，并建立信息管理台账。必要时，报告同级人民政府并对重大事故隐患实行挂牌督办；配合有关部门做好对生产经营单位事故隐患排查治理情况开展的监督检查，依法查处事故隐患排查治理的非法和违法行为及其责任者。

【相关规定】

《安全生产事故隐患排查治理暂行规定》；《城市轨道交通运营安全风险分级管控和隐患排查治理管理办法》第七条。

第四十二条　【生产经营场所和员工宿舍的安全要求】 生产、经营、储存、使用危险物品的车间、商店、仓库不得与员工宿舍在同一座建筑物内，并应当与员工宿舍保持安全距离。

生产经营场所和员工宿舍应当设有符合紧急疏散要求、标志明显、保持畅通的出口、疏散通道。禁止占用、锁闭、封堵生产经营场所或者员工宿舍的出口、疏散通道。

【条文主旨】

本条是关于生产经营场所、员工宿舍安全管理要求的规定。

【理解与适用】

本条对应原安全生产法第三十九条，本次修改主要增加了禁止占用员工宿舍疏散通道的规定，更加细化了对生产经营场所、员工宿舍的安全要求。

一、员工宿舍的安全要求

本条第一款规定了员工宿舍不得与生产、经营、使用、储存危险物品的车间、商店、仓库在同一建筑物内，应当保持一定的安全距离。这一规定的目的是保障单位员工的生命财产安全。实践中，确有一些生产、经营、使用、储存危险物品的生产经营单位为了追求经济利益，节省开支，不顾员工的生命财产安全，将单位的生产车间、仓库和员工宿舍设在同一座建筑物内，一旦发生安全事故，特别是发生爆炸、中毒、火灾事故，往往蔓延迅速，极易导致群死群伤的恶性事故。因此，本条明确规定，生产、经营、使用、储存危险物品的车间、商店、仓库与员工宿舍不得在同一座建筑物内。生产经营单位不得以任何理由违反上述规定，员工也应当提高自我保护意识，拒绝使用生产经营单位提供的违反安全要求的宿舍，并有权向有关部门举报。与此同时，生产、经营、使用、储存危险物品的车间、商店、仓库与员工宿舍还应当保持安全距离。所谓安全距离一般是指达到即使发生事故一般也可避免损害宿舍内员工的人身安全的距离。比如《建设工程安全生产管理条例》第二十九条第一款规定：“施工单位应当将施工现场的办公、生活区与作业区分开设置，并保持安全距离；办公、生活区的选址应当符合安全性要求。职工的膳食、饮水、休息场所等应当符合卫生标准。施工单位不得在尚未竣工的建筑物内设置员工集体宿舍。”对于违反本项要求的责任，安全生产法第一百零五条规定，生产、经营、储存、使用危险物品的车间、商店、仓库与员工宿舍在同一座建筑内，或者与员工宿舍的距离不符合安全要求的，则责令其限期改正，处5万元以下的罚款，对其直接负责的主管人员和其他直接责任人员处1万元以下的罚款；逾期未改正的，责令停产停业整顿；构成犯罪的，依照刑法有关规定追究刑事责任。

二、生产经营场所、员工宿舍出口、疏散通道的要求

本条第二款规定，生产经营场所和员工宿舍应当设有符合紧急疏散要求、标志明显、保持畅通的出口、疏散通道。禁止占用、锁闭、封堵生产经营场所或者员工宿舍的出口、疏散通道。安全生产，预防为主，生产经营单位应当采取措施，防止生产安全事故的发生。但是，生产经营活动是一个复杂的过程，多种因素都可能对生产经营单位的安全生产造成影响，即使采取了防范措施，也不可能完全杜绝生产安全事故的发生。因此，生产经营单位应当事先做好发生事故的准备，并采取措施防止事故扩大。这其中，保证生产经营场所和员工宿舍出口、疏散通道的畅通十分重要。一方面有利于发生生产安全事故时从业人员的撤离，减少人员的伤亡；另一方面也有利于救援队伍及时进入事故现场，开展抢救工作，防止事故扩大，尽量减少事故造成的损失。实践中，一些生产经营单位的生产经营场所或者员工宿舍的建设不符合安全要求，不设紧急出口、疏散通道。有的虽然设置了紧急出口、疏散通道，但标志不明显或者不能保持畅通，发生事故时起不到紧急疏散作用。也有一些生产经营单位出于各种目的，占用、锁闭、封堵生产经营场所或者员工宿舍的出口，致使发生事故时员工不能及时疏散并逃生出去，造成大量人员伤亡。因此本条还明确规定，生产经营场所和员工宿舍应当设有符合紧急疏散需要、标志明显、保持畅通的出口、疏散通道；禁止锁闭、占用、封堵生产经营场所或者员工宿舍的出口和疏散通道。安全生产法第一百零五条规定，生产经营场所和员工宿舍未设有符合紧急疏散需要、标志明显、保持畅通的出口，或者占用、锁闭、封堵生产经营场所或者员工宿舍出口、疏散通道的，责令其限期改正，处5万元以下的罚款，对其直接负责的主管人员和其他直接责任人员处1万元以下的罚款；逾期未改正的，责令停产停业整顿；构成犯罪的，依照刑法有关规定追究刑事责任。

【相关规定】

《危险化学品安全管理条例》第十九条；《建设工程安全生产管理条例》第二十条、第二十九条、第三十条。

第四十三条　【危险作业现场的安全管理】生产经营单位进行爆破、吊装、动火、临时用电以及国务院应急管理部门会同国务院有关部门规定的其他危险作业，应当安排专门人员进行现场安全管理，确保操作规程的遵守和安全措施的落实。

【条文主旨】

本条是关于爆破、吊装、动火、临时用电等危险作业的现场安全管理的规定。

【理解与适用】

对于爆破、吊装、动火、临时用电等危险作业现场必须进行严格的安全管理，本条对此提出了两方面要求：一是生产经营单位进行爆破、吊装、动火、临时用电等危险作业时，应当安排专职人员进行现场安全管理；二是要确保操作规程的遵守和安全措施的落实。对此要制定严格的操作规程和周密的安保措施，禁止违反规程操作和无关人员擅入现场。现场人员要明确各自的分工和安全责任，各司其职、密切协同，保证万无一失。爆破、吊装、动火、临时用电等作业具有较大的危险性，容易发生事故，而且一旦发生事故，将会对作业人员和有关人员造成较大的伤害。因此，进行危险作业时，作业人员必须严格按照操作规程进行操作，同时生产经营单位应当采取必要的事故防范措施，以防止生产安全事故的发生。

一、爆破、吊装、动火、临时用电等危险作业的现场安全管理

考虑到爆破、吊装等作业的危险性，在事故防范措施中，很重要的一项就是安排专门的人员进行作业场所的安全管理。现场安全管理人员一方面可以检查作业场所的各项安全措施是否得到落实，另一方面可以监督从事危险作业的人员是否严格按照有关操作规程进行操作。同时，现场安全管理人员可以对作业场所的各种情况进行及时协调，发现事故隐患及时采取措施进行紧急排除。这一切，对于保证危险作业的安全进行都是很重要的。

（一）关于爆破

爆破是比较常见的作业方式，特别是在矿山、建筑施工等单位更是经常采用这种作业方式。由于爆破是危险作业，为达到既方便施工又保证安全的目的，必须规定一些特殊的安全管理要求，这也是实践中的一贯做法。例如，申请从事爆破作业的单位，应当具备一定的条件，如要有符合国家有关标准和规范的民用爆炸物品专用仓库，有具备相应资格的安全管理人员、仓库管理人员和具备国家规定执业资格的爆破作业人员，有符合国家标准、行业标准的爆破作业专用设备等。爆破作业单位应当对本单位的爆破作业人员、安全管理人员、仓库管理人员进行专业技术培训。爆破作业人员应当经设区的市级人民政府公安机关考核合格，取得爆破作业人员许可证后，方可从事爆破作业。爆破作业单位应当按照其资质等级承接爆破作业项目，爆破作业人员应当按照其资格等级从事爆破作业。实施爆破作业前，应向公安机关申请审批爆破作业项目，应当遵守国家有关标准和规范，在安全距离以外设置警示标志并安排警戒人员，防止无关人员进入；爆破作业结束后应当及时检查、排除未引爆的民用爆炸物品。爆破作业结束 15 日内，向公安机关备案。①

（二）关于吊装

吊装也是比较常见的作业方式，在建筑施工、大型机械制造等单位经常采用这种作业方式。现行的《建筑机械使用安全技术规程》等专门的操作规程，对吊装作业应当遵守的具体程序和要求作了具体规定。例如，吊装时吊物要捆扎牢靠，吊钩要找准重心。吊物要垂直，不准斜吊或斜拉。物体吊起时，禁止人员站在吊物之上，其下方禁止有人；起重机在起吊满载荷时，应先将重物吊起地面 20 厘米至 50 厘米停止提升，检查起重机的

---

① 参见《爆破作业项目管理要求》《爆破作业单位资质条件和管理要求》《民用爆炸物品安全管理条例》。

稳定性、制动器的可靠性、重物的平衡性、绑扎的牢固性，确认无误后方可再进行下一步的提升。对于有可能晃动的重物，必须拴拉绳等。

（三）关于动火

动火是指在禁火区进行焊接与切割作业及在易燃易爆场所使用喷灯、电钻、砂轮等进行可能产生火焰、火花和炽热表面的临时性作业。生产经营单位一般将动火作业分为三级动火情况，一级动火作业由项目负责人组织编制防火安全技术方案，填写动火申请表，报生产经营单位安全管理部门审查批准后，方可动火；二级动火作业由项目责任工程师组织拟定防火安全技术措施，填写动火申请表，报项目安全管理部门和项目负责人审查批准后，方可动火；三级动火作业由所在班组填写动火申请表，经项目责任工程师和项目安全管理部门审查批准后，方可动火。①

（四）关于临时用电

《建设工程安全生产管理条例》第二十六条规定，施工单位应当在施工组织设计中编制安全技术措施和施工现场临时用电方案，对下列达到一定规模的危险性较大的分部分项工程编制专项施工方案，并附具安全验算结果，经施工单位技术负责人、总监理工程师签字后实施，由专职安全生产管理人员进行现场监督：（1）基坑支护与降水工程；（2）土方开挖工程；（3）模板工程；（4）起重吊装工程；（5）脚手架工程；（6）拆除、爆破工程；（7）国务院建设行政主管部门或者其他有关部门规定的其他危险性较大的工程。对前款所列工程中涉及深基坑、地下暗挖工程、高大模板工程的专项施工方案，施工单位还应当组织专家进行论证、审查。本条第一款规定的达到一定规模的危险性较大工程的标准，由国务院建设行政主管部门会同国务院其他有关部门制定。

二、关于其他危险作业

除爆破、吊装等作业外，还有一些作业也很危险，如有限空间作业、地下挖掘作业、悬吊作业、临近高压线作业等。因此，本条通过授权的方式，指出其他危险作业由国务院应急管理部门会同国务院有关部门规定。这样规定，有利于根据安全生产工作的实际，及时公布调整相应的危险作业目录，加强对危险作业的动态安全管理。如建筑行业的《危险性较大的分部分项工程安全管理规定》中规定了对相关工程的前期保障、专项施工方案、现场安全管理、监督管理等内容。

---

① 参见《动火工作管理及措施》，载安全管理网，http：//m. safehoo. com/tech/burst/201805/1522790. shtml，最后访问时间：2021 年 7 月 5 日。

【相关规定】

《建设工程安全生产管理条例》第二十六条；《建筑机械使用安全技术规程》；《危险性较大的分部分项工程安全管理规定》。

第四十四条　【从业人员的安全管理】生产经营单位应当教育和督促从业人员严格执行本单位的安全生产规章制度和安全操作规程；并向从业人员如实告知作业场所和工作岗位存在的危险因素、防范措施以及事故应急措施。

生产经营单位应当关注从业人员的身体、心理状况和行为习惯，加强对从业人员的心理疏导、精神慰藉，严格落实岗位安全生产责任，防范从业人员行为异常导致事故发生。

【条文主旨】

本条是关于生产经营单位教育、督促从业人员执行安全生产规章、安全操作规程以及保障从业人员安全生产知情权和身心健康的规定。

【理解与适用】

本条对应原安全生产法的第四十一条，在原条文基础上增加了一款关于生产经营单位应当关注从业人员身心健康的规定。增加该款的目的是帮助从业人员正确处理工作中的压力和挫折，有效维护从业人员的身心健康，调动和发展从业人员的积极性，防范因为从业人员自身身体或心理原因而导致人为安全事故出现。

一、督促从业人员执行规章制度和安全操作规程

安全生产规章制度是生产经营单位规章制度的重要组成部分，是保证生产经营活动安全、顺利进行的重要手段。生产经营单位的安全生产规章制度主要包括两个方面的内容：一是安全生产管理方面的规章制度；二是安全技术方面的规章制度。

规程是对工艺、操作、安装、检定、安全、管理等具体技术要求和实施程序所作的统一规定。安全操作规程是指在生产活动中，为消除导致人身伤亡或者造成设备、财产破坏以及危害环境的因素而制定的具体技术要求和实施程序的统一规定。安全生产规章制度和安全操作规程，是保证生产经营活动安全进行的重要制度保障，从业人员在进行作业时必须严格执行。实践中，一些企业不制定安全生产规章制度或安全操作规程，或者不教育、不督促从业人员严格执行安全生产规章制度和安全操作规程，使从业人员盲目操作，从而导致生产安全事故的发生。针对这种情况，本条规定，生产经营单位应当教育和督促从业人员严格执行本单位的安全生产规章制度和安全操作规程。生产经营单位应当严格遵守这一规定。

二、保障从业人员的安全生产知情权

本条还对从业人员知情权的保障作出了规定。知情权是劳动者的重要权利。劳动者知情权的范围很广，与生命健康权有着密切的联系。对于可能造成本人人身伤害的职业危害及避免遭受其危害方法的知情权的实现，是保护劳动者自身生命健康权的重要前提。本条主要从要求生产经营单位对作业场所和工作岗位存在危险因素、防范措施以及应急措施等情况向从业人员予以告知的角度，对保障从业人员的知情权问题进行了规定。

向从业人员告知作业场所和工作岗位的危险因素、防范措施以及事故应急措施，是保障从业人员知情权的重要内容。因此，本条把这一告知义务规定为生产经营单位强制性的法定义务，生产经营单位必须遵守。生产经营单位应当按实际情况告知从业人员，不得隐瞒，不得省略，更不能欺骗从业人员。告知的内容包括以下三个方面：（1）作业场所和工作岗位存在的危险因素的种类、性质以及可能导致何种生产安全事故；（2）对这些危险因素的防范措施；（3）针对该作业场所和工作岗位的可能导致的生产安全事故的种类和特点，事先制定的在发生生产安全事故时的应急措施。告知的形式可以是多种多样的，如组织从业人员进行学习培训，或者在作业场所和工作岗位设置公告栏，将有关内容予以公告等。

三、保障从业人员的身心健康

在现代生产经营单位的人力资源管理中，员工的身心健康问题已经引起了越来越广泛的关注。实践表明，员工的压力和挫折会导致在工作中出现注意力不集中，或带有负面情绪工作，严重降低其工作效率，甚至可能引发生产安全事故。因此，在充分体现“以人为本”思想的前提下，如何有效地维护和增强从业人员的生理与心理的健康，提高组织和个人效率，已成为生产经营单位需要重视和解决的问题。

【相关规定】

《北京市建设工程施工现场管理办法》第七条。

第四十五条　【劳动防护用品】生产经营单位必须为从业人员提供符合国家标准或者行业标准的劳动防护用品，并监督、教育从业人员按照使用规则佩戴、使用。

【条文主旨】

本条是关于生产经营单位提供劳动防护用品的规定。

【理解与适用】

劳动防护用品是指在劳动过程中为保护劳动者的安全和健康，由用人单位提供的必需物品。用人单位指导、督促劳动者在作业时正确使用。[①]劳动法第五十四条规定，用人单位必须为劳动者提供符合国家规定的劳动安全卫生条件和必要的劳动防护用品。劳动防护用品包括：（1）工作服；（2）工作帽；（3）工作鞋；（4）劳护手套；（5）防寒服；（6）雨衣；（7）胶鞋；（8）眼护具；（9）防尘口罩；（10）防毒护具；（11）安全帽；（12）安全带；（13）护听器。[②]

劳动防护用品是保护职工安全所采取的必不可少的辅助措施，在某种意义上说，它是劳动者防止职业伤害的最后一项措施。在劳动条件差、危害程度高或集体防护措施起不到防护作用的情况下（如在抢修或检修设备、野外露天作业、处理事故隐患等），劳动防护用品会成为保护劳动者的主要措施。因此，劳动防护用品质量的好坏，对于保障劳动者的劳动安全是很重要的，特别是特种劳动防护用品，如果其质量出现问题，将直接危及作业人员的生命健康。因此，劳动防护用品必须符合国家标准或者行业标准，安全可靠，起到应有的劳动保护的作用。

在佩戴和使用劳动防护用品中，要注意防止发生以下情况：（1）从事高空作业的人员，不系好安全带发生坠落；（2）从事电工作业（或手持电动工具）不穿绝缘鞋发生触电；（3）在车间或工地不按要求穿工作服，穿裙子或休闲衣服；或虽穿工作服但穿着不整，敞着前襟，不系袖口等，造成机械缠绕；（4）长发不盘入工作帽中，造成长发被机械卷入；（5）不正确戴手套。有的该戴不戴，造成手的烫伤、刺破等伤害。有的不该戴

---

① 参见《劳动防护用品配备标准（试行）》第二条。

② 参见《劳动防护用品配备标准（试行）》。

而戴，造成机械卷住手套带进手去，甚至连胳膊也带进去的伤害事故；（6）不及时佩戴适当的护目镜和面罩，使面部和眼睛受到飞溅物伤害或灼伤，或受强光刺激，造成视力伤害；（7）不正确戴安全帽。当发生物体坠落或头部受撞击时，造成伤害事故；（8）在工作场所不按规定穿用劳保皮鞋，造成脚部伤害；（9）不能正确选择和使用各类口罩、面具，不会熟练使用防毒护品，造成中毒伤害。①

国家对劳动防护用品的产品质量指标和技术条件，制定了一系列技术标准。如对安全帽、自吸过滤式防尘口罩、防冲击眼护具、阻燃防护服等防护用品，均制定了国家标准，并根据情况变化，适时修订。生产经营单位为劳动者提供的劳动防护用品，应该是符合国家标准或者行业标准的、合格的劳动防护用品，只有这样，才能真正起到保障劳动者劳动安全的作用。实践中需要注意的是，生产经营单位必须把劳动防护用品发放到从业人员手中，不得以货币或其他物品替代应当配备的劳动防护用品。生产经营单位还应当建立健全劳动防护用品的购买、验收、保管、发放、使用、更换、报废等管理制度，并应按照劳动防护用品的使用要求，在使用前对其防护功能进行必要的检查。

实践中，生产经营单位依法向从业人员提供了劳动防护用品，但从业人员由于缺乏相关操作知识、安全意识不强、图省事等原因，不按照规定佩戴或使用相关的劳动防护用品，这也可能造成很大的事故隐患，因此本法规定生产经营单位应当采取措施，使劳动者掌握劳动防护用品的使用规则，并在实践中监督、教育劳动者按照使用规则佩戴、使用劳动防护用品，使其真正发挥作用。

第四十六条　【安全生产管理人员的检查和报告义务】 生产经营单位的安全生产管理人员应当根据本单位的生产经营特点，对安全生产状况进行经常性检查；对检查中发现的安全问题，应当立即处理；不能处理的，应当及时报告本单位有关负责人，有关负责人应当及时处理。检查及处理情况应当如实记录在案。

---

① 李芳：《砌筑工实训》，中国水利水电出版社2015年版，第82页。

生产经营单位的安全生产管理人员在检查中发现重大事故隐患，依照前款规定向本单位有关负责人报告，有关负责人不及时处理的，安全生产管理人员可以向主管的负有安全生产监督管理职责的部门报告，接到报告的部门应当依法及时处理。

【条文主旨】

本条是关于安全生产管理人员的安全检查和报告义务的规定。

【理解与适用】

生产经营单位在从事生产的过程中，可能会因为人的行为或是设备的不安全状态而造成安全隐患。为了保证安全生产，要及时采取措施，消除隐患。这就需要对生产经营单位的安全生产状况进行经常性的检查。安全检查根据主体的不同，可分为有关主管部门进行的检查和生产经营单位自行检查两种形式。其中，生产经营单位的自查最为常见和普遍。

生产经营单位的安全生产管理人员应当根据本单位的生产经营特点，对本单位的安全生产状况进行经常性的检查。生产经营单位的安全生产管理人员在对本单位的安全生产状况进行检查的过程中，发现存在的安全问题，可以处理的应当立即采取措施进行处理，如发现劳动者没有穿戴安全防护用品，应当立即要求其改正。对于不能当场处理的安全问题，如安全设施不合格，需要改建等情况，安全生产管理人员无法立即采取措施进行处理的，应该立即将情况报告本单位的主要负责人或者是主管安全生产工作的其他负责人，报告应当包括安全问题发现的时间、具体情况以及解决建议等内容。有关负责人在接到报告后，应当及时处理。

生产经营单位的安全生产管理人员还应当将安全检查的情况，包括检查的时间、范围、内容、发现的问题及其处理情况等都详细地记录在案，加入本单位的安全生产档案，作为日后完善相关制度的参考和在发生事故时作为调查事故原因的依据。

生产经营单位的安全生产管理人员在检查中发现重大事故隐患，已经向本单位主要负责人或者主管安全生产工作的其他负责人报告，主要负责人或者主管安全生产工作的其他负责人接到报告后，可能由于各种原因，不予处理或者不立即处理，针对这些情况，本条第二款规定，安全生产管理人员可以向主管的负有安全生产监督管理职责的部门报告，这是法律赋予安全生产管理人员的报告重大事故隐患权利。同时，还规定接到报告的部门应当依法及时处理。这里讲的“依法及时处理”，是指依照本法和其他有关法律、法规、规章的规定及时进行处理。

【相关规定】

《生产安全事故报告和调查处理条例》。

第四十七条　【经费保障】生产经营单位应当安排用于配备劳动防护用品、进行安全生产培训的经费。

【条文主旨】

本条是关于生产经营单位保障用于配备劳动防护用品、进行安全生产培训的经费的规定。

【理解与适用】

根据安全生产法第二十三条规定，生产经营单位必须保障安全生产方面的资金投入，如果资金投入不足，相关人员则应责令其整改，若由于资金投入不足而导致安全生产事故的发生，相关人员则应承担法律责任。安全生产必须有一定的资金保证，用于提高劳动者的安全意识和安全操作技能，改善劳动者的劳动条件，为劳动者提供必要的劳动防护用品，否则生产经营单位的安全生产将很难实现。

一、劳动防护用品

劳动防护用品是指在劳动过程中为保护劳动者的安全和健康，由用人单位提供的必需物品。相关内容请参见本书中安全生产法第四十五条的“理解与适用”部分。

二、安全生产培训

劳动法第六十八条规定：“用人单位应当建立职业培训制度，按照国家规定提取和使用职业培训经费，根据本单位实际，有计划地对劳动者进行职业培训。从事技术工种的劳动者，上岗前必须经过培训”。安全生产法

第二十一条、第二十五条也规定了生产经营单位的安全生产教育培训职责。

在实践中，许多安全生产事故之所以发生是由于从业人员的法治观念不强，安全意识薄弱。不按操作规程作业，未能掌握相应的安全操作技能，在紧急情况下缺乏应急措施和自我保护能力，是最大的安全隐患。生产经营单位对从业者的培训应包含以下内容：（1）安全生产基本知识；（2）安全生产法与本行业的相关行政法规、规章，国家、行业标准，以及本单位的安全生产规章制度；（3）劳动纪律；（4）生产现场和工作岗位存在的危险因素、防范措施和处置事故应急措施及预案等。

生产经营单位的安全生产经费问题，是关系到本法是否能够得到有效实施的一个重要问题。本法用多个条款对这一问题作了规定，包括要求生产经营单位的主要负责人或者个人经营的投资人保证本单位应当具备的安全生产条件所必需的资金投入，生产经营单位应当按照规定提取和使用安全生产经费专门用于完善和改进安全生产条件的有关支出，生产经营单位还应将新建、改建、扩建工程项目的安全设施投资纳入建设项目概算。

需要注意的是，为从业人员配备劳动防护用品、进行安全生产培训是生产经营单位的法定义务，本法规定由生产经营单位安排相关经费，因此生产经营单位不得让从业人员自身承担这些费用，不得让从业人员缴纳劳动防护用品费、培训费等费用，也不得以这些费用为由克扣从业人员的工资、福利等待遇。

【相关规定】

《中华人民共和国劳动法》第五十四条、第六十八条。

第四十八条　【生产经营单位间的安全生产管理协议】 两个以上生产经营单位在同一作业区域内进行生产经营活动，可能危及对方生产安全的，应当签订安全生产管理协议，明确各自的安全生产管理职责和应当采取的安全措施，并指定专职安全生产管理人员进行安全检查与协调。

【条文主旨】

本条是关于不同生产经营单位安全生产协作的规定。

【理解与适用】

随着社会的不断发展，生产经营中各方面的合作也在逐步加深、日渐紧密。在实践中常有一个工程项目因为其不同的工作特性将不同的部分分包给两个或两个以上施工单位，在同一作业区域工作。在这种紧密合作的前提下，对于安全生产则提出了新的要求。安全生产责任不仅关系到本生产经营单位的安全保障，也关系到在同一作业区中其他生产经营单位的安全问题。因此，多个生产经营单位之间应该签订安全生产管理协议，明确各单位在生产经营过程中的安全生产管理职责以及安全措施，并且应当指定专职的安全生产管理人员进行安全检查与协调，各生产经营单位应在安全保障方面相互支持。

两个以上生产经营单位在同一作业区域内进行生产经营活动，可能危及对方生产安全的，应当注意进行安全生产方面的协作。协作的主要形式是签订并执行安全生产管理协议。各单位应当通过安全生产管理协议互相告知本单位生产的特点、作业场所存在的危险因素、防范措施以及事故应急措施，以使各个单位对该作业区域的安全生产状况有一个整体上的把握。同时，各单位还应当在安全生产管理协议中明确各自的安全生产管理职责和应当采取的安全措施，做到职责清楚，分工明确。为了使安全生产管理协议真正得到贯彻，保证作业区域内的生产安全，各生产经营单位还应当指定专职的安全生产管理人员对作业区域内的安全生产状况进行检查，对检查中发现的安全生产问题及时进行协调、解决。

各生产经营单位应做好各自的安全生产管理，共享安全预警信息、协助安全生产事故的抢险、救灾等工作，保证各方生产经营活动的安全平稳运行，确保实现安全生产管理目标。在安全生产管理协议中，一般应当规定协议双方各自的责任，如对安全生产资金的投入，确保安全生产得到保障；按规定配备安全管理机构和人员，确保能及时发现并排除安全隐患；建立并落实安全生产责任制，将安全生产责任明细落实到位；各生产经营单位应建立安全生产规章制度并落实；根据本经营单位的特点，制定相应的安全技术措施、相关预案、方案等；应定期或不定期对生产设施、人员配备、安全生产规章制度的落实情况进行专项治理检查，及时消除安全生产事故隐患。并且在安全管理协议中还应当固定协议双方相互协助的责任，如相互告知各自临近边界区域的危险因素及防范措施；双方在相邻边界进行危险作业前应事先通知对方，在对方做好防范措施后再进行作业；双方安全、环境应急预案应共享共知；双方应急设备、设施应明确告知对方以便资源共享等。

需要注意的是，本条属于强制性规定。各生产经营单位之间的谈判过程可以是自由进行的，谈判达成的协议中关于安全生产管理职责和责任的分配也可以自主决定，但是，多个生产经营单位只要符合本条规定的情形，就必须签订安全生产管理协议，并且协议中应当有关于各方安全生产管理职责和应当采取的安全措施的基本内容。安全生产管理协议不同于一般的业务合同，它本身与生产经营单位的营利业务没有直接关系，相反地却增加了生产经营单位的职责，可能被一些生产经营单位视为“累赘”，得不到应有的重视。但是，安全生产管理协议既是有关生产经营单位履行各自安全生产管理职责的依据，也是判明生产安全事故责任的一个重要依据。因此，本条规定符合法定条件的必须签订安全生产管理协议，违反规定的，应当承担相应的法律责任。

【相关规定】

《港口危险货物安全管理规定》第四十七条。

第四十九条　【生产经营项目、场所、设备发包或出租的安全生产责任】 生产经营单位不得将生产经营项目、场所、设备发包或者出租给不具备安全生产条件或者相应资质的单位或者个人。

生产经营项目、场所发包或者出租给其他单位的，生产经营单位应当与承包单位、承租单位签订专门的安全生产管理协议，或者在承包合同、租赁合同中约定各自的安全生产管理职责；生产经营单位对承包单位、承租单位的安全生产工作统一协调、管理，定期进行安全检查，发现安全问题的，应当及时督促整改。

矿山、金属冶炼建设项目和用于生产、储存、装卸危险物品的建设项目的施工单位应当加强对施工项目的安全管理，不得倒卖、出租、出借、挂靠或者以其他形式非法转让施工资质，不得将其承包的全部建设工程转包给第三人或者将其承包的全部建设工程支解以后以分包的名义分别转包给第三人，不得将工程分包给不具备相应资质条件的单位。

【条文主旨】

本条是关于生产经营项目、场所、设备发包或出租的安全生产责任的规定。

【理解与适用】

本条对应原法第四十六条，在原法条的基础上增加了对矿山、金属冶炼建设项目和用于生产、储存、装卸危险物品的建设项目的施工单位的安全管理的规定。

生产经营单位应当具备法律、行政法规和国家标准或者行业标准规定的安全生产条件，不具备安全生产条件的，不得从事生产经营活动。同时，生产经营单位为了保证生产安全，还必须建立、健全安全生产规章制度，建立安全生产防范措施，为劳动者提供符合标准的劳动防护用品。如果生产经营单位不具备上述安全生产条件而从事生产经营活动，则生产安全就无法得到保证。承包、承租单位应具备法律法规规定的安全生产条件或是具备相应的资质，生产经营单位应对承包或承租单位的安全生产条件进行评估或对其资质进行审查。不具备安全生产条件的承包承租者会给生产经营单位带来很大的安全隐患，无法落实安全生产责任。同样，生产经营单位严格按照法律法规履行安全生产职责，承包、承租商也在相对安全的场所作业，与具备安全生产资质的生产经营单位合作，对安全生产也有一定的保障。因此本条第一款明确规定，生产经营单位不得将生产经营项目、场所、设备发包或者出租给不具备安全生产条件的单位或者个人。

生产经营单位也不得将生产经营项目、场所、设备发包或者出租给不具备相应资质的单位或者个人，这也是一条很有必要的规定。在实践中，生产经营活动的种类很多，不同的活动其规模以及技术要求的复杂程度也有很大的差别，对从事该活动的生产经营单位的经济、技术条件也就相应有不同的要求。如建筑法第十三条规定，从事建筑活动的建筑施工企业、勘察单位、设计单位和工程监理单位，按照其拥有的注册资本、专业技术人员、技术装备和已完成的建筑工程业绩等资质条件，划分为不同的资质等级，经资质审查合格，取得相应等级的资质证书后，方可在其资质等级许可的范围内从事建筑活动。该法第二十九条还规定，禁止总承包单位将工程分包给不具备相应资质条件的单位。承包方、承租方如从事其资质等级许可的范围外的生产经营活动，由于资金、技术、人员等方面的条件达不到要求，将使生产安全无法得到保障。

生产经营单位与承包单位、承租单位在安全生产管理方面的决定，只对约定双方有约束力，不具有对外效力。也就是说，生产经营单位不能因为有约定而豁免或减轻自己在安全生产方面的责任，生产经营单位应对该项目、场所的安全生产全面负责。生产经营单位对承包单位、承租单位的安全生产工作统一协调、管理，还要定期进行安全检查，发现安全问题的，应当及时督促整改。如果该生产经营项目、场所有违反本法或有关法律、行政法规关于安全生产的管理规定的行为，应由生产经营单位承担相应的责任；如果发生了生产安全事故，生产经营单位也应承担相应的责任。生产经营单位在承担了相应的责任后，可以根据安全生产管理协议的约定，追究承包单位、承租单位的责任。

本次修改中增加了第三款对矿山、金属冶炼建设项目和用于生产、储存、装卸危险物品的建设项目的施工单位的安全管理的规定。目的是进一步约束矿山、金属冶炼建设项目以及用于生产、储存、装卸危险物品的建设项目的施工单位，因为这些属于高危行业，必须拥有施工资质才能从事相应工作。安全生产法第三十四条规定，“矿山、金属冶炼建设项目和用于生产、储存、装卸危险物品的建设项目的施工单位必须按照批准的安全设施设计施工，并对安全设施的工程质量负责。矿山、金属冶炼建设项目和用于生产、储存、装卸危险物品的建设项目竣工投入生产或者使用前，应当由建设单位负责组织对安全设施进行验收；验收合格后，方可投入生产和使用。负有安全生产监督管理职责的部门应当加强对建设单位验收活动和验收结果的监督核查。”《建设项目安全设施“三同时”监督管理办法》第十二条规定：“本办法第七条第（一）项、第（二）项、第（三）项、第（四）项规定的建设项目安全设施设计完成后，生产经营单位应当按照本办法第五条的规定向安全生产监督管理部门[①]提出审查申请，并提交下列文件资料：……（三）设计单位的设计资质证明文件……”由于矿山、金属冶炼建设项目和用于生产、储存、装卸危险物品的建设项目的特殊性，为了保证施工单位是经过行政审批具有安全施工资质的单位，本法增加了对其转包、发包的限制，以保障施工安全。

【相关规定】

《中华人民共和国安全生产法》第三十四条；《建设项目安全设施“三同时”监督管理办法》第十二条。

---

① 对应现在的应急管理部门。

第五十条 【安全生产事故的处理】 生产经营单位发生生产安全事故时，单位的主要负责人应当立即组织抢救，并不得在事故调查处理期间擅离职守。

【条文主旨】

本条是关于生产经营单位的主要负责人组织事故抢救的规定。

【理解与适用】

生产经营单位的主要负责人负有及时报告安全事故的责任，并且根据《生产安全事故报告和调查处理条例》第四条规定，事故报告应当及时、准确、完整，任何单位和个人对事故不得迟报、漏报、谎报或者瞒报。

生产经营单位主要负责人也是安全生产的主要责任人，对生产经营单位的安全全面负责，生产经营单位的主要负责人不但负有采取各种措施、防止发生生产安全事故的责任，而且负有在发生生产安全事故后组织抢救，减少事故造成损害的责任。因此，本条规定，生产经营单位发生生产安全事故时，单位主要负责人应当立即组织抢救。安全生产法第八十三条规定，生产经营单位发生生产安全事故后，事故现场有关人员应当立即报告本单位负责人。单位负责人接到事故报告后，应当迅速采取有效措施，组织抢救，防止事故扩大，减少人员伤亡和财产损失，并按照国家有关规定立即如实报告当地负有安全生产监督管理职责的部门，不得隐瞒不报、谎报或者迟报，不得故意破坏事故现场、毁灭有关证据。

生产经营单位的主要负责人在事故发生后应当坚守岗位，组织事故抢救，并积极配合有关部门进行事故调查处理。一方面是因为单位的主要负责人对单位的场地、布局、设备、人员通讯以及其他生产经营状况比较熟悉，由其在现场参加、组织救援，可以比较顺利地进行事故抢救、事故原因的调查和对事故的处理。另一方面是因为单位的主要负责人是本单位安全生产方面的第一责任人，应当对单位发生的生产安全事故负责，特别是如果单位发生的生产安全事故属于重大责任事故，如有关人员的行为涉嫌刑法规定的重大责任事故罪、重大劳动安全事故罪以及其他犯罪，还可能要追究主要负责人的刑事责任。因此，单位的主要负责人不得擅离职守，而应坚守岗位并等候处理。如果单位的主要负责人违反这一规定，本法第一百一十条规定："生产经营单位的主要负责人在本单位发生生产安全事故时，不立即组织抢救或者在事故调查处理期间擅离职守或者逃匿的，给予降级、撤职的处分，并由应急管理部门处上一年年收入百分之六十至百分之一百的罚款；对逃匿的处十五日以下拘留；构成犯罪的，依照刑法有关规定追究刑事责任。生产经营单位的主要负责人对生产安全事故隐瞒不报、谎报或者迟报的，依照前款规定处罚”。

【相关规定】

《中华人民共和国安全生产法》第八十三条、第一百一十条；《生产安全事故报告和调查处理条例》第四条。

第五十一条　【工伤保险与安全生产责任保险】生产经营单位必须依法参加工伤保险，为从业人员缴纳保险费。

国家鼓励生产经营单位投保安全生产责任保险；属于国家规定的高危行业、领域的生产经营单位，应当投保安全生产责任保险。具体范围和实施办法由国务院应急管理部门会同国务院财政部门、国务院保险监督管理机构和相关行业主管部门制定。

【条文主旨】

本条是关于生产经营单位参加工伤保险和安全生产责任保险的规定。

【理解与适用】

本条对应原安全生产法的第四十八条，本次修改增加了对投保安全生产责任保险的强制性规定，目的是发挥安全生产责任保险在事故预防、救援以及赔付第三方人员伤亡等方面的作用，作为工伤保险的有益补充。

一、工伤保险

工伤保险是指劳动者在工作中或在规定的特殊情况下，遭受意外伤害或患职业病导致暂时或永久丧失劳动能力以及死亡时，劳动者或其遗属从国家和社会获得物质帮助的一种社会保险制度。[①] 生产经营单位为从业人

① 孙树菡：《工伤保险》，中国劳动社会保障出版社 2007 年版，第 3 ~ 4 页。

员缴纳工伤保险属于强制性要求，在我国境内的企业、事业单位、社会团体、民办非企业单位、基金会、律师事务所、会计师事务所等组织和有雇工的个体工商户均应当依法参加工伤保险，为单位全部职工或雇工缴纳工伤保险费。[①] 工伤保险的对象范围是在生产劳动过程中的劳动者，由于职业危害无所不在，无时不在，任何人都不能完全避免职业伤害。因此工伤保险作为抗御职业危害的保险制度适用于所有职工，任何职工发生工伤事故或遭受职业疾病，都应毫无例外地获得工伤保险待遇。工伤保险的责任具有赔偿性，工伤保险是基于对工伤职工的赔偿责任而设立的一种社会保险制度，而其他社会保险是基于对职工生活困难的帮助和补偿责任而设立的。工伤保险实行无过错责任原则。无论工伤事故的责任归于用人单位还是职工个人或第三者，用人单位均应承担保险责任。依照《工伤保险条例》第十条规定，用人单位应当按时缴纳工伤保险费。职工个人不缴纳工伤保险费。用人单位缴纳工伤保险费的数额为本单位职工工资总额乘以单位缴费费率之积。对难以按照工资总额缴纳工伤保险费的行业，其缴纳工伤保险费的具体方式，由国务院社会保险行政部门规定。

工伤保险作为社会保险制度的一个组成部分，是国家通过立法强制实施的，用人单位缴纳工伤保险费是其应履行的社会责任，也是职工应该享受的基本权利。工伤保险的实施是人类文明和社会发展的标志和成果，实行工伤保险保障了工伤职工医疗及其基本生活、伤残抚恤和遗属抚恤，在一定程度上解除了职工和家属的后顾之忧，工伤补偿体现出国家和社会对职工的尊重，有利于提高他们的工作积极性，也有利于促进安全生产，保护和发展社会生产力。工伤保险与生产单位改善劳动条件、防病防伤、安全教育、医疗康复、社会服务等工作紧密相连。对提高生产经营单位和职工的安全生产，防止或减少工伤、职业病，保护职工的身体健康，也至关重要。工伤保险保障了受伤害职工的合法权益，有利于妥善处理事故和恢复生产，维护正常的生产、生活秩序，维护社会安定。

二、关于安全生产责任保险

安全生产责任保险是商业保险的一种，是指保险机构对投保的生产经营单位发生的生产安全事故造成的人员伤亡和有关经济损失等予以赔偿，并且为投保的生产经营单位提供生产安全事故预防服务的商业保险。[②] 发展安全生产责任保险，用责任保险等经济手段加强和改善安全生产管理，

---

① 参见《工伤保险条例》第二条。

② 参见《安全生产责任保险实施办法》第二条。

是强化安全事故风险管控的重要措施，有利于增强安全生产意识，防范事故发生，促进地区安全生产形势稳定好转；有利于预防和化解社会矛盾，减轻各级政府在事故发生后的救助负担；有利于维护人民群众根本利益，促进经济健康运行，保持社会稳定。

对于生产经营单位缴纳安全责任保险的情况分为两类：

（一）煤矿、非煤矿山、危险化学品、烟花爆竹、交通运输、建筑施工、民用爆炸物品、金属冶炼、渔业生产等高危行业、领域

根据《安全生产责任保险实施办法》第六条第一款规定，“煤矿、非煤矿山、危险化学品、烟花爆竹、交通运输、建筑施工、民用爆炸物品、金属冶炼、渔业生产等高危行业领域的生产经营单位应当投保安全生产责任保险……”投保安全生产责任险是法定高危行业的生产经营单位必须依法履行的责任。实践中，有些中小企业安全风险很大，如烟花爆竹生产企业，从业人员基本是农民工，季节性强，流动性大，企业难以与从业人员签订劳动合同，一旦发生生产安全事故，往往造成群死群伤（可能造成企业以外人员的伤亡），伤亡人员可能难以得到应有的补偿。因此，安全生产责任保险作为一种商业保险，主要作用是帮助企业进行事故预防、风险控制和辅助管理，一旦发生生产安全事故，可使受损方得到赔偿。

本条第二款进一步规定，属于国家规定的高危行业、领域的生产经营单位，应当投保安全生产责任保险。具体范围和实施办法由国务院应急管理部门会同国务院财政部门、国务院保险监督管理机构和相关行业主管部门制定。

（二）其他行业、领域

在非法定高危行业的生产经营单位，我国原则上鼓励生产经营单位也投保安全生产责任险，通过引入保险机制，发挥保险机构的作用，促进安全生产。

【相关规定】

《国务院关于保险业改革发展的若干意见》；《工伤保险条例》第二条、第三条、第十条；《安全生产责任保险实施办法》第二条、第六条。

第三章　从业人员的安全生产权利义务

第五十二条　【劳动合同的安全条款】 生产经营单位与从业人员订立的劳动合同，应当载明有关保障从业人员劳动安全、防止职业危害的事项，以及依法为从业人员办理工伤保险的事项。

生产经营单位不得以任何形式与从业人员订立协议，免除或者减轻其对从业人员因生产安全事故伤亡依法应承担的责任。

【条文主旨】

本条是关于劳动合同应当载明有关安全生产事项以及生产经营单位不得通过协议免除或减轻自身责任的规定。

【理解与适用】

为保护从业人员劳动安全，维护从业人员安全生产方面的合法权益，劳动合同应当载明两个法定事项：一是保障从业人员劳动安全，防止职业危害的事项；二是办理工伤保险的事项。生产经营单位与从业人员签订包含“工伤概不负责”内容的协议违反民法典第五百零六条，劳动法第十八条、第十九条及劳动合同法第十七条、第二十六条的规定，属于因违反效力性强制性规定而无效的民事法律行为，同时这类行为也严重违反了社会公德。

一、生产经营单位与从业人员订立的劳动合同应载明有关安全生产的事项

劳动合同是生产经营单位与从业人员之间确立劳动关系、明确双方权利和义务的书面协议，也是从业人员与生产经营单位确立劳动关系的基本形式。由于劳动合同的内容直接关系到从业人员的切身利益，为了规范劳动合同的订立，切实保障从业人员的合法权益，劳动法和劳动合同法等有关法律对劳动合同应当具备的条款作了明确规定，包括劳动合同期限、工作内容和工作地点、劳动报酬、社会保险以及劳动保护、劳动条件和职业危害防护等。如果生产经营单位提供的劳动合同文本不具备上述必备条款，由劳动行政部门责令改正，给劳动者造成损害的，依法承担赔偿责任。为了切实保障从业人员在安全生产方面的权利，本条规定，劳动合同应当载明有关保障从业人员劳动安全、防止职业危害和依法为从业人员办理工伤保险的事项。这是对有关法律规定的进一步强调和重申。

（一）劳动合同应当载明有关保障从业人员劳动安全的事项

为了保障从业人员在劳动过程中的人身安全，明确责任，在劳动合同中必须对劳动安全条件、劳动防护用品的配备等有关劳动安全的事项予以明确。

（二）劳动合同中必须载明有关防止职业危害的事项

职业危害是指从业人员在劳动过程中因接触有毒有害物品和遇到各种不安全因素而有损于健康的危害。一般包括：（1）在生产过程中的危害。可分为化学因素的危害，如有毒物质和生产性粉尘的侵害；物理因素的危害，如高温高压、低温低压、电离辐射、非电离辐射、噪声、振动等；生物因素的危害，如生产劳动过程中的疾病、细菌、病毒感染。（2）与劳动状况有关的危害，包括作业时间过长、劳动负荷过重、从业人员生理状况不适应或心理状态过度紧张、长时间采用同一不良体位等。（3）与生产环境有关的危害。如厂房狭小、通风和照明不合理，缺乏防寒取暖和防暑降温等设施，卫生防护装置不健全等。为防止职业危害，生产经营单位应采取各种有效措施，并将这些有效措施载明在劳动合同中。此外，还应在劳动合同中载明对从事有职业危害的从业人员按国家规定定期进行健康检查，其间所占用的生产、工作时间，应当按正常出勤处理等内容。

（三）劳动合同应当载明依法为从业人员办理工伤保险的事项

工伤保险旨在确保从业人员在从事生产劳动或与之相关的工作时，遭受事故伤害或者患职业病，有权获得医疗救治和经济补偿。工伤保险制度对于有效降低生产经营单位生产经营风险和从业人员职业风险、稳定从业人员队伍、调动从业人员的劳动积极性、促进安全生产，都具有重大意义。生产经营单位必须参加工伤保险，为从业人员缴纳保险费，这些事项都必须在合同中载明。生产经营单位在与从业人员签订劳动合同时，必须按照上述规定，明确有关安全生产方面的事项。

二、生产经营单位不得以任何形式（如与从业人员订立协议）来免除或者减轻其对从业人员因生产安全事故伤亡依法应当承担的责任

实践中，一些生产经营单位为了逃避应当承担的事故赔偿责任，在劳动合同或以其他方式与从业人员订立的协议中，约定“工伤、死亡概不负责”等，企图免除或者减轻其对从业人员因生产安全事故伤亡依法应承担的责任。从业人员由于缺乏相关法律知识或者急于就业，往往在不知情或者被迫的情况下签订此类协议。这种情况在实践中并不少见。针对这种情况，本条明确规定生产经营单位不得以任何形式与从业人员订立协议，免除或者减轻其对从业人员因生产安全事故伤亡依法应当承担的责任。从业人员因生产安全事故受到伤害时的求偿权利，是一项根本性的权利，任何单位和个人都无权剥夺。生产经营单位与从业人员签订包含“工伤概不负责”等类似内容的任何协议，都属于因违反效力性强制性规定而无效的民事法律行为，对合同双方当事人不具有法律约束力。即使签订了此类协议，生产经营单位仍应承担责任。

【相关规定】

《中华人民共和国民法典》第五百零六条；《中华人民共和国劳动法》第十八条、第十九条；《中华人民共和国劳动合同法》第十七条、第二十六条。

第五十三条　【知情权和建议权】生产经营单位的从业人员有权了解其作业场所和工作岗位存在的危险因素、防范措施及事故应急措施，有权对本单位的安全生产工作提出建议。

【条文主旨】

本条是关于生产经营单位的从业人员知情权和建议权的规定。

【理解与适用】

生产经营单位的从业人员有了解其作业场所和工作岗位存在的危险因素、防范措施及事故应急措施的权利。生产经营单位的从业人员对本单位的安全生产工作有提出建议的权利。

一、从业人员享有知情权

从业人员的知情权是指从业人员有知悉、了解其在作业场所和工作岗位中存在的一些危险因素、防范措施及事故应急措施的权利。生产经营单位的从业人员对于劳动安全的知情权，与从业人员的生命安全和健康关系密切，是保护劳动者生命健康权的重要前提。依照本条规定，生产经营单位的从业人员有权了解其作业场所和工作岗位与安全生产有关的三方面情况：一是存在的危险因素，危险因素一般是指能对人造成伤亡或者对物造成突发性损害的因素；二是防范措施；三是事故应急措施。从业人员的劳动安全知情权有些是要通过与生产经营单位签订劳动合同来实现的。根据本法第四十四条及本条的规定，生产经营单位与从业人员订立的劳动合同，应当载明有关保障从业人员劳动安全、防止职业危害的事项，应当将其作业场所和工作岗位存在的危险因素、防范措施及事故应急措施等如实告知劳动者。生产经营单位的从业人员只有了解了这些情况，才有可能有针对性地采取相应措施，保护自身的生命安全和健康。知情权是劳动者的一项重要权利。根据劳动合同法的规定，用人单位应当将直接涉及劳动者切身利益的规章制度和重大事项决定公示，或者告知劳动者；用人单位招用劳动者时，应当如实告知劳动者工作内容、工作条件、工作地点、职业危害、安全生产状况、劳动报酬，以及劳动者要求了解的其他情况等。根据职业病防治法第三十三条的规定，劳动者享有了解工作场所产生或者可能产生的职业病危害因素、危害后果和应当采取的职业病防护措施的权利。用人单位与劳动者订立合同时，应当将工作过程中可能产生的职业病危害及其后果、职业病防护措施和待遇等如实告知劳动者，并在劳动合同中写明，不得隐瞒或者欺骗。劳动者在已订立劳动合同期间因工作岗位或者工作内容变更，从事所订立的劳动合同中未告知的存在职业病危害的作业时，用人单位应当依照规定，向劳动者履行如实告知的义务，并协商变更原劳动合同相关条款。

二、从业人员享有建议权

从业人员的建议权是指从业人员对生产经营单位的安全生产工作有权提出自己的见解和意见。从业人员作为生产经营单位的主体，当然会关心生产经营单位的生产经营情况，且本单位的经济效益与从业人员的切身利益息息相关，安全生产工作更是涉及从业人员的生命安全和健康。因此，从业人员有权利参与用人单位的民主管理。从业人员通过参与生产经营单位的民主管理，可以充分调动其积极性与主动性，可以充分发挥其聪明才智，为本单位献计献策，对安全生产工作提出意见与建议，共同做好生产经营单位的安全生产工作。生产经营单位要重视和尊重从业人员的意见和建议，并对他们的意见和建议及时作出答复。对合理的意见应当采纳；对不予采纳的意见应当给予说明和解释。

【相关规定】

《中华人民共和国劳动合同法》第五条、第八条；《中华人民共和国职业病防治法》第三十三条。

第五十四条　【批评、检举、控告权】 从业人员有权对本单位安全生产工作中存在的问题提出批评、检举、控告；有权拒绝违章指挥和强令冒险作业。

生产经营单位不得因从业人员对本单位安全生产工作提出批评、检举、控告或者拒绝违章指挥、强令冒险作业而降低其工资、福利等待遇或者解除与其订立的劳动合同。

【条文主旨】

本条是关于从业人员提出批评、检举、控告以及拒绝违章指挥和强令冒险作业的权利，以及生产经营单位不得对从业人员行使权利进行打击报复的规定。

【理解与适用】

从业人员对本单位安全生产工作中存在的问题有提出批评的权利。从业人员对本单位及有关人员违反安全生产法律、法规的行为，有向主管部门和司法机关进行检举和控告的权利。从业人员有拒绝违章指挥和强令冒险作业的权利。生产经营单位不得对提出批评、检举、控告或者拒绝违章指挥、强令冒险作业的从业人员实施打击报复的行为。

一、从业人员享有批评权、检举权和控告权

从业人员有权对本单位安全生产工作中存在的问题提出批评。从业人员直接从事生产经营活动，对生产经营单位安全生产工作中存在的问题有最直观的感受。赋予从业人员对本单位安全生产工作中存在的问题提出批评的权利，有利于从业人员对本单位安全生产工作进行监督，使生产经营单位主管人员能经常倾听群众意见，不断改进安全生产工作。同时，对安全生产工作中存在的问题，如管理制度不健全、资金投入不到位、隐患处理不及时等，从业人员还有权向负有安全生产监督管理职责的部门、监察机关、有关地方人民政府和司法机关等进行检举、控告。特别是在生产经营单位有关负责人不接受批评意见、不采取改进措施的情况下，赋予从业人员进行检举、控告的权利，更具有现实意义。检举、控告可以署名，也可以不署名；可以用书面形式，也可以用口头形式。但是，从业人员在行使这一权利时，应注意检举和控告的情况必须真实，要实事求是，不能道听途说，无中生有，更不能凭空捏造。法律规定从业人员的检举权、控告权，有利于有关部门及时了解、掌握生产经营单位安全生产工作中存在的问题，采取措施制止和查处生产经营单位违反安全生产法律、法规的行为，保障安全生产，防止生产安全事故的发生。对于从业人员的检举、控告，有关部门应当查清事实，认真处理，任何人不得压制和打击报复。检举人和控告人不愿公开自己姓名的，有关部门应该采取切实可行的措施，为其保密。

二、从业人员有权拒绝违章指挥和强令冒险作业

违章指挥是指生产经营单位有关管理人员违反有关安全生产的法律、法规和有关规章制度、安全操作规程的规定，指挥生产经营活动；强令冒险作业是指生产经营单位有关管理人员明知开始或者继续作业会有重大危险，仍然强迫从业人员进行作业的行为。劳动法第五十六条规定，劳动者在劳动过程中必须严格遵守安全操作规程。劳动者对用人单位管理人员违章指挥、强令冒险作业，有权拒绝执行；对危害生命安全和身体健康的行为，有权提出批评、检举和控告。生产经营单位违章指挥、强令冒险作业的行为，违背了“安全第一”的方针，侵犯了从业人员的合法权益，是严重的违法行为，也是直接导致生产安全事故的重要原因。实践中，许多生产安全事故的发生都与违章指挥、强令冒险作业有关。因此，规定从业人员有权拒绝违章指挥和强令冒险作业，对于维护正常的生产秩序、有效地防止生产安全事故发生、保护从业人员自身的人身安全，具有十分重要的意义。

三、生产经营单位不得对从业人员进行打击报复

实践中，一些生产经营单位把对本单位安全生产工作提出批评、检举、控告或者拒绝违章指挥、强令冒险作业的从业人员视为“刺头”，认为其“不听话”，对其打击报复，致使从业人员心存顾虑，不敢或者不能充分行使上述权利。因此，在赋予从业人员上述权利的同时，本条还规定了生产经营单位不得对从业人员行使上述权利进行打击报复，具体包括以下两个方面内容。

（一）不得降低从业人员的工资、福利等待遇

工资是从业人员依法取得的作为劳动报酬的一定数额的货币。它包括标准工资，如计时工资、结构工资等；各种奖金，如全勤奖、超额奖等；津贴，如工龄津贴、岗位津贴；补贴，如物价补贴；等等。工资是从业人员的主要生活来源，也是从业人员实现劳动力再生产的重要条件。保证从业人员定期获得工资对于从业人员个人及维持整个社会的劳动再生产都有着极为重要的意义。福利是用人单位为从业人员提供的工资之外的各种物质或者精神上的便利。例如：食堂、澡堂、幼儿园等集体生活便利设施，文化宫、图书馆、体育场馆等文化娱乐设施；生活困难补贴、冬季补贴、卫生费等福利补贴。工资和福利都是从业人员的合法利益，从业人员付出劳动，依照合同及国家有关法律取得劳动报酬是其权利，而及时足额地向从业人员支付劳动报酬是生产经营单位的义务。生产经营单位不得因从业人员对本单位安全生产工作中存在的问题提出批评、检举、控告或者拒绝违章指挥和强令冒险作业，而降低从业人员的工资和福利补贴，也不能降低其他待遇，如停止为从业人员缴纳社会保险等。

（二）不得解除劳动合同

劳动合同是生产经营单位与从业人员确立劳动关系、明确双方权利和义务的协议，一经依法签订即具有法律约束力，当事人必须履行合同约定的义务。解除劳动合同应当依照法定条件进行。劳动合同法第三十九条规定："劳动者有下列情形之一的，用人单位可以解除劳动合同：（一）在试用期间被证明不符合录用条件的；（二）严重违反用人单位的规章制度的；（三）严重失职，营私舞弊，给用人单位造成重大损害的；（四）劳动者同时与其他用人单位建立劳动关系，对完成本单位的工作任务造成严重影响，或者经用人单位提出，拒不改正的；（五）因本法第二十六条第一款第一项规定的情形致使劳动合同无效的；（六）被依法追究刑事责任的。"劳动合同法第四十条规定："有下列情形之一的，用人单位提前三十日以书面形式通知劳动者本人或者额外支付劳动者一个月工资后，可以解除劳动合同：（一）劳动者患病或者非因工负伤，在规定的医疗期满后不能从事原工作，也不能从事由用人单位另行安排的工作的；（二）劳动者不能胜任工作，经过培训或者调整工作岗位，仍不能胜任工作的；（三）劳动合同订立时所依据的客观情况发生重大变化，致使劳动合同无法履行，经用人单位与劳动者协商，未能就变更劳动合同内容达成协议的。"劳动合同法第四十一条第一款规定："有下列情形之一，需要裁减人员二十人以上或者裁减不足二十人但占企业职工总数百分之十以上的，用人单位提前

三十日向工会或者全体职工说明情况，听取工会或者职工的意见后，裁减人员方案经向劳动行政部门报告，可以裁减人员：（一）依照企业破产法规定进行重整的；（二）生产经营发生严重困难的；（三）企业转产、重大技术革新或者经营方式调整，经变更劳动合同后，仍需裁减人员的；（四）其他因劳动合同订立时所依据的客观经济情况发生重大变化，致使劳动合同无法履行的。”除了上述劳动合同法第三十九条、第四十条、第四十一条第一款规定的情形，生产经营单位不得单方面解除劳动合同，更不得因从业人员行使了批评、检举、控告的权利或者拒绝违章指挥、强令冒险作业而解除与其订立的劳动合同。劳动合同法第三十二条第一款规定：“劳动者拒绝用人单位管理人员违章指挥、强令冒险作业的，不视为违反劳动合同。”另外，根据劳动合同法第三十八条第二款的规定，用人单位违章指挥、强令冒险作业危及劳动者人身安全的，劳动者可以立即解除劳动合同，不需事先告知用人单位。这是从另一个方面赋予劳动者的权利。根据劳动合同法第八十八条的规定，用人单位违章指挥或者强令冒险作业危及劳动者人身安全的，依法给予行政处罚；构成犯罪的，依法追究刑事责任；给劳动者造成损害的，应该承担赔偿责任。从业人员享有的拒绝违章指挥、强令冒险作业的权利是法律所赋予的。生产经营单位因从业人员行使上述权利而对其进行打击报复，危及劳动者人身安全或者给劳动者造成损害的，依法应承担相应的法律责任。

【相关规定】

《中华人民共和国劳动法》第五十六条；《中华人民共和国劳动合同法》第三十二条、第三十八条、第三十九条、第四十条、第四十一条第一款、第八十八条。

第五十五条　【紧急情况处置权】从业人员发现直接危及人身安全的紧急情况时，有权停止作业或者在采取可能的应急措施后撤离作业场所。

生产经营单位不得因从业人员在前款紧急情况下停止作业或者采取紧急撤离措施而降低其工资、福利等待遇或者解除与其订立的劳动合同。

【条文主旨】

本条是关于从业人员在紧急情况下享有停止作业和撤离作业场所的权利的规定。

【理解与适用】

从业人员在发现直接危及人身安全的紧急情况时享有停止作业或者在采取可能的应急措施后撤离作业场所的权利。生产经营单位对从业人员在前述紧急情况下停止作业或者采取紧急撤离措施的行为不得进行打击报复，如降低其工资、福利等待遇或者解除与其订立的劳动合同。

一、从业人员在紧急情况下有停止作业和撤离作业场所的权利

从业人员在紧急情况下停止作业或在采取可能的应急措施后撤离作业场所的权利，简称紧急撤离权，目的是保护从业人员的人身安全。法律所限定的特定情况是“发现直接危及人身安全的紧急情况”，这是从业人员行使紧急撤离权的前提条件，也就是从业人员紧急撤离权需要在法律所限定的特定情况下行使，即发现直接危及人身安全的紧急情况，如果不撤离会对其生命安全和健康造成直接的威胁。在此情况下，法律赋予从业人员采取特定措施的权利：停止作业或者在采取可能的应急措施后撤离作业场所。

紧急撤离权包括两层含义：一是停止作业，马上撤离作业场所；二是在采取可能的应急措施后撤离作业场所。由于生产经营活动具有不可完全预测的风险，从业人员在作业过程中有可能会突然遇到直接危及人身安全的紧急情况，此时如果不停止作业或者撤离作业场所，就极有可能造成重大的人身伤亡。根据本条第一款规定，从业人员发现直接危及人身安全的紧急情况，如果继续作业很有可能会发生重大事故（如矿井内瓦斯浓度严重超标），有权停止作业；或者事故马上就要发生，不撤离作业场所就会造成重大伤亡，可以在采取可能的应急措施后撤离作业场所。实践中，什么是“直接危及人身安全的紧急情况”、什么样的措施算是“可能的应急措施”，需要根据具体情况来作出判断。从业人员应正确判断险情危及人身安全的程度，行使这一权利既要积极，又要慎重。另外，从业人员行使紧急撤离权不需要征得有关负责人员的同意。行使权利的选择权在从业人员，不要求从业人员在采取可能的应急措施后或者在征得有关负责人员同意后撤离作业场所。当然，在条件允许的情况下，从业人员可以事先采取可能的应急措施或者报告有关负责人员后再撤离作业场所。同时，实践中要加强对从业人员紧急撤离权的宣传，以最大限度减少生产安全事故中的人员伤亡。

二、生产经营单位不得因从业人员实施上述行为对其进行打击报复

从业人员发现直接危及人身安全的紧急情况时，有权停止作业或者在采取可能的应急措施后撤离作业场所，这是法律赋予从业人员的一项权利。本条第二款是对从业人员紧急撤离权的保护，从业人员在第一款规定的紧急情况下行使紧急撤离权，不得因此受到对自己的不利处分，生产经营单位不得因从业人员行使紧急撤离权而对其进行打击报复。生产经营单位如果降低从业人员的工资、福利等待遇或者解除与其订立的劳动合同，则该类行为归于无效，对降低的工资要给从业人员补发，对福利要予以恢复。生产经营单位因从业人员行使紧急撤离权而解除合同的行为无效，原劳动合同依然具有法律效力。

第五十六条　【获得救治及赔偿权】 生产经营单位发生生产安全事故后，应当及时采取措施救治有关人员。

因生产安全事故受到损害的从业人员，除依法享有工伤保险外，依照有关民事法律尚有获得赔偿的权利的，有权提出赔偿要求。

【条文主旨】

本条是关于从业人员因生产安全事故受到损害时有权获得及时的救治、享有工伤保险和有关民事赔偿权利的规定。

【理解与适用】

从业人员因生产安全事故受到损害的，有权获得及时的救治措施。从业人员因生产安全事故受到损害的，依法享受工伤保险待遇。从业人员因生产安全事故受到损害，依照有关民事法律尚有获得赔偿的权利的，有权向本单位提出赔偿要求。

一、从业人员有获得及时的救治措施的权利

为保护从业人员的人身安全与合法权益，从业人员因生产安全事故遭受损害的，生产经营单位应及时采取必要、合理的救治措施以制止损害的进一步扩大，避免对从业人员的人身安全造成更为严重的甚至无法挽回的不良后果。在面对生产安全事故对从业人员造成的损害时，生产经营单位在当时的具体环境条件下应尽最大可能采取一切合理可行的救治措施，善意地履行这一法律规定的义务。“及时”要求迅速、不迟延，生产经营单位不得无故拖延或者采取不恰当的救治措施。另外，生产经营单位应配备相应的硬件和软件设施，防患于未然，把生产安全事故对从业人员造成损害的可能性降至最低程度，减少在生产安全事故发生后实施救治措施的难度和成本。

二、从业人员依法享有工伤保险待遇

工伤保险是指职工在劳动过程中发生生产安全事故以及患上职业病，暂时或者永久地丧失劳动能力时，在医疗和生活上获得物质帮助的一种社会保险制度。工伤保险有利于保障因工作遭受事故损害或者患职业病的从业人员获得医疗救治和经济补偿，促进工伤预防和职业康复，分散生产经营单位的工伤风险。根据社会保险法和《工伤保险条例》的有关规定，职工因工作原因受到事故伤害且经工伤认定的，享受工伤保险待遇。具体而言，根据《工伤保险条例》第十四条的规定，从业人员有下列情形之一的，应当认定为工伤：（1）在工作时间和工作场所内，因工作原因受到事故伤害的；（2）工作时间前后在工作场所内，从事与工作有关的预备性或者收尾性工作受到事故伤害的；（3）在工作时间和工作场所内，因履行工作职责受到暴力等意外伤害的；（4）患职业病的；（5）因工外出期间，由于工作原因受到伤害或者发生事故下落不明的；（6）在上下班途中，受到非本人主要责任的交通事故或者城市轨道交通、客运轮渡、火车事故伤害的；（7）法律、行政法规规定应当认定为工伤的其他情形。此外，按照《工伤保险条例》第十五条第一款的规定，职工有下列情形之一的，视同工伤：（1）在工作时间和工作岗位，突发疾病死亡或者在 48 小时之内经抢救无效死亡的；（2）在抢险救灾等维护国家利益、公共利益活动中受到伤害的；（3）职工原在军队服役，因战、因公负伤致残，已取得革命伤残军人证，到用人单位后旧伤复发的。

三、从业人员依照有关民事法律享有获得赔偿的权利

因用人单位以外的第三人侵权造成劳动者人身损害，构成工伤的，该劳动者既是工伤事故中的受伤职工，又是侵权行为的受害人，有权同时获得工伤保险赔偿和人身侵权赔偿；用人单位和侵权人均应当依法承担各自所负赔偿责任，即使该劳动者已从其中一方先行获得赔偿，亦不能免除或减轻另一方的赔偿责任。虽然我国工伤保险制度对解决劳动者构成工伤情况下的相关费用问题发挥了很大的作用，但用人单位为劳动者参加工伤保险，并不意味着绝对排除了其在劳动者遭受工伤时的民事赔偿责任。由于工伤保险待遇项目有确定的范围，有的项目赔偿标准也不高，有些情况下劳动者通过工伤保险并不能得到充分救济，而侵权损害赔偿可以更好地填补受害人及其近亲属的相关损失。例如，民法典侵权责任编第一千一百八十三条第一款规定，侵害自然人人身权益造成严重精神损害的，被侵权人有权请求精神损害赔偿。另外，工伤保险对劳动者就医的医院以及治疗所使用的药品范围等都有比较多的限制，有关费用需要劳动者通过向用人单位主张侵权损害赔偿获得救济。因此，为了确保从业人员在因生产安全事故遭受损害的情况下可以获得充分、合理的救济，本条规定了从业人员依法享受工伤保险待遇和依法向用人单位主张民事损害赔偿的相关权利，从业人员在依法行使相关权利时，用人单位不得无故推诿、拒绝承担其依法应当承担的责任。

【相关规定】

《中华人民共和国民法典》第一千一百八十三条第一款；《工伤保险条例》第十四条、第十五条第一款。

第五十七条　【落实安全责任和服从安全管理的义务】 从业人员在作业过程中，应当严格落实岗位安全责任，遵守本单位的安全生产规章制度和操作规程，服从管理，正确佩戴和使用劳动防护用品。

【条文主旨】

本条是关于从业人员在作业过程中应当严格落实岗位安全责任，遵守安全生产规章制度和操作规程，以及服从管理、正确佩戴和使用劳动防护用品的义务的规定。

【理解与适用】

一、从业人员应当严格落实岗位安全责任

从业人员在作业过程中，应当提高安全意识，落实岗位安全责任，把

安全责任和各项措施落到实处。安全生产是生产经营单位生存和发展的前提条件，坚持不懈抓好安全生产工作和落实安全防范措施可以为生产经营单位的发展提供安全保障。全面落实生产经营单位的安全生产主体责任，要把安全生产各项任务和制度措施落实、覆盖到生产经营建设的每个环节、每个岗位、每个从业人员。一方面生产经营单位应强化内部管理来提高全体从业人员的安全意识，另一方面生产经营单位应加强日常安全检查，监督从业人员严格执行安全生产规章制度，同时对检查中存在的问题要立行立改，全力消除安全隐患，切实保障人民群众生命财产安全。

二、从业人员应当严格遵守本单位的安全生产规章制度和操作规程

生产经营单位的安全生产规章制度是企业规章制度的重要组成部分。安全生产规章制度是指生产经营单位根据本单位的实际情况，依照国家法律、法规和规章的要求所制定的有关安全生产的具体制度。生产经营单位在安全生产管理方面的规章制度包括安全生产责任制、安全技术措施管理、安全生产教育、安全生产检查、伤亡事故报告、各类事故管理、劳动保护设施管理、要害岗位管理、安全值日制度、安全生产竞赛办法、安全生产奖惩办法、劳动防护用品的发放管理办法等。安全操作规程是指在生产活动中，为消除能导致人身伤亡或造成设备、财产破坏以及危害环境的因素而制定的具体技术要求和实施程序的统一规定。操作规程是生产经营单位为保障安全生产而对各工种、各岗位、各环节的操作规范和具体程序所作的规定，是具体指导从业人员进行安全生产的重要技术准则。由于安全生产规章制度和操作规程是根据本单位的实际制定的，针对性较强，对保障安全生产有特殊的意义。对从业人员来说，是否遵守安全生产规章制度和操作规程，直接决定着能否保障安全生产。且劳动法第五十六条第一款明确规定了劳动者在劳动过程中必须严格遵守安全操作规程。因此，从业人员除应严格遵守有关安全生产的法律、法规外，还应当严格遵守生产经营单位的安全生产规章制度和操作规程。这是从业人员在安全生产方面的一项法定义务。从业人员必须增强遵章守纪意识，不折不扣地遵守安全生产规章制度和操作规程，从维护国家利益、集体利益和自身利益出发，把遵章守纪、按章操作落实到具体的作业活动中，确保安全生产的实现。

三、从业人员应当服从管理

这里所说的“服从管理”，是指服从生产经营单位有关负责人以及安全生产管理人员在安全生产方面的管理。从业人员服从管理，是保持生产经营活动秩序，保障本单位安全生产各项要求得到落实，有效避免、减少生产安全事故发生的基本条件。当然，从业人员应当服从的是正当、合理的管理，对于违章指挥、强令冒险作业，从业人员有权拒绝。

四、从业人员应当正确佩戴和使用劳动防护用品

劳动防护用品是指生产经营单位为保障从业人员在生产劳动过程中的安全和健康而提供给从业人员使用的保护性用品。劳动防护用品在劳动过程中是必不可少的生产性装备，生产经营单位要按照有关规定发放充足，不得任意削减，从业人员要珍惜，正确佩戴和认真用好劳动防护用品。不同的劳动防护用品有其特定的佩戴和使用规则、方法，只有正确佩戴和使用，方能真正起到防护作用。生产经营单位应当为从业人员提供符合国家标准或者行业标准的劳动防护用品，但如果从业人员不正确佩戴和使用，仍然不能真正发挥劳动防护用品的作用，达不到保护从业人员健康和安全的目的。实践中，因从业人员不正确佩戴和使用劳动防护用品而导致受到伤害的现象普遍存在。因此，从业人员在作业过程中必须提高安全生产意识，按照规则和要求正确佩戴和使用劳动防护用品。这既是保护从业人员自身安全和健康的需要，也是实现安全生产的客观需要。

【相关规定】

《中华人民共和国劳动法》第五十六条第一款。

第五十八条　【接受教育和培训的义务】从业人员应当接受安全生产教育和培训，掌握本职工作所需的安全生产知识，提高安全生产技能，增强事故预防和应急处理能力。

【条文主旨】

本条是关于从业人员应当接受安全生产教育和培训的规定。

【理解与适用】

从业人员是安全生产的一线人员，生产经营单位依法有对从业人员进行安全生产教育和培训的义务，同样，从业人员也应当接受生产经营单位的教育和培训。未经教育和培训合格的人员，不得上岗作业。这是对安全生产主体责任的正反两方面的规定。

本法第二十八条就生产经营单位对从业人员的安全生产教育和培训作了规定，并明确规定未经教育和培训合格的人员不得上岗作业，本条是从从业人员角度作的规定，也是对本法第二十八条的回应，避免从业人员怠于接受教育和培训。

从业人员接受安全教育和培训是掌握安全生产知识的前提：一方面，掌握安全生产知识、具备安全生产技能并规范操作是安全生产的保障，是预防安全生产事故的基础；另一方面，在出现安全生产事故或隐患时能够及时处理，则是有效降低安全生产事故危害、保障人身和财产安全的必要条件。这也符合本法第一条“防止和减少生产安全事故，保障人民群众生命和财产安全”的立法宗旨。

一、安全教育培训的基本内容

伤亡事故的发生，不外乎人的不安全行为和物的不安全状态两种原因。其中，控制人的不安全行为是减少伤亡事故的主要措施。而对从业人员进行安全生产教育，是控制人的不安全行为的有效方法，是安全生产管理工作中的一个重要组成部分，是提高从业人员安全素质和自我保护能力、防止事故发生、保证安全生产的重要手段。从业人员应当有主动接受安全生产教育和培训的意识。安全教育培训的基本内容包括安全意识、安全知识和安全技能教育。

（一）安全意识教育

安全意识教育是安全教育的重要组成部分，是搞好安全生产的关键环节。它包括思想认识教育和劳动纪律教育两方面内容。从业人员通过思想认识教育要提高对劳动保护和安全生产重要性的认识，奠定安全生产的思想基础。劳动纪律教育是提高企业管理水平和安全生产条件、减少工伤事故、保障安全生产的必要前提。

（二）安全知识教育

从业人员接受安全知识教育是提高其安全技能的重要手段，其内容包括：生产经营单位的基本生产概况、生产过程、作业方法或者工艺流程；生产经营单位内特别危险的设备和区域；专业安全技术操作规程；安全防护基本知识和注意事项；有关特种设备的基本安全知识；有关预防生产经营单位常发生事故的基本知识；个人防护用品的构造、性能和正确使用的有关常识等。

（三）安全技能教育

安全技能教育是巩固从业人员安全知识的必要途径，其内容包括设备的性能、作用和一般的结构原理，事故的预防和处理及设备的使用、维护和修理。接受安全生产教育培训的人员应当达到相应要求，如对于生产经营单位行政领导和技术负责人而言，在接受安全生产教育培训后，要懂得安全生产技术的基本理论；能制定、审查灾害预防处理计划和实施措施，能正确组织、指挥抢救事故；具备检查、处理事故隐患，分析安全情况和提出改善安全措施的能力。

二、安全教育培训的形式

从业人员接受安全教育培训的形式多种多样，如组织专门的安全教育培训班；班前班后交代安全注意事项，讲评安全生产情况；施工和检修前进行安全措施交底；各级负责人和安全员在作业现场工作时进行安全宣传教育、督促安全法规和制度的贯彻执行；组织安全技术知识讲座、竞赛；召开事故分析会、现场会，分析造成事故的原因、责任、教训，制定事故防范措施；组织安全技术交流，安全生产展览、张贴宣传画、标语，设置警示标志，以及利用广播、电影、电视、录像等方式进行安全教育；通过由安全技术部门召开的安全例会、专题会、表彰会、座谈会或者采用安全信息、简报、通报等形式，总结、评比安全生产工作，达到安全教育的目的。从业人员要积极参加各类形式的安全教育培训。

第五十九条　【从业人员的报告义务】从业人员发现事故隐患或者其他不安全因素，应当立即向现场安全生产管理人员或者本单位负责人报告；接到报告的人员应当及时予以处理。

【条文主旨】

本条是关于从业人员对事故隐患或者不安全因素的报告义务的规定。

【理解与适用】

从业人员是事故隐患与其他不安全因素的最可能的直接发现者。一方面，从业人员要提高安全意识，具备发现事故隐患或其他不安全因素的能力；另一方面，从业人员在发现事故隐患或其他不安全因素时不能隐瞒、拖延，应该立即报告，以尽快排除事故隐患或其他不安全因素。接到报告的人员则应当及时处理，避免隐患变成现实。

一、生产安全事故隐患

根据《安全生产事故隐患排查治理暂行规定》第三条规定，安全生产事故隐患，是指生产经营单位违反安全生产法律、法规、规章、标准、规程和安全生产管理制度的规定，或者因其他因素在生产经营活动中存在可能导致事故发生的物的危险状态、人的不安全行为和管理上的缺陷。事故隐患分为一般事故隐患和重大事故隐患。一般事故隐患，是指危害和整改难度较小，发现后能够立即整改排除的隐患。重大事故隐患，是指危害和整改难度较大，应当全部或者局部停产停业，并经过一定时间整改治理方能排除的隐患，或者因外部因素影响致使生产经营单位自身难以排除的隐患。如根据《国务院关于预防煤矿生产安全事故的特别规定》第八条第二款规定，煤矿的重大安全生产事故隐患有：（1）超能力、超强度或者超定员组织生产的；（2）瓦斯超限作业的；（3）煤与瓦斯突出矿井，未依照规定实施防突出措施的；（4）高瓦斯矿井未建立瓦斯抽放系统和监控系统，或者瓦斯监控系统不能正常运行的；（5）通风系统不完善、不可靠的；（6）有严重水患，未采取有效措施的；（7）超层越界开采的；（8）有冲击地压危险，未采取有效措施的；（9）自然发火严重，未采取有效措施的；（10）使用明令禁止使用或者淘汰的设备、工艺的；（11）年产6万吨以上的煤矿没有双回路供电系统的；（12）新建煤矿边建设边生产，煤矿改扩建期间，在改扩建的区域生产，或者在其他区域的生产超出安全设计规定的范围和规模的；（13）煤矿实行整体承包生产经营后，未重新取得安全生产许可证和煤炭生产许可证，从事生产的，或者承包方再次转包的，以及煤矿将井下采掘工作面和井巷维修作业进行劳务承包的；（14）煤矿改制期间，未明确安全生产责任人和安全管理机构的，或者在完成改制后，未重新取得或者变更采矿许可证、安全生产许可证、煤炭生产许可证和营业执照的；（15）有其他重大安全生产隐患的。

二、从业人员的报告义务

依照本法第三条的规定，安全生产工作应当以人为本，坚持人民至上、生命至上，把保护人民生命安全摆在首位，树牢安全发展理念，坚持安全第一、预防为主、综合治理的方针，从源头上防范化解重大安全风险。安全生产工作实行管行业必须管安全、管业务必须管安全、管生产经营必须管安全，强化和落实生产经营单位主体责任与政府监管责任，建立生产经营单位负责、职工参与、政府监管、行业自律和社会监督的机制。生产安全事故虽然有意外性、偶然性和突发性的特点，但它又有一定的规律，可以通过采取有效措施尽可能加以预防。从业人员处于安全生产的第一线，最有可能及时发现事故隐患或者其他不安全因素，因此，本条对从业人员发现事故隐患或者其他不安全因素规定了报告义务，这也符合职工参与安全生产工作的机制要求。其报告义务有两点要求：一是在发现上述情况后，应当立即报告，因为安全生产事故的特点之一是突发性，如果拖延报告，会使事故发生的可能性加大，发生了事故则更是悔之晚矣；二是接受报告的主体是现场安全生产管理人员或者本单位的负责人，以对事故隐患或者其他不安全因素及时作出处理，避免事故的发生。接到报告的人员须及时进行处理，以防止有关人员延误消除事故隐患的时机。

三、现场安全生产管理人员或者本单位负责人的及时处理义务

根据本法第四十一条第二款的规定，对于事故隐患，生产经营单位应当建立健全生产安全事故隐患排查治理制度，采取技术、管理措施，及时发现并消除事故隐患。根据本法第二十一条第五项的规定，生产经营单位的主要负责人具有组织建立并落实安全风险分级管控和隐患排查治理双重预防工作机制，督促、检查本单位的安全生产工作，及时消除生产安全事故隐患的职责。本法第四十六条第一款规定，生产经营单位的安全生产管理人员对检查中发现的安全问题，应当立即处理；不能处理的，应当及时报告本单位有关负责人，有关负责人应当及时处理。检查处理情况应当如实记录在案。在法律责任方面，本法第一百零二条规定：“生产经营单位未采取措施消除事故隐患的，责令立即消除或者限期消除，处五万元以下的罚款；生产经营单位拒不执行的，责令停产停业整顿，对其直接负责的主管人员和其他直接责任人员处五万元以上十万元以下的罚款；构成犯罪的，依照刑法有关规定追究刑事责任。”

【相关规定】

《安全生产事故隐患排查治理暂行规定》第三条；《国务院关于预防煤矿生产安全事故的特别规定》第八条第二款。

第六十条　【工会的职权】工会有权对建设项目的安全设施与主体工程同时设计、同时施工、同时投入生产和使用进行监督，提出意见。

工会对生产经营单位违反安全生产法律、法规，侵犯从业人员合法权益的行为，有权要求纠正；发现生产经营单位违章指挥、强令冒险作业或者发现事故隐患时，有权提出解决的建议，生产经营单位应当及时研究答复；发现危及从业人员生命安全的情况时，有权向生产经营单位建议组织从业人员撤离危险场所，生产经营单位必须立即作出处理。

工会有权依法参加事故调查，向有关部门提出处理意见，并要求追究有关人员的责任。

【条文主旨】

本条是关于工会对安全生产工作职权的规定。

【理解与适用】

工会是保障工人权利的组织，工会的权利设置既涉及工人权利的实现程度，也涉及工会自身功能的实现，赋予工会权利在安全生产领域具有保障从业人员生命权、健康权的制度价值。

一、工会对本单位建设项目的安全设施进行监督和提出意见的权利

本条第一款规定了工会有权对建设项目的安全设施进行监督和提出意见。从业人员从事生产劳动，必须有相应的劳动条件和安全设施，以确保从业人员的生命安全和健康，这是劳动安全工作中的基本内容。本法第三十一条也规定："生产经营单位新建、改建、扩建工程项目（以下统称建设项目）的安全设施，必须与主体工程同时设计、同时施工、同时投入生产和使用。安全设施投资应当纳入建设项目概算。"依照工会法第二十三条的规定，工会依照国家规定对新建、扩建企业和技术改造工程中的劳动条件和安全卫生设施与主体工程同时设计、同时施工、同时投产使用进行监督。由此可见，工会既可以在设计阶段、施工阶段对建设项目的安全设施进行监督和提出意见，也可以在投产前的检查验收中进行监督和提出意见；既可以要求生产经营单位按照国家规定增加或者补建安全设施，也可以要求依法改善劳动条件，还可以建议停止施工、投产，待安全设施配套后再行施工等。生产经营单位对工会提出的意见，应当认真处理。确有法律依据的，应当按照工会的意见处理。未按照工会的意见处理的，工会还可以向有关主管部门反映，或者向上一级工会反映，要求解决。对工会提出的意见，生产经营单位或者主管部门要认真研究，处理解决，并应当将研究处理结果通知工会。工会的这种监督属于一种群众性监督。

二、工会有权对违法行为要求纠正和对安全生产工作的建议权

本条第二款规定了工会对生产经营单位违反安全生产法律、法规，侵犯从业人员合法权益的行为有要求纠正的权利，以及对生产经营单位的安全生产工作有提出建议的权利。

工会法第六条第一款规定："维护职工合法权益是工会的基本职责。工会在维护全国人民总体利益的同时，代表和维护职工的合法权益。"从业人员相对于生产经营单位处于弱势地位，在这种情况下，必须强化和维护从业人员的合法权益。本法从安全生产的角度进一步重申了工会在这方面的权利，强调工会对生产经营单位违反安全生产的法律、法规，侵犯从业人员合法权益的行为有要求纠正的权利。依照工会法第二十五条的规定，工会有权对企业、事业单位侵犯职工合法权益的问题进行调查，有关单位应当予以协助。

依照本条第二款的规定，工会发现生产经营单位违章指挥、强令工人冒险作业，或者发现事故隐患时，有权提出解决的建议。生产经营单位应当及时研究工会的意见，不得推诿，并将处理结果通知工会。工会发现危及从业人员生命安全的情况（如矿山开采出现透水事故苗头）时，有权向生产经营单位建议组织从业人员撤离危险场所，生产经营单位必须立即果断地作出处理决定，避免伤亡事故的发生。

需要说明的是，依照本条及工会法的规定，工会纠正生产经营单位的违章指挥、组织从业人员撤离危险场所，都是向生产经营单位提出建议，而不是去直接制止或者组织撤离。这样规定是因为生产经营管理是生产经营单位主要负责人的职责，保障安全生产也是单位负责人的职责，涉及生产的指挥和组织问题应当由生产经营单位行政决定。工会为了维护从业人员的生命安全和健康，有提出解决问题的建议权。工会的建议权与生产经营单位的经营管理权目标是一致的，因为如果发生了事故，不仅会造成从业人员生命安全和健康的损害，而且会给生产经营单位造成损失。工会行使这一权利，防患于未然，不仅能保障从业人员的生命安全和健康，而且能保护生产经营单位的利益不受损害，提高从业人员安全生产的自觉性。

三、工会参加安全生产事故调查处理权

本条第三款是关于工会参加安全生产事故调查处理权利的规定。生产安全事故的调查处理，直接关系到职工的利益，工会作为职工群众组织，有权关心和参加事故的调查处理工作。任何组织和个人都不得阻挠工会参加调查。工会根据调查的实际情况，提出处理意见，对造成事故的直接负责的主管人员和其他直接责任人员，有权要求追究其法律责任。对此，工会法第二十六条规定，职工因工伤亡事故和其他严重危害职工健康问题的调查处理，必须有工会参加。工会应当向有关部门提出处理意见，并有权要求追究直接负责的主管人员和有关责任人员的责任。对工会提出的意见，应当及时研究，给予答复。本法从安全生产专门立法的角度重申了这一规定。

【相关规定】

《中华人民共和国工会法》第六条、第二十三条、第二十五条、第二十六条。

第六十一条　【被派遣劳动者的权利义务】生产经营单位使用被派遣劳动者的，被派遣劳动者享有本法规定的从业人员的权利，并应当履行本法规定的从业人员的义务。

【条文主旨】

本条是关于生产经营单位被派遣劳动者的权利、义务的规定。

【理解与适用】

本条规定主要目的是在安全生产领域保护生产经营单位所雇用的被派遣劳动者的合法权益。劳务派遣是劳动合同法规范的一项重要内容，它存在三个法律主体，分别为劳务派遣单位、被派遣劳动者和用工单位。劳务派遣单位是被派遣劳动者的用人单位，其向社会招用劳动者为其成员，并对应招合格的劳动者进行派遣，行使对劳动者的人事管理权，包括劳动者的录用、辞退、岗前培训、工资支付、社会保险费缴纳等方面的管理。劳务派遣单位与被派遣劳动者之间因签订劳动合同而存在劳动关系。用工单位是指接受劳务派遣用工的单位。劳务派遣单位派遣劳动者应当与用工单位订立劳务派遣协议。劳务派遣协议应当约定派遣岗位和人员数量、派遣期限、劳动报酬和社会保险费的数额与支付方式，以及违反协议的责任等涉及被派遣劳动者权益的内容。本条中使用被派遣劳动者的生产经营单位即用工单位。

劳动合同法对劳务派遣进行了详细的规定。劳动合同法第六十二条第二项、第三项规定，用工单位应当告知被派遣劳动者的工作要求和劳动报酬；应当支付加班费、绩效奖金，提供与工作岗位相关的福利待遇。劳动合同法第六十三条第一款规定，被派遣劳动者享有与用工单位的劳动者同工同酬的权利。用工单位应当按照同工同酬原则，对被派遣劳动者与本单位同类岗位的劳动者实行相同的劳动报酬分配办法。劳动合同法第六十四条规定，被派遣劳动者有权在劳务派遣单位或者用工单位依法参加或者组织工会，维护自身的合法权益。本条规定了在安全生产领域中被派遣劳动者的权利和义务，是对劳动合同法规定的呼应。

本法规定的从业人员的权利与义务，主要是指第三章的有关内容。“被派遣劳动者享有本法规定的从业人员的权利”，具体是指：（1）从业人员与生产经营单位订立的劳动合同应当载明与从业人员劳动安全有关的事项，以及生产经营单位不得以协议免除或者减轻安全事故伤亡责任；（2）从业人员对危险因素、防范措施及事故应急措施的知情权和建议权；（3）对安全问题的批评、检举和控告权，并有权拒绝违章指挥和强令冒险作业；（4）有权在发现直接危及人身安全的紧急情况时停止作业或者在采取可能的应急措施后撤离作业场所；（5）享有因生产安全事故而遭受损坏的赔偿权利。被派遣劳动者应履行的义务有：遵守安全生产法律法规以及规章制度，照章操作；接受安全生产培训；对事故隐患或者不安全因素进行报告等。

【相关规定】

《中华人民共和国劳动合同法》第六十二条、第六十三条第一款、第六十四条。

第四章　安全生产的监督管理

第六十二条　【监督管理部门的职责】 县级以上地方各级人民政府应当根据本行政区域内的安全生产状况，组织有关部门按照职责分工，对本行政区域内容易发生重大生产安全事故的生产经营单位进行严格检查。

应急管理部门应当按照分类分级监督管理的要求，制定安全生产年度监督检查计划，并按照年度监督检查计划进行监督检查，发现事故隐患，应当及时处理。

【条文主旨】

本条是关于县级以上地方各级人民政府和应急管理部门在安全生产监督管理方面应履行的主要职责的规定。

【理解与适用】

改善劳动条件，保护劳动者在生产过程中的安全，避免安全事故的发生是政府应尽的责任。地方人民政府与应急管理部门应当按照各自的分工，积极参与本行政区的安全生产监督管理工作，做到各司其职，恪尽职守。

一、县级以上地方各级人民政府的主要职责

地方人民政府作为本行政区域内社会经济活动的宏观组织与管理者，应当本着对人民的利益高度负责的精神，从改革发展稳定的大局出发，高度重视安全生产工作，牢固树立安全生产责任重于泰山的意识，严格认真履行法律、法规规定的安全生产监督管理职责。地方政府的"一把手"应当对本地区的安全生产工作负总责，认真组织本级政府各有关职能部门，严格依法办事，恪尽职守，切实做好对本行政区域安全生产的监督管理工作。依照本条规定，县级以上地方各级人民政府对安全生产监督管理的主要职责包括：

（一）根据本行政区域内安全生产状况，组织有关部门按照职责分工，对本行政区域内容易发生重大生产安全事故的生产经营单位进行严格检查

这里讲的“有关部门”，是指依照本法第八条的规定，在县级以上人民政府中负有安全生产监督管理职责的各个职能部门，包括由县级以上地方人民政府依照地方各级人民代表大会和地方各级人民政府组织法的规定确定的本级政府负责安全生产监督管理的部门，以及依照有关法律、行政法规、地方性法规和本级人民政府对其部门职责划分的规定，对安全生产负有监督管理职责的其他有关部门。例如，负责房屋等建筑工程的安全生产监督管理的建设行政主管部门，对民用爆炸物品的安全生产负有监督管理职责的公安部门等。依照本条的规定，县级以上地方人民政府应当组织各有关部门按照各自的职责，对其分管范围内的安全生产事项进行监督检查。监督检查的依据，是本法和其他有关法律、法规关于安全生产的规定，以及有关安全生产的国家标准或者行业标准。检查的重点，是本行政区域内容易发生重大生产安全事故的生产经营单位，如矿山企业，从事易燃易爆等危险物品的生产、经营、储存的企业，建筑施工企业，游乐场、歌舞厅、大型商场等公众聚集经营场所等。政府应当督促各有关部门各司其职、各尽其责，有针对性地进行深入、细致、扎实的严格检查，着重检查生产经营单位是否执行了有关安全生产的法律、法规、标准，是否存在安全隐患。检查可以是定期的，也可以是不定期的；可以是综合性的，也可以是专项的。监督检查应真正做到严格执法。

（二）对监督检查中发现的事故隐患应当及时处理

所谓“事故隐患”，是指可能导致生产安全事故发生的物（场所、设施、设备、原材料等）的危险状态、人的不安全行为（如违章操作），以及管理上的缺陷。在地方政府组织有关部门对生产经营单位进行安全生产监督检查的过程中，对检查发现的事故隐患，应当及时处理，包括责令有关单位及时采取有效措施，消除事故隐患；对存在重大事故隐患的，在隐患消除前应暂停有关作业；对违反法律、法规或者相关标准，不符合安全生产条件的，应依法责令其停产停业整顿，情节严重的，应责令其关闭等。

二、应急管理部门的主要职责

应急管理部门主要负责突发事件的应急管理工作，依照本法第十条的

规定，国务院应急管理部门依照本法，对全国安全生产工作实施综合监督管理；县级以上地方各级人民政府应急管理部门依照本法，对本行政区域内安全生产工作实施综合监督管理。应急管理部门对安全生产监督管理的主要职责包括：

（一）对生产经营单位进行分类、分级监督管理

所谓分类，是指根据生产经营单位危险性质的不同，划分不同的行业或者领域类别。划分的方式有两种：一种是根据《国民经济行业分类》（GB/T 4754－2017）进行分类；另一种是按照生产安全事故统计制度进行分类，分为煤矿、金属非金属矿山、化工和危险化学品、烟花爆竹生产经营、冶金机械、火灾、建筑施工、道路交通、铁路运输、民航飞行、渔业船舶、农业机械等。所谓分级，是指根据生产经营单位存在的可能引发生产安全事故的风险程度，对其进行等级评估，确定事故风险等级。

（二）制订本部门年度监督检查计划，并按照计划实施监督检查

应急管理部门应当根据本部门执法人员的数量、装备配备、执法区域的范围和生产经营单位的数量、分布、生产规模以及安全生产状况等因素科学、合理制订年度监督检查计划。监督检查计划应当包括检查的生产经营单位数量和频次、检查的方式、重点等内容。计划的内容应当明确、具体，具有可操作性，并落实到本部门内设责任机构及人员。计划由本部门主要负责人组织制订。计划一旦确定，不得随意更改；确需调整相关内容的，也应当按照规定报经主要负责人批准。

【相关规定】

《中华人民共和国宪法》第四十二条。

第六十三条　【审批与验收】负有安全生产监督管理职责的部门依照有关法律、法规的规定，对涉及安全生产的事项需要审查批准（包括批准、核准、许可、注册、认证、颁发证照等，下同）或者验收的，必须严格依照有关法律、法规和国家标准或者行业标准规定的安全生产条件和程序进行审查；不符合有关法律、法规和国家标准或者行业标准规定的安全生产条件的，不得批准或者验收通过。对未依法取得批准或者验收合格的单位擅自从事有关活动的，负责行政审批

的部门发现或者接到举报后应当立即予以取缔，并依法予以处理。对已经依法取得批准的单位，负责行政审批的部门发现其不再具备安全生产条件的，应当撤销原批准。

【条文主旨】

本条是关于负有安全生产监督管理职责的部门必须依法履行审批、验收等监督管理职责的规定。

【理解与适用】

本条所讲的“负有安全生产监督管理职责的部门”，是指本法第十条所规定的政府有关部门，包括国务院应急管理部门，县级以上地方各级人民政府应急管理部门，以及其他依照有关法律、法规的规定负有安全生产监督管理职责的国务院有关部门和县级以上地方各级人民政府有关部门。

依照本条规定，负有安全生产监督管理职责的部门必须依法履行以下职责：

第一，为防止和减少生产安全事故、保障人民群众生命和财产安全，有关法律、法规规定，对于一些涉及安全生产的事项，应由政府负有安全生产监督管理职责的部门依法进行事前审查批准，包括批准、核准、许可、注册、认证、颁发证明等；对于一些高危行业的建设项目的安全设施，要由有关监督管理部门进行检查验收。比如，《安全生产许可证条例》规定，国家对矿山企业、建筑施工企业和危险化学品、烟花爆竹、民用爆破器材生产企业（以下统称企业）实行安全生产许可制度。企业未取得安全生产许可证的，不得从事生产活动。企业取得安全生产许可证，应当具备下列安全生产条件：（1）建立、健全安全生产责任制，制定完备的安全生产规章制度和操作规程；（2）安全投入符合安全生产要求；（3）设置安全生产管理机构，配备专职安全生产管理人员；（4）主要负责人和安全生产管理人员经考核合格；（5）特种作业人员经有关业务主管部门考核合格，取得特种作业操作资格证书；（6）从业人员经安全生产教育和培训合格；（7）依法参加工伤保险，为从业人员缴纳保险费；（8）厂房、作业场所和安全设施、设备、工艺符合有关安全生产法律、法规、标准和规程的要求；（9）有职业危害防治措施，并为从业人员配备符合国家标准或者行业标准的劳动防护用品；（10）依法进行安全评价；（11）有重大危险源检测、评估、监控措施和应急预案；（12）有生产安全事故应急救援预案、应急救援组织或者应急救援人员，配备必要的应急救援器材、设备；（13）法律、法规规定的其他条件。又如，《危险化学品安全管理条例》规定，新建、改建、扩建生产、储存危险化学品的建设项目（以下简称建设项目），应当由负有安全生产监督管理职责的部门进行安全条件审查。建设单位应当对建设项目进行安全条件论证，委托具备国家规定的资质条件的机构对建设项目进行安全评价，并将安全条件论证和安全评价的情况报告报建设项目所在地设区的市级以上人民政府负有安全生产监督管理职责的部门；负有安全生产监督管理职责的部门应当自收到报告之日起45日内作出审查决定，并书面通知建设单位。新建、改建、扩建储存、装卸危险化学品的港口建设项目，由港口行政管理部门按照国务院交通运输主管部门的规定进行安全条件审查。

第二，对依法应当经过审批、验收，而未经审批、验收即从事有关活动的违法行为，必须依法予以取缔、处理。依法负有安全生产监督管理职责的部门接到单位或者个人的举报，或者由本部门发现有未经依法审批或者验收合格即擅自从事有关活动的，应当立即采取措施，制止违法行为，责令其停止有关生产经营活动，并予以关闭，并按照有关法律、法规的规定追究其行政责任；对构成犯罪的，还应移交司法机关依法追究刑事责任。

第三，发现已经审批的生产经营单位不再具备安全生产条件的，应当撤销原批准。安全生产条件是生产经营单位保证安全生产的必备条件，也是行政审批部门审批的依据。生产经营单位如果不重视安全生产，在生产过程中不注意保持其安全生产条件，不进行必要的安全生产投入，致使其在生产经营过程中不再符合安全生产的条件的，也就失去了保障安全生产的基础。依照本条规定，负责审批的部门发现已经依法取得批准的单位不再具备安全生产条件的，应当撤销原批准。被依法撤销的批准，自撤销之日起失去效力，被撤销批准的单位不得再从事相关的生产经营活动，否则将被依法追究法律责任。

【相关规定】

《安全生产许可证条例》第二条、第六条；《危险化学品安全管理条例》第十二条。

第六十四条　【禁止收费和要求购买指定产品】 负有安全生产监督管理职责的部门对涉及安全生产的事项进行审查、验收，不得收取费用；不得要求接受审查、验收的单位购买其指定品牌或者指定生产、销售单位的安全设备、器材或者其他产品。

【条文主旨】

本条是关于禁止在对涉及安全生产的事项进行审查、验收时收取费用和要求被审查、验收的单位购买指定产品的规定。

【理解与适用】

本条包括两项禁止性规定：一是负有安全生产监督管理职责的部门对涉及安全生产的事项进行审查、验收，不得收取费用；二是负有安全生产监督管理职责的部门不得要求接受审查、验收的单位购买其指定品牌或者指定生产、销售单位的安全设备、器材或者其他产品。

一、对安全生产事项的审查、验收不得收取费用

政府部门收取费用，简称行政收费，是指行政机关凭借国家行政权所确立的地位，为个人和组织提供一定的服务，或者授予个人或者组织以国家资源、资金的使用权而收取的费用。行政机关收取的费用，依法上交国库。但是，行政收费不能按照政府部门自身的意愿随意增设，应该依法依规进行。乱收费行为不仅会严重损害行政机关的形象和权威，而且可能成为个别行政机关工作人员腐败的“温床”。

为了从根本上解决这些问题，国家在制定相关法律的时候，对行政收费问题明确作出禁止性或限制性的规定，从法律上杜绝行政乱收费现象的产生。政府及其主管部门履行监督管理职责，是其正常的公务活动，所需费用由财政予以保障。

负有安全生产监督管理职责的部门依照有关法律、法规的规定，有权对一些涉及安全生产的事项进行审查、验收。这是由法定的政府部门代表国家行使监督管理权的行政行为。不得向被审查、验收的单位收取费用，既有利于防止行政腐败现象，也有利于避免实践中乱收费用。审查、验收有关费用应当由财政拨付的经费支出。如果允许监督管理部门向被审查、

验收的单位收取费用，势必会加重被审查、验收单位的负担，还可能诱发腐败，影响审查、验收的客观性、公正性。为此，本条明确规定，负有安全生产监督管理职责的部门对涉及安全生产的事项进行审查、验收时，不得收取费用。不得收费规定的明确，可以有效保障安全生产事项审查、验收时的公平公正，从法律上防范此类贪污腐败现象的发生。

二、不得要求受审查、验收的单位购买其指定的产品

负有安全生产监督管理职责的部门和接受审查、验收的单位之间是一种监督和被监督的管理关系，二者之间不应存在经济关系或者其他利益关系。但实践中，确有极少数监督管理部门或者其工作人员，为了谋取自己的经济利益或者其他利益，要求接受审查、验收的单位购买其指定品牌或者指定生产、销售单位的安全设备、器材或者其他产品，并以此作为能否取得审查、验收通过的条件。这种以权谋私的行为，不但会滋生腐败，严重影响监督管理的客观性、公正性，损害国家机关依法行政的形象，而且可能会扭曲与指定产品相关的市场竞争环境。因此，本条明确规定，禁止负有安全生产监督管理职责的部门以任何形式要求接受审查、验收的单位购买其指定品牌或者指定生产、销售单位的安全设备、器材或者其他产品。"指定"还包括"变相指定"等相关行为，表现为对审查、验收的单位自行选择购买的合格安全设备、器材或者其他产品不予认可，阻碍审查、验收的单位自由选择安全设备、器材或者其他产品的权利。

违反本条规定的，本法规定了法律责任。本法第九十一条明确规定，负有安全生产监督管理职责的部门，要求被审查、验收的单位购买其指定的安全设备、器材或者其他产品的，在对安全生产事项的审查、验收中收取费用的，由其上级机关或者监察机关责令改正，责令退还收取的费用；情节严重的，对直接负责的主管人员和其他直接责任人员依法给予处分。

第六十五条　【监管部门的职权】 应急管理部门和其他负有安全生产监督管理职责的部门依法开展安全生产行政执法工作，对生产经营单位执行有关安全生产的法律、法规和国家标准或者行业标准的情况进行监督检查，行使以下职权：

（一）进入生产经营单位进行检查，调阅有关资料，向有关单位和人员了解情况；

（二）对检查中发现的安全生产违法行为，当场予以纠正或者要求限期改正；对依法应当给予行政处罚的行为，依照本法和其他有关法律、行政法规的规定作出行政处罚决定；

（三）对检查中发现的事故隐患，应当责令立即排除；重大事故隐患排除前或者排除过程中无法保证安全的，应当责令从危险区域内撤出作业人员，责令暂时停产停业或者停止使用相关设施、设备；重大事故隐患排除后，经审查同意，方可恢复生产经营和使用；

（四）对有根据认为不符合保障安全生产的国家标准或者行业标准的设施、设备、器材以及违法生产、储存、使用、经营、运输的危险物品予以查封或者扣押，对违法生产、储存、使用、经营危险物品的作业场所予以查封，并依法作出处理决定。

监督检查不得影响被检查单位的正常生产经营活动。

【条文主旨】

本条是关于应急管理部门和其他负有安全生产监督管理职责的部门履行监督检查职责时，所享有的检查权、处理权和采取行政强制措施的权力的规定。

【理解与适用】

一、监督检查权

为了确保应急管理部门和其他负有安全生产监督管理职责的部门履行监督检查职责，本条规定，在安全生产监督检查中应急管理部门和其他负有安全生产监督管理职责的部门有以下权力：

（一）现场调查取证

其具体包括：

1. 应急管理部门和其他负有安全生产监督管理职责的部门有权进入生产经营单位进行现场检查，被检查单位不得拒绝。

2. 有权向被检查单位调阅与监督检查有关的资料，如涉及高危作业的有关生产工艺的资料，安全设施、设备的档案资料，从业人员安全生产教育、培训、考核的资料等。被检查单位应当如实提供。

3. 向有关人员，包括被检查单位的负责人、有关的管理人员、技术人员和作业人员等了解相关的情况。有关人员应当予以配合，如实提供有关情况。劳动法也有相应的规定，如县级以上各级人民政府劳动行政部门监督检查人员执行公务，有权进入用人单位了解执行劳动法律、法规的情况，查阅必要的资料，并对劳动场所进行检查。

（二）现场处理

其具体包括：

1. 应急管理部门和其他负有安全生产监督管理职责的部门，对监督检查中发现的安全生产违法行为，有权当场予以纠正或者要求限期改正。

2. 责令排除事故隐患。对现场监督检查中发现的事故隐患，应急管理部门和其他负有安全生产监督管理职责的部门有权责令被检查单位采取有效措施，立即予以排除。

3. 责令采取紧急避险措施权。检查中发现的事故隐患属于重大隐患，在隐患排除前或者排除过程中不能保证人员安全的，应急管理部门和其他负有安全生产监督管理职责的部门有权要求从危险区域撤出作业人员，同时要求暂时停止存在重大事故隐患的作业，或者暂停存在重大事故隐患的相关设施、设备的使用。只有在重大事故隐患被排除后，经过应急管理部门和其他负有安全生产监督管理职责的部门审查同意，生产经营单位才能恢复有关的生产经营活动或者恢复有关设施、设备的使用。

4. 对检查中发现的违法行为，依照有关法律、法规的规定应当由负有安全生产监督管理职责的部门予以处罚的，依法作出行政处罚的决定。

（三）采取查封或扣押的行政强制措施

负有安全生产监督管理职责的部门对有根据认为不符合保障安全生产的国家标准或者行业标准的设施、设备、器材以及违法生产、储存、使用、经营、运输的危险物品，有予以查封或者扣押的权力，对违法生产、储存、使用、经营危险物品的作业场所，有权予以查封。这里所规定的“查封”，是指负有安全生产监督管理职责的部门对于不符合保障安全生产的国家标准或者行业标准的设施、设备、器材以张贴封条或者其他必要措施封存起来，未经查封部门许可，任何单位或者个人不得启封、动用。这里所规定的“扣押”，是指负有安全生产监督管理职责的部门将不符合保障安全生产的国家标准或者行业标准的设施、设备、器材运到另外的场所予以扣留。本法规定负有安全生产监督管理职责的部门有权采取查封、扣押的行政强制措施，一是为了防止这些不符合保障安全生产的国家标准或者行业标准的设施、设备、器材以及违法生产、储存、使用、经营、运输的危险物品的继续使用，造成安全事故；二是可以为进一步查处该违法行为保留必要的证据。负有安全生产监督管理职责的部门在采取查封或扣押行政强制措施后，应当依照行政强制法、行政处罚法等法律的规定作出处理决定。

负有安全生产监督管理职责的部门行使本条规定的职权，采取有关的行政措施时应当依照行政强制法、行政处罚法等有关法律、法规规定的条件和程序进行。例如，采取查封、扣押等行政强制措施时，必须遵守行政强制法有关的程序规定，如采取查封、扣押措施，必须有足够的根据，认为查封、扣押的物品确属不符合保障安全生产的国家标准、行业标准；要经过部门负责人的批准；执行查封、扣押措施时要通知被执行单位的负责人员到场，当事人不到场的，邀请见证人到场；对查封、扣押的设施、设备、器材应当清点、登记；对扣押物品办好交接手续；对查封、扣押的物品应当在法定期限内及时作出处理决定等。对依法应当给予行政处罚的，应当遵守行政处罚法规定的程序。

二、监督检查不得影响正常生产经营活动

本条第一款规定的四项监督检查权，是根据保障安全生产的特点，赋予了监督检查部门必要的权力，也规定了行使这些职权的具体条件、应遵循的规则。这种监督检查是针对违法行为、事故隐患的，总的目的是安全生产。为此，本条第二款又确立了一条重要的规则，即监督检查不得影响被检查单位的正常生产经营活动。这里所规定的“正常生产经营活动”，是指没有违反安全生产要求、履行了安全生产义务的生产经营活动。而对于在检查中发现的违法行为，事故隐患、重大事故隐患，不符合保障安全生产的国家标准或者行业标准的设施、设备、器材，违法生产、储存、使用、经营、运输的危险物品，违法生产、储存、使用、经营危险物品的作业场所，分别采取当场纠正或者要求限期改正，责令立即排除，责令暂时停产停业、停止使用相关设施或者设备，查封、扣押等措施，不属于影响正常生产经营活动。生产经营单位不得以此为借口，拒绝、阻挠职能部门的监督检查。

第六十六条　【生产经营单位的配合义务】生产经营单位对负有安全生产监督管理职责的部门的监督检查人员（以下统称安全生产监督检查人员）依法履行监督检查职责，应当予以配合，不得拒绝、阻挠。

【条文主旨】

本条是关于生产经营单位必须配合安全生产监督检查人员履行监督检查职责的规定。

【理解与适用】

生产经营单位有接受监管部门依法进行的监督检查的义务，对安全生产监督检查人员依法履行监督检查职责，应予以配合，不得拒绝、阻挠，包括允许监督检查人员进入相关场所实施现场检查，为监督检查人员依法履行职务提供便利条件，提交监督检查人员依法调阅的有关资料，检查有关设施、设备，生产经营单位负责人或有关人员配合谈话了解有关情况等。

安全生产监督检查人员必须依法履行监督检查职责。进入生产经营单位现场是调查取证的重要方式。实践中，执法部门进入生产经营单位有时非常困难，冲突事件时有发生。这里存在一对矛盾，即如果执法部门不进入生产经营单位的场所进行现场调查，很多违法行为不易被发现，违法的证据也无从收集，执法部门无法行使监督权；如果执法部门频繁进入生产经营单位的场所，又会给生产经营单位带来不利的影响。正确处理这一对矛盾，一方面，法律必须明确执法部门可以进入生产经营单位进行现场检查，生产经营单位不得拒绝、阻挠；另一方面，执法部门也要避免频繁过度地进入生产经营者的生产经营场所，保证执法行为的合理性与合法性，从而保护生产经营者正常的生产经营活动。在实际工作中，对有违法嫌疑或被举报有违法行为的生产经营单位，执法部门应当进入生产经营单位进行检查；没有违法嫌疑或者没有举报的，执法部门应慎重行使这项权力，更不能滥用职权，提出不合理的要求。对于违反法律规定的检查要求，生产经营单位有权予以拒绝，并有权向有关部门举报。

生产经营单位不履行这项法定义务时，应承担相应的法律责任。根据本法第一百零八条的规定，违反本法规定，生产经营单位拒绝、阻碍负有安全生产监督管理职责的部门依法实施监督检查的，责令改正；拒不改正的，处 2 万元以上 20 万元以下的罚款；对其直接负责的主管人员和其他直接责任人员处 1 万元以上 2 万元以下的罚款；构成犯罪的，依照刑法有关规定追究刑事责任。而刑法第二百七十七条第一款规定，以暴力、威胁方法阻碍国家机关工作人员依法执行职务的，处 3 年以下有期徒刑、拘役、管制或者罚金。同时，对于阻碍国家机关工作人员依法执行职务的行为，可以按照治安管理处罚法第五十条的有关规定给予治安管理处罚，即处警告或者200元以下罚款；情节严重的，处5日以上10日以下拘留，可以并处500元以下罚款。

另外，安全生产监督检查人员在监督检查时需要注意，根据行政强制法第十八条的规定，行政机关实施行政强制措施应当在实施前向行政机关负责人报告并经批准；由两名以上行政执法人员实施；出示执法身份证件；通知当事人到场；当场告知当事人采取行政强制措施的理由、依据以及当事人依法享有的权利、救济途径；听取当事人的陈述和申辩；制作现场笔录；现场笔录由当事人和行政执法人员签名或者盖章，当事人拒绝的，在笔录中予以注明；当事人不到场的，邀请见证人到场，由见证人和行政执法人员在现场笔录上签名或者盖章；遵守法律、法规规定的其他程序。

【相关规定】

《中华人民共和国刑法》第二百七十七条第一款；《中华人民共和国治安管理处罚法》第五十条；《中华人民共和国行政强制法》第十八条。

第六十七条　【监督人员的执法准则与义务】安全生产监督检查人员应当忠于职守，坚持原则，秉公执法。

安全生产监督检查人员执行监督检查任务时，必须出示有效的行政执法证件；对涉及被检查单位的技术秘密和业务秘密，应当为其保密。

【条文主旨】

本条是关于安全生产监督检查人员的基本执法准则，以及在执行监督检查任务时应当出示证件及履行保密义务的规定。

【理解与适用】

一、安全生产监督检查人员基本执法准则

安全生产监督检查人员应当具备基本的公务道德水准，严格依法履行职责，不得徇私枉法，也不得滥用职权，侵犯被监督检查对象的合法权益。依照本条规定，安全生产监督管理人员应遵守的基本执法准则是：忠

于职守、坚持原则、秉公执法。

（一）忠于职守

我国宪法第二十七条第一款规定，一切国家机关“实行工作责任制”。公务人员的所有职位都是在国家机关定职能、定机构、定编制的基础上，根据工作的需要设置的，每个职位都有明确的任务和职责。所谓忠于职守，就是应当忠实于所担负的安全生产监督管理工作，对本职工作要兢兢业业，认真负责，具有高度的责任感，专心致志地工作，严格履行工作职责，承担起本职位的责任。从事安全生产监督检查的人员是代表国家行使行政职权的国家公务人员，忠于职守是对其最基本的素质要求。

（二）坚持原则

所谓坚持原则，就是必须按照法定的要求、法定的标准说话办事，在执法过程中严格要求自己，自觉抵御各种不正之风和腐败现象的侵蚀，做到不失底线。

（三）秉公执法

所谓秉公执法，就是要忠于国家法律，做到执法上的公平、公正，不徇私情，不滥用职权，严格依法办事，履行法定的职责。

二、安全生产监督管理人员应当履行的义务

本条第二款规定了安全生产监督管理人员在执行监督检查任务时应当履行的两项义务：

（一）出示证件

安全生产监督检查人员在执行监督检查任务时，应当出示监督执法证件，监督执法证件由负有安全生产监督管理职责的部门制发。要求安全生产监督检查人员在进行监督检查时，必须出示监督执法证件，目的是向相对人表明执法者的身份和执法的合法性，防止他人假冒执法人员侵犯相对人的合法权益。安全生产监督检查人员执行职务时不依法出示监督执法证件的，被监督检查的单位有权拒绝检查。这一规定也与我国行政强制法的规定相一致，行政强制法第十八条明确规定，行政机关实施行政强制措施应当出示执法身份证件。

（二）保守相关秘密

安全生产监督检查人员执行监督检查任务时，对涉及被检查单位的技术秘密和业务秘密，应当为其保密，不能泄露。这里所讲的“技术秘密”，包括被检查单位的技术诀窍、技术配方、工艺流程等。“业务秘密”，则包括有关的经营决策、客户资料等方面的内容。上述秘密都属于被检查单位的商业秘密。商业秘密是指不为公众所知悉，能为权利人带来经济利益，具有实用性并经权利人采取保密措施的技术信息和经营信息。商业秘密一旦泄露，将会给生产经营单位造成不利影响，所以，安全生产监督检查人员执行公务时，对涉及被检查单位的技术秘密和业务秘密，应承担保密的义务。我国刑法规定，违反保密义务或者违反权利人有关保守商业秘密的要求，披露、使用或者允许他人使用其所掌握的商业秘密，情节严重的，处3年以下有期徒刑，并处或者单处罚金；情节特别严重的，处3年以上10年以下有期徒刑，并处罚金。

【相关规定】

《中华人民共和国行政强制法》第十八条；《中华人民共和国宪法》第二十七条；《中华人民共和国刑法》第二百一十九条。

第六十八条　【检查记录】安全生产监督检查人员应当将检查的时间、地点、内容、发现的问题及其处理情况，作出书面记录，并由检查人员和被检查单位的负责人签字；被检查单位的负责人拒绝签字的，检查人员应当将情况记录在案，并向负有安全生产监督管理职责的部门报告。

【条文主旨】

本条是关于安全生产监督检查人员在监督检查时，应当对有关检查情况作出记录的规定。

【理解与适用】

安全生产的监督检查工作是一项重要、细致的工作，需要认真进行，每一个环节都应慎之又慎，不应出现差错。安全生产的监督检查工作又是一项具有连续性的工作，安全生产的监督检查人员之间需要对自己的检查工作履行一定的交接手续，防止监督检查工作断档；安全生产的检查工作情况、工作结果等应便于查询，便于找出检查监督工作本身存在的有关问题；同时，做好安全生产监督检查的记录，一旦发生生产安全事故，也便于查清责任。因此，本条要求安全生产监督检查人员将监督检查的基本情况作出记录。

按照本条规定，安全检查记录必须符合下述两项要求：

一、安全检查记录应当为书面形式

安全检查记录应当为书面形式，具体内容应当包括：

（一）检查的时间

这一般是指检查时的年、月、日、时、分的具体时间。对容易发生事故的重点部门和重点区域的检查时间更需要特别记录。

（二）检查的地点

这通常是指被检查的生产经营单位及其场所。地点的记录应当具体、明确，载明实施检查的具体场所。如果是对生产经营单位的某个矿井、某个车间、某些设备设施等进行检查，这时还应当对具体的作业场所和设备设施的地址、名称予以记录。

（三）检查的内容

即检查的具体事项，例如本次检查了哪些设施、设备等。

（四）检查中发现的问题

对检查中发现的被检查单位存在的与有关安全生产的法律、法规、国家标准、行业标准等要求不符的情况，如安全生产的规章制度不健全，设施、设备存在的安全隐患问题，是一般事故隐患问题还是重大事故隐患问题等，都应如实加以记录。

（五）对检查中发现的问题的处理情况（特别是发现事故隐患的处理情况）

这通常是指是否按照法律、法规和规章的规定对发现的事故隐患和违法行为进行了处理。例如，对于事故隐患，是否责令立即排除或者限期排除、对安全生产违法行为是否当场纠正或者要求限期改正、对应当给予行政处罚的行为是否依法进行了处罚、对重大安全生产问题是否向有关人民政府或其所属部门及时报告等，都应当记录在案。

二、检查记录须由检查人员和被检查单位的负责人签字

为了保证监督检查记录的有效性，有关人员应当在笔录中签字。在监督检查记录上签字的人员，一是参加监督检查的人员，要求检查人员签字，目的是便于明确责任，增强检查人员的责任心；二是被检查单位的有关负责人。签字应当当场进行。被检查单位的负责人拒绝签字的，检查人员应当将这一情况在检查记录中予以说明，并向负有安全生产监督管理职责的部门报告。负责人拒绝签字的，不影响检查记录的有效性。

为了确保安全检查的有效性，保证本条的正确执行，安全生产监督管理部门可以将安全生产的监督检查记录做成标准的格式，要求安全生产监督检查人员按格式进行填写；没有做成标准的格式的，也应提出具体的记录要求。

第六十九条 【联合检查和分别检查】负有安全生产监督管理职责的部门在监督检查中，应当互相配合，实行联合检查；确需分别进行检查的，应当互通情况，发现存在的安全问题应当由其他有关部门进行处理的，应当及时移送其他有关部门并形成记录备查，接受移送的部门应当及时进行处理。

【条文主旨】

本条是关于负有安全生产监督管理职责的部门在监督检查中应当互相配合的规定。

【理解与适用】

负有安全生产监督管理职责的部门在监督检查中以联合检查为原则，分别检查为例外。在联合检查时，负责安全生产监督管理的各个有关部门之间需要互相配合，树立整体观、全局观，积极、主动地在检查的时间、地点、内容等方面进行必要的一致和协调，为实行联合检查创造必要的条件，而不能各行其是，互不通气。在分别检查的过程中，各部门之间也应当做到信息共享。

一、安全生产监督检查原则上实行联合检查

首先，根据我国现行有关法律、法规的规定，负有安全生产监督管理职责的部门有很多，同时生产经营单位涉及安全生产的事项也非常多。如果各个部门都分别对生产经营单位进行检查，会造成多头检查、重复检查，使生产经营单位疲于应付，负担沉重，影响其正常的生产经营活动。从实践来看，这种情况确实存在。其次，安全生产工作的各个方面往往是互相联系的，具有一定的整体性。分头检查造成各有关部门之间各自为战，互不通气，割裂了安全生产工作的整体性，不利于提高检查的效果。因此，规定负有安全生产监督管理职责的部门在监督检查中应当互相配合，实行联合检查，有着重要的现实意义。一方面，可以避免多头检查、重复检查，在总量上减少检查的次数，减轻被检查单位的负担。另一方面，还可以使负有安全生产监督管理职责的各个部门对被检查单位的整体安全生产状况有一个全面的把握和了解，便于对检查中发现的具体问题进行共同研究，采取相应的综合治理措施，使检查取得更好的效果。当然，在实际工作中，实行联合检查，只是一项原则性要求，并不是要求所有检查部门都必须一致行动，这不仅没有必要，也很难做到。每次联合检查的范围和规模，应当根据具体情况灵活掌握。

二、分别检查时应互相配合

一般情况下，负有安全生产监督管理职责的部门应当实行联合检查。但在有些情况下，可能确实需要分别进行检查。“确需分别进行检查”，需要在实际工作中具体掌握。例如，针对某些方面的问题集中进行专项检查，情况紧急、来不及组织联合检查等情况。对确需分别进行检查的，实施检查的部门之间应当互相通报检查的有关情况，做到信息共享。在检查中发现存在的安全问题不属于本部门的职责范围，应当由其他有关部门进行处理的，应当及时移送其他有关部门，不能不移送，也不能拖延移送。同时还应当将移送的有关情况形成文字记录，以备查询。接受移送的部门应当根据安全问题的性质、严重程度等，及时采取相应的措施予以处理。

第七十条　【强制措施】 负有安全生产监督管理职责的部门依法对存在重大事故隐患的生产经营单位作出停产停业、停止施工、停止使用相关设施或者设备的决定，生产经营单位应当依法执行，及时消除事故隐患。生产经营单位拒不执行，有发生生产安全事故的现实危险的，在保证安全的前提下，经本部门主要负责人批准，负有安全生产监督管理职责的部门可以采取通知有关单位停止供电、停止供应民用爆炸物品等措施，强制生产经营单位履行决定。通知应当采用书面形式，有关单位应当予以配合。

负有安全生产监督管理职责的部门依照前款规定采取停止供电措施，除有危及生产安全的紧急情形外，应当提前二十四小时通知生产经营单位。生产经营单位依法履行行政决定、采取相应措施消除事故隐患的，负有安全生产监督管理职责的部门应当及时解除前款规定的措施。

【条文主旨】

本条是关于在紧急情况下赋予负有安全生产监督管理职责的部门相应的行政强制执行权的规定。

【理解与适用】

实践中，因一些存在重大事故隐患的生产经营单位拒不执行负有安全生产监督管理职责的部门依法作出的相关决定而导致出现事故的情况时有发生。在有发生安全事故的现实危险的情况下，如果申请法院强制执行相关决定，难以适应及时有效避免事故发生的紧急要求。因此，客观上需要赋予监管部门相应的行政强制执行权，使其能够及时采取有效措施，强制生产经营单位履行决定，避免事故发生的严重后果。这种强制执行权本质上是一种现场应急处置权，作出这一规定是安全生产监督管理实践经验的总结，具有很强的现实针对性。负有安全生产监督管理职责的部门在对生产经营单位采取强制措施时，应当严格按照实施条件和程序进行，不得违反程序。负有安全生产监督管理职责的部门对符合解除强制措施条件的生产经营单位，也应当按照严格的条件进行审查和解除。

一、实施条件

（一）生产经营单位存在重大事故隐患，并且有发生生产安全事故的现实危险

这里所指的重大事故隐患，通常是危害和整改难度较大，应当全部或者局部停产停业，并经过一定时间整改治理才能排除的隐患，或者因外部因素影响致使生产经营单位自身难以排除的隐患。这里所指的有发生生产安全事故的现实危险，是现实存在的、紧迫的危险，如果这种危险持续存在，生产经营单位就有可能随时发生事故。

（二）依法对生产经营单位作出行政决定

这里所指的决定，既包括依照本法第六十五条或者其他法律法规规定作出的责令暂时停产停业、停止使用相关设施设备的现场处理决定，也包括依照本法法律责任一章作出的责令停产停业整顿的行政决定。

（三）生产经营单位拒不执行行政决定

即生产经营单位对负有安全生产监督管理职责的部门作出的停产停业、停止施工、停止使用相关设施或者设备的决定拒不履行。

（四）在保证安全的前提下采取强制措施

负有安全生产监督管理职责的部门在实施行政强制措施的过程中，更

应当以保证安全，尤其是从业人员的生命安全为前提。要充分考虑生产经营单位的生产特点和特殊要求，不能因为突然停电等措施导致发生其他事故。在实施停止供电的强制措施的情况下，要严格遵守安全断电的程序，以保障实现行政强制目的。

二、实施程序

第一，经本部门主要负责人批准。本部门属于内部程序的限定，实施前必须经过本部门主要负责人批准。这里所指的本部门主要负责人，一般是指负有安全生产监督管理职责的部门的正职负责人，也可以是主持工作的其他负责人。第二，应当书面通知生产经营单位。这是负有安全生产监督管理职责的部门实施强制措施的形式要件。为保证实施过程的公开、公正、可追溯，书面形式应当是相应的行政执法文书。第三，原则上，采取停止供电的强制措施应当提前24小时书面通知生产经营单位。这是对本条第一款的补充规定。在遇到危及生产安全的紧急情况时，负有安全生产监督管理职责的部门可以不提前24小时，甚至在不通知生产经营单位的情况下，直接依照本条第一款的规定要求供电企业停止供电。

三、解除条件

第一，生产经营单位依法履行行政决定。即生产经营单位已经按照负有安全生产监督管理职责的部门的要求，作出了停产停业、停止施工、停止使用相关设施或者设备的行为。第二，生产经营单位采取相应措施消除事故隐患。生产经营单位想要解除强制措施，除要依法履行行政决定外，还需要采取相应的措施消除在生产经营过程中存在的事故隐患。根据本法第六十五条第一款第三项的规定，判断生产经营单位的事故隐患是否已经消除，必须经负有安全生产监督检查职责部门的审查同意，才可以恢复生产经营和使用相关设施设备。

第七十一条　【安全生产监察】 监察机关依照监察法的规定，对负有安全生产监督管理职责的部门及其工作人员履行安全生产监督管理职责实施监察。

【条文主旨】

本条是关于监察机关依法对负有安全生产监督管理职责的部门及其工作人员履行安全生产监督管理职责实施监察的规定。

【理解与适用】

本条是从原安全生产法第六十八条修改而来。2018 年监察法颁布后，行政监察法同时废止。为与监察法保持一致，本条所依据的法律名称作了相应修改。监察机关的主要职责、管辖范围、监察权限和监察程序应当结合监察法进行确定。

一、监察机关的主要职责

监察机关依法对负有安全生产监督管理职责的部门及其工作人员履行安全生产监督管理职责实施监督、调查、处置，主要履行下列职责：（1）对负有安全生产监督管理职责的部门及其工作人员开展廉政教育，对其依法履行职务、秉公用权、廉洁从政从业以及道德操守情况进行监督检查。（2）对负有安全生产监督管理职责的部门及其工作人员的职务违法和职务犯罪进行调查。监察机关依照监察法规定的权限和程序，对负有安全生产监督管理职责的部门及其工作人员在履行安全生产监督检查职责时，涉嫌贪污贿赂、滥用职权、玩忽职守、权力寻租、利益输送、徇私舞弊以及浪费国家资财等行为，在查明事实的基础上，依法作出处理。（3）对负有安全生产监督管理职责的部门及其工作人员的违法行为作出政务处分决定；对履行职责不力、失职失责的负有安全生产职责的领导人员进行问责；将负有安全生产监督管理职责的部门涉嫌职务犯罪行为的调查结果移送人民检察院依法审查、提起公诉；同时向负有安全生产监督管理职责的部门及其工作人员的所在单位提出监察建议。

二、监察机关的管辖

监察法第三条规定："各级监察委员会是行使国家监察职能的专责机关，依照本法对所有行使公权力的公职人员（以下称公职人员）进行监察，调查职务违法和职务犯罪，开展廉政建设和反腐败工作，维护宪法和法律的尊严。"负有安全生产监督管理职责的部门属于行政机关，其工作人员是国家公务员，因此，他们应当属于监察机关的监察对象。

根据监察法关于监察机关管辖范围的规定，负有安全生产监督管理职责的国务院有关部门及其工作人员，由国家监察机关负责实施监察；县级以上地方各级人民政府负有安全生产监督管理职责的部门及其工作人员，由本级监察机关负责实施监察。

三、监察机关在调查过程中的主要权限

根据监察法的相关规定，监察机关在调查过程中的权限主要有以下几个方面：（1）监察机关行使监督、调查职权，有权依法向有关单位和个人了解情况，收集、调取证据。有关单位和个人应当如实提供。监察机关及其工作人员对监督、调查过程中知悉的国家秘密、商业秘密、个人隐私，应当保密。任何单位和个人不得伪造、隐匿或者毁灭证据。（2）对可能发生职务违法的负有安全生产监督管理职责的部门及其工作人员，监察机关按照其管理权限，可以直接或者委托有关机关、人员进行谈话或者要求说明情况。（3）可以要求负有安全生产监督管理职责的部门及其工作人员就其涉嫌违法的行为进行陈述，必要时向其出具书面通知。（4）监察机关可以询问证人等人员。（5）可以调取、查封、扣押用以证明被调查人涉嫌违法犯罪的财物、文件和电子数据等信息。采取调取、查封、扣押措施，应当收集原物原件，会同持有人或者保管人、见证人，当面逐一拍照、登记、编号，开列清单，由在场人员当场核对、签名，并将清单副本交财物、文件的持有人或者保管人。（6）可以直接或者指派、聘请具有专门知识、资格的人员在调查人员主持下进行勘验检查。勘验检查情况应当制作笔录，由参加勘验检查的人员和见证人签名或者盖章。（7）对于案件中的专门性问题，可以指派、聘请有专门知识的人进行鉴定。鉴定人进行鉴定后，应当出具鉴定意见，并且签名。

四、监察机关的监察程序

根据监察法的规定，监察机关行使监察权的程序大致如下：监察机关对报案、举报应当接受并按照有关规定处理。对于不属于监察机关管辖范围的，应当移送有管辖权的主管机关处理。监察机关对于监察对象的问题线索，应当按照有关规定提出处置意见，需要履行审批手续，进行分类办理。监察机关需要采取初步核实方式处置问题线索的，应当依法履行审批手续，成立核查组。初步核实工作结束后，对于负有安全生产监督管理职责的部门及其工作人员涉嫌职务违法犯罪，需要追究法律责任的，监察机关在其主要负责人批准立案后，按照规定的权限和程序办理立案手续。之后监察机关应当主持召开专题会议，研究确定调查方案，决定需要采取的调查措施。监察机关对于负有安全生产监督管理职责的部门及其工作人员的职务违法和职务犯罪，应当收集其有无违法犯罪以及情节轻重的证据，查明犯罪事实，形成相互印证、完整稳定的证据链。监察机关根据监督、调查的结果，对负有安全生产监督管理职责的部门及其工作人员依法作出如下处置：（1）对于有职务违法行为但情节较轻的人员，按照管理权限，直接或者委托有关机关、人员，进行谈话提醒、批评教育、责令检查，或者予以诫勉。（2）对于违法的人员依照法定程序作出警告、记过、记大过、降职、撤职、处分等政务处分决定。（3）对不履行或者不正确履行职务负有责任的领导人员，按照管理权限对其直接作出问责决定，或者向有权作出问责决定的机关提出问责建议。（4）对于涉嫌职务犯罪的，监察机关经调查认为犯罪事实清楚，证据确实充分的，制作起诉意见书，连同案卷材料、证据一并移送人民检察院依法审查、提起公诉。（5）对负有安全生产监督管理职责的人员所在单位的廉政建设和履行职责中存在的问题等提出监察建议。

【相关规定】

《中华人民共和国监察法》第三条、第十一条、第十八条、第十九条、第二十条、第二十一条、第二十五条、第二十六条、第二十七条、第三十五条、第三十七条、第三十八条、第四十五条。

第七十二条　【检评机构的条件和责任】承担安全评价、认证、检测、检验职责的机构应当具备国家规定的资质条件，并对其作出的安全评价、认证、检测、检验结果的合法性、真实性负责。资质条件由国务院应急管理部门会同国务院有关部门制定。

承担安全评价、认证、检测、检验职责的机构应当建立并实施服务公开和报告公开制度，不得租借资质、挂靠、出具虚假报告。

【条文主旨】

本条是关于安全生产技术服务机构的资质条件和责任的原则性规定。

【理解与适用】

本条是从原安全生产法第六十九条修改而来，与原法条相比，主要增加了两个内容。首先，增加了技术服务机构的资质条件制定部门，即由国务院应急管理部门会同国务院有关部门制定。其次，新增了本条第二款的内容：承担安全评价、认证、检测、检验职责的机构应当建立并实施服务公开和报告公开制度，不得租赁资质、挂靠、出具虚假报告。这样规定的目的是进一步明确技术服务机构应当对其作出的安全评价、认证、检测、检验结果的客观、真实、公正。

一、资质条件

安全评价、认证、检测、检验是安全生产工作的重要环节。安全评价是指对生产经营单位的有关安全生产条件是否符合有关法律、法规和国家标准或者行业标准所提出的综合性意见。安全认证是指根据生产经营单位的申请，对其有关安全生产条件达到一定要求进行的证明，并发给其证书或者标志。安全检测、检验主要是指通过一定的技术手段，对涉及安全生产的一些具体的指标、参数等所进行的验证、测量等，如安全设备、器材量、性能等是否符合保障安全生产的要求，矿山口的通风量、瓦斯浓度等。

在安全生产工作中，安全评价、认证、检测、检验发挥着越来越重要的作用，这些机构所出具的评价、认证、检测、检验报告是生产经营单位进行安全生产管理以及负有安全生产监督管理的部门履行安全生产监督管理职责的重要依据。一些法律、法规还要求生产经营单位必须进行相应的安全评价、认证、检测、检验。如《危险化学品安全管理条例》第二十二条第一款规定："生产、储存危险化学品的企业，应当委托具备国家规定的资质条件的机构，对本企业的安全生产条件每 3 年进行一次安全评价，提出安全评价报告。安全评价报告的内容应当包括对安全生产条件存在的问题进行整改的方案。"承担安全评价、认证、检测、检验的机构属于服务性的机构，其主要职责是接受有关生产经营单位或者负有安全生产监督管理职责的部门的委托，进行相应的安全评价、认证、检测、检验等技术服务工作。

过去，有不少安全评价、认证、检测、检验是由有关行政管理部门直接承担的，随着政府职能的转变，安全生产技术服务机构在这方面将会发挥越来越大的作用。由于安全评价、认证、检测、检验的结果是生产经营单位安全生产管理以及负有安全生产监督管理的部门进行监督检查的重要参考，甚至是其对有关安全生产问题进行决策的重要依据，因此安全评价、认证、检测、检验的结果是否客观、真实、公正，对于能否保障安全生产、保障人民群众的生命和财产安全，具有直接的影响。同时由于安全评价、认证、检测、检验工作事关重大，又具有很强的专业性、技术性，因此保证安全评价、认证、检测、检验结果客观、真实、公正的一个重要的前提条件是承担安全评价、认证、检测、检验的机构必须具备相应的资质条件，包括：具有相应的专业技术人员；具备相应的检验、检测器材、设备；具有严格、健全的内部业务管理制度；等等。一个不具备相应资质条件的安全生产服务机构不可能提供客观、真实、公正的安全评价、认证、检测、检验结果。实践中，一些不具备资质条件的机构为了谋取经济利益，置人民群众的生命财产安全于不顾，进行所谓的“安全评价”“认证”“检测”“检验”活动，给安全生产造成严重隐患，这方面也有不少惨痛的教训。因此，本法明确要求承担安全评价、认证、检测、检验的机构必须具备国家规定的资质条件，资质条件由国务院应急管理部门会同国务院有关部门制定，具有很强的现实针对性。国家规定的资质条件，是指有关法律、行政法规和规章等规定的安全生产服务机构必须具备的条件。例如，要有一定数量的专业技术人员，要有一定的设备、器材和仪器，要有健全的内部管理制度和执业规则，等等。承担安全评价、认证、检测、检验的机构必须具备相应的资质条件，否则不得开展安全评价、认证、检测、检验业务。根据有关法律、法规和国家有关规定，承担管理职责的部门要认真履行职责，切实加强对安全生产服务机构市场的监督管理。

二、合法性和真实性

实践中，一些承担安全评价、认证、检测、检验的机构不负责任，随意出具有关证明和报告，有的甚至和委托单位相互勾结，故意出具虚假不实的证明和报告。这些行为对安全生产造成了直接的威胁。为了强化承担安全评价、认证、检测、检验的机构的责任，规范其业务行为，促使其认真履行职责，本条明确规定，承担安全评价、认证、检测、检验的机构应当对其安全评价、认证、检测、检验的结果负责，即应当保证安全评价、认证、检测、检验结果的合法性、真实性。

三、禁止性规定

本条第二款是新增加的有关技术服务机构的禁止性规定，主要包括三个方面的内容：（1）承担安全评价、认证、检测、检验职责的机构应当对其作出的安全评价、认证、检测、检验的结果建立并实施服务公开和报告公开制度，这样可以方便社会大众查阅相关内容。（2）具备国家规定的资质条件的承担安全评价、认证、检测、检验职责的机构不得将其资质租赁或借与其他技术服务机构；同时，不具备国家规定的资质条件的承担安全评价、认证、检测、检验职责的机构不得挂靠其他具备国家规定的资质条件的承担安全评价、认证、检测、检验职责的机构。（3）承担安全评价、认证、检测、检验职责的机构不得出具虚假报告，应当保证其出具的安全评价、认证、检测、检验结果的真实性。出具虚假证明或者根据其安全评价、认证、检测、检验结果作出的有关决策或者采取的相关措施造成生产安全事故，构成犯罪的，依照刑法有关提供虚假证明文件或者其他有关规定追究刑事责任；不构成犯罪的，应依法承担行政责任，撤销其相应的资格。造成损害的，依法承担赔偿责任。①

【相关规定】

《危险化学品安全管理条例》第二十二条。

第七十三条　【举报制度】 负有安全生产监督管理职责的部门应当建立举报制度，公开举报电话、信箱或者电子邮件地址等网络举报平台，受理有关安全生产的举报；受理的举报事项经调查核实后，应当形成书面材料；需要落实整改措施的，报经有关负责人签字并督促落实。对不属于本部门职责，需要由其他有关部门进行调查处理的，转交其他有关部门处理。

涉及人员死亡的举报事项，应当由县级以上人民政府组织核查处理。

【条文主旨】

本条是关于负有安全生产监督管理职责的部门建立举报制度的规定。

【理解与适用】

本法第十条规定，负有安全生产监督管理职责的部门，包括应急管理部门和对有关行业、领域的安全生产工作实施监督管理的部门，分别对安全生产工作实施综合监督管理以及在各自职责范围内负责对有关行业、领域的安全生产工作实施监督管理。这些部门实施监督管理，除主动进入生产经营单位进行检查外，建立举报制度也是一种有效的监督方式，可以充分发挥群众监督、舆论监督的作用，及时、广泛地掌握各生产经营单位安全生产的情况、线索，加大监管力度。因此，本条规定了负有安全生产监督管理职责的部门应当建立举报制度，以使举报监督制度化、法定化。建立和落实

① 见本法第九十二条。

举报制度，负有安全生产监督管理职责的部门应当做到以下几个方面：

一、公开举报电话、信箱或者电子邮件地址，受理有关安全生产事项的举报

为了方便举报人，负有安全生产监督管理职责的部门应当设立专门的举报电话，并向社会公开。同时还应当公开信箱或者电子邮件地址，以方便群众利用不同方式进行举报。这样规定，充分考虑到了不同地区、受教育程度不同的举报人的情况，采用尽可能多、尽可能大众化的举报方式，为举报提供方便和支持。向社会公开举报电话、信箱或者电子邮件地址，可以利用报刊、电视、互联网等各种媒体，使尽可能多的群众知悉。举报人在选择使用某种方式举报时，可以具名，也可以匿名。不论以哪种方式举报，负有安全生产监督管理职责的部门均应处理。

受理举报的事项是“有关安全生产”的事项。所谓“有关安全生产”的事项，主要包括：（1）安全生产违法行为，即生产经营单位及其有关人员以及其他单位和个人违反有关安全生产的法律、法规、国家标准或者行业标准、安全生产规章制度和操作规程等行为。例如：生产经营单位不建立安全生产管理制度，不保证必要的安全生产资金投入，不为从业人员提供符合国家标准或者行业标准的劳动防护用品，有关管理人员违章指挥或者强令冒险作业以及不按照规定上报生产安全事故等。（2）生产经营单位存在的重大事故隐患。对于重大事故隐患，也可以举报。（3）负有安全生产监督管理职责的部门及其工作人员在履行职责过程中的失职、渎职或者违法、违纪行为。负有安全生产监督管理职责的部门实施监督管理的情况如何，与本区域内的安全生产关系密切。其在履行职责过程中的失职、渎职或者违法行为，包括对不符合法定安全生产条件的涉及安全生产的事项予以批准或者验收通过；发现未依法取得批准、验收的单位擅自从事有关活动不予取缔或者不依法予以处理；对已经依法取得批准的单位不履行监督管理职责，发现其不再具备安全生产条件而不撤销原批准或者发现安全生产违法行为而不予查处；要求被审查、验收的单位购买其指定的安全设备、器材或者其他产品；在对安全生产事项的审查、验收中收取费用；等等。对这些行为，任何单位或者个人都可以举报。

二、对举报事项进行调查核实，并形成书面材料

负有安全生产监督管理职责的部门对受理的举报事项，应当进行调查。调查可以以举报的事项为线索，但不限于举报范围内的事项。调查可以采用书面调查的方式，也可以进行实地调查。实施调查时，负有安全生产监督管理职责的部门可以行使本法第六十五条赋予的职权，进入生产经营单位进行检查，调阅有关资料，向有关单位和人员了解情况。经过调查，已核实有关情况的，应当形成书面材料，载明调查经过、事实情况以及处理结论等内容。

三、督促落实整改措施

负有安全生产监督管理职责的部门对有关举报事项调查核实后，认为需要落实有关整改措施的，应当在书面材料中提出有关整改措施的意见，根据本部门内部工作程序报有决定权的负责人，由其决定是否批准。经批准签字的，负有安全生产监督管理职责的部门还应当督促有关生产经营单位落实整改措施。

不属于本部门职责有两层意思：对属于安全生产监督管理，但不属于该部门管辖的事项，应当移送有管辖权的机关处理；对不属于安全生产监督管理职责事项，应当由别的主管机关管辖，移送相应机关处理。

涉及人员死亡的举报事项，是指在安全生产过程中，由于存在安全生产违法行为或者生产经营单位存在安全隐患造成人员伤亡，影响恶劣的举报事件。本着促进公平公正、有利于受害人的原则，案件不再由负有安全生产监督管理职责的部门处理，转由当地县级以上人民政府组织核查处理。县级以上人民政府应该及时与公安机关成立调查小组对举报案件展开调查，同时，负有安全生产监督管理职责的部门应该协助政府和公安机关开展工作，确保案件得到公平公正的解决。

第七十四条　【报告、举报与公益诉讼】任何单位或者个人对事故隐患或者安全生产违法行为，均有权向负有安全生产监督管理职责的部门报告或者举报。

因安全生产违法行为造成重大事故隐患或者导致重大事故，致使国家利益或者社会公共利益受到侵害的，人民检察院可以根据民事诉讼法、行政诉讼法的相关规定提起公益诉讼。

【条文主旨】

本条是关于单位和个人报告事故隐患、举报安全生产违法行为的权利以及安全生产公益诉讼的规定。

【理解与适用】

一、报告、举报事故隐患与违法行为

安全生产涉及各行各业，直接关系到广大人民群众的切身利益。要真正做好安全生产工作，既需要生产经营单位、从业人员以及负有安全生产监督管理职责的部门依法承担义务，尽职尽责，也需要广大人民群众和其他方面的积极参与，充分发挥全社会的积极性。因为生产经营单位点多面广，不同行业的生产经营状况和安全生产管理方式差异较大，所以单靠政府有关监督管理部门难以完全有效地做好监督工作。只有建立起一种广泛、有效的监督机制，充分调动单位与个人的积极性，把安全生产工作置于全社会的监督之下，群防群治，才能真正做好这项工作。因此，本条规定了单位和个人报告事故隐患、举报安全生产违法行为的权利，具有很强的现实意义。

（一）报告、举报事项

1. 事故隐患。由于事故隐患具有隐蔽性、危险性、形态多样性等特征，法律鼓励人们及时向有关部门报告事故隐患，有利于抢在事故发生前及时发现事故隐患并采取措施，消除隐患，保障生产安全。

2. 安全生产违法行为，主要是指生产经营单位及其有关人员、安全生产技术服务机构的安全生产违法行为以及政府有关部门及其工作人员的安全生产违法行为。

任何单位或者个人都有权向负有安全生产监督管理职责的部门报告事故隐患、举报安全生产违法行为。在实践中，要特别重视生产经营单位内部有关管理人员和从业人员的报告和举报。他们处在管理、生产的第一线，对本单位的安全生产情况最了解，他们的报告和举报具有更重要的价值。同时，也要鼓励其他单位和个人的报告和举报。他们通常与被报告、举报的单位没有直接利益关系，能摆脱生产经营单位在立场上的局限性，从而提供一些重要线索。报告、举报的内容应当真实，不得谎报事故隐患和安全生产违法行为，更不能诬告、陷害有关单位和人员。但是，实践中要注意区别错报与谎报、诬告、陷害的区别。

（二）受理举报的部门

1. 应急管理部门。应急管理部门是安全生产工作的综合监督管理部门，根据本法第十条第一款的规定，国务院应急管理部门依照本法，对全国安全生产工作实施综合监督管理；县级以上地方各级人民政府应急管理部门依照本法，对本行政区域内安全生产工作实施综合监督管理。因此，

根据上述规定，任何单位和个人可以向应急管理部门举报事故隐患或者安全生产违法行为，由应急管理部门依法实施综合监督管理。

2. 应急管理部门以外的其他负有安全生产监督管理职责的部门。根据本法第十条第二款的规定，国务院有关部门依照本法和其他有关法律、行政法规的规定，在各自的职责范围内对有关行业、领域的安全生产工作实施监督管理；县级以上地方各级人民政府有关部门依照本法和其他有关法律、法规的规定，在各自的职责范围内对有关行业、领域的安全生产工作实施监督管理。主要有：公安机关，煤矿安全监察机构，建筑行政部门，铁路、民航、交通部门，特种设备安全监察部门，电力监管部门等。依据上述规定，任何单位和个人在发现生产经营单位的事故隐患或者安全生产违法行为时，都可以向相关行业主管部门举报。

3. 监察机关。监察机关是人民政府行使监察职能的机关，依照该法对国家行政机关及其公务员和国家行政机关任命的其他人员实施监察。因此，对于各级地方人民政府、应急管理部门和其他负有安全生产监督管理职责的部门及其工作人员在安全生产监督管理过程中或者在事故报告和调查处理中有违法行为的，任何单位和个人都可以向有关监察机关举报。

二、公益诉讼

公益诉讼有广义和狭义之分。广义的公益诉讼泛指一切为维护公共利益而提起的诉讼，它既包括国家机关代表国家以自己的名义提起的为维护公共利益的诉讼，也包括公民、法人和一切非法人组织以自己的名义提起的为维护公共利益的诉讼。而狭义的公益诉讼则仅指国家机关代表国家以国家名义提起的为维护公共利益的诉讼。在安全生产领域提起公益诉讼不仅有政策支持，也有宪法法律依据。

第一，人民检察院具有明确的国家法律监督机关的身份定位与监督法律统一公正实施的功能定位。自检察制度产生起，检察机关就致力于维护国家利益和社会公共利益。检察机关在安全生产领域提起公益诉讼本就是行使监督权、履行维护国家和社会公共利益职能的过程。

第二，人民检察院具有提起公益诉讼的法定职权。“依照法律规定提起公益诉讼”是人民检察院组织法第二十条明确规定的人民检察院的职权之一。检察机关通过行使国家赋予的检察权维护国家和社会的公共利益。检察机关在安全生产领域提起公益诉讼，更加丰富了这一职权的内涵。

第三，安全生产领域检察公益诉讼符合立法趋势。民事诉讼法和行政诉讼法为检察机关在生态环保、食药安全、国有资产保护以及国有土地出让等领域提起公益诉讼提供了法律依据。2018 年通过的英雄烈士保护法也明确检察机关可以对侵害英烈荣誉的行为提起民事公益诉讼。检察机关公益诉讼的办案领域有进一步拓展的趋势。

【相关规定】

《中华人民共和国民事诉讼法》第五十五条；《中华人民共和国行政诉讼法》第二十八条；《中华人民共和国人民检察院组织法》第二十条；《中华人民共和国英雄烈士保护法》第二十五条。

第七十五条　【报告制度】居民委员会、村民委员会发现其所在区域内的生产经营单位存在事故隐患或者安全生产违法行为时，应当向当地人民政府或者有关部门报告。

【条文主旨】

本条是关于居民委员会、村民委员会报告所在区域内生产经营单位事故隐患或者安全生产违法行为的义务的规定。

【理解与适用】

居民委员会是居民自我管理、自我教育、自我服务的基层群众性自治组织。不设区的市、市辖区的人民政府或者它的派出机关对居民委员会的工作给予指导、支持和帮助。居民委员会协助不设区的市、市辖区的人民政府或者它的派出机关开展工作。村民委员会是村民自我管理、自我教育、自我服务的基层群众性自治组织，实行民主选举、民主决策、民主管理、民主监督。村民委员会办理本村的公共事务和公益事业，调解民间纠纷，协助维护社会治安，向人民政府反映村民的意见、要求和提出建议。

居民委员会、村民委员会代表所在区域的居民（村民）的利益，履行宣传国家法律和政策，维护居民（村民）合法权益，办理本区域公共事务，向人民政府反映居民（村民）的意见、要求和提出建议等法定职责。居民委员会、村民委员会所在区域生产经营单位的生产安全问题，事关全体居民（村民）生命、财产安全等重大切身利益，居民委员会、村民委员会对此加强监督是其本身职责的必然要求。同时，在监督生产经营单位的安全生产工作方面，居民委员会、村民委员会也有一定的优势。根据法律规定，企业、事业单位不能参加所在地的居民委员会，但是，所在地的居民委员会讨论同这些单位有关的问题，需要他们参加会议时，他们应当派代表参加，并且遵守居民委员会的有关决定。驻在农村的全民所有制企业、事业单位的人员不参加村民委员会组织，但是应当遵守有关村规民约。此外，某些事故发生率较高的乡镇企业是由农村集体经济组织举办的，发挥好村民委员会的监督作用，是降低生产安全事故发生率的一项有效措施。

本条规定要求居民委员会、村民委员会发现所在区域内的生产经营单位存在事故隐患或者安全生产违法行为时，有义务向当地人民政府或者有关部门报告，进一步从法律上明确了居民委员会、村民委员会的责任。适用本条时，应当注意：

第一，居民委员会、村民委员会只负有报告已发现的事故隐患或者安全生产违法行为的义务。对于未发现的事故隐患或者安全生产违法行为，居民委员会、村民委员会没有责任。

第二，居民委员会、村民委员会只对其所在区域内的生产经营单位存在的事故隐患或者安全生产违法行为负有报告义务。对于其所在区域外的生产经营单位存在的事故隐患或者安全生产违法行为，居民委员会、村民委员会根据前条规定享有报告或者举报的权利，但不承担报告的义务。

第三，关于本条所称“当地人民政府或者有关部门”，根据《中华人民共和国城市居民委员会组织法》和《中华人民共和国村民委员会组织法》的规定，不设区的市、市辖区的人民政府或者它的派出机关对居民委员会的工作给予指导、支持和帮助，居民委员会协助不设区的市、市辖区的人民政府或者它的派出机关开展工作；乡、民族乡、镇的人民政府对村民委员会的工作给予指导、支持和帮助，村民委员会协助乡、民族乡、镇的人民政府开展工作。据此，居民委员会可以首先向不设区的市、市辖区的人民政府或者它的派出机关报告，村民委员会可以首先向乡、民族乡、镇的人民政府报告，也可以向当地负有安全生产监督管理职责的部门报告。

【相关规定】

《中华人民共和国城市居民委员会组织法》第二条；《中华人民共和国村民委员会组织法》第二条。

第七十六条 【奖励制度】县级以上各级人民政府及其有关部门对报告重大事故隐患或者举报安全生产违法行为的有功人员，给予奖励。具体奖励办法由国务院应急管理部门会同国务院财政部门制定。

【条文主旨】

本条是关于对报告重大事故隐患或者举报安全生产违法行为的有功人员给予奖励的规定。

【理解与适用】

为了鼓励单位和个人积极报告事故隐患、举报安全生产违法行为，本条规定，县级以上各级人民政府及其有关部门对报告重大事故隐患或者举报安全生产违法行为的有功人员给予奖励。所谓“有功人员”，应根据实际情况具体掌握。例如，提供了负有安全生产监督管理职责的部门还没有掌握的关键信息、线索，从而发现并排除重大事故隐患、防止了重大生产安全事故，或者使严重安全生产违法行为受到了查处，就可以认定为“有功人员”。

落实奖励制度，需要有一个具体办法，明确奖励的条件、程序、内容等，本法中难以对此作出具体规定，因此授权国务院应急管理部门会同国务院财政部门制定奖励的具体办法。授权这两个部门联合制定办法，主要有两个考虑：（1）奖励包括物质奖励和精神奖励两个方面，需要各级财政安排物质奖励所需资金；（2）奖励的具体条件主要由国务院应急管理部门考虑，物质奖励的具体金额则宜由国务院财政部门考虑。对安全生产违法行为进行举报，体现了群众参与安全生产监督工作的积极性和主动性，也体现了群众的社会责任感，是对政府安全生产监督管理工作的协助。因此，应当建立对举报人员的鼓励制度，对举报人员给予鼓励。实施有奖举报是充分发动更广泛的群众参与举报工作的重要辅助手段，应切实做好举报奖励的发放工作，要真心实意地感谢群众的参与和支持，调动和保护群众举报的积极性，从而形成全社会关心安全生产工作的氛围。

根据《安全生产领域举报奖励办法》的规定，任何单位、组织和个人（以下统称举报人）均有权向县级以上人民政府负责安全生产监督管理的部门和其他负有安全生产监督管理职责的部门（以下统称安全监管部门）举报安全生产重大事故隐患和非法违法行为。经调查属实的，受理举报的负有安全监管职责的部门应当按下列规定对有功的实名举报人给予现金奖励：（1）对举报重大事故隐患、违法生产经营建设的，奖励金额按照行政处罚金额的15%计算，最低奖励3000元，最高不超过30万元。行政处罚依据《中华人民共和国安全生产法》《安全生产违法行为行政处罚办法》《安全生产行政处罚自由裁量标准》《煤矿安全监察行政处罚自由裁量实施标准》等法律法规及规章制度执行；（2）对举报瞒报、谎报事故的，按照最终确认的事故等级和查实举报的瞒报谎报死亡人数给予奖励。其中：一般事故按每查实瞒报谎报1人奖励3万元计算；较大事故按每查实瞒报谎报1人奖励4万元计算；重大事故按每查实瞒报谎报1人奖励5万元计算；特别重大事故按每查实瞒报谎报1人奖励6万元计算。最高奖励不超过30万元。

【相关规定】

《安全生产领域举报奖励办法》第十一条。

第七十七条　【生产公益宣传教育义务和舆论监督权利】 新闻、出版、广播、电影、电视等单位有进行安全生产公益宣传教育的义务，有对违反安全生产法律、法规的行为进行舆论监督的权利。

【条文主旨】

本条是关于舆论宣传单位进行安全生产公益宣传教育的义务和监督安全生产违法行为的权利的规定。

【理解与适用】

安全生产，人人有责。安全生产不仅关系到生产经营单位及其从业人员的生命财产安全，还关系到国家改革开放和社会稳定，关系到党和政府的形象和声誉，需要全社会各方面的共同努力和长期奋斗，其中也离不开新闻、出版、广播、电影、电视等广大传统媒体以及互联网、移动传媒、微信、微博等众多新兴媒体的支持和配合。宣传教育以及舆论监督，对安全生产工作十分重要。通过安全生产宣传教育，可以普及安全生产知识，传播先进的安全生产管理经验，提高社会公众的安全生产意识；通过舆论监督，可以增强生产经营单位及其有关人员、政府、有关部门及其工作人员的责任心，促使他们认真履行职责，加强安全生产管理。新闻、出版、广播、电影、电视等单位的性质和特点，决定了它们在安全生产宣传教育中的独特地位和作用。为了确保安全生产宣传教育工作取得成效，加强对安全生产违法行为的监督，本条明确规定新闻、出版、广播、电影、电视等单位有进行安全生产公益宣传教育的义务，同时有权对安全生产违法行为进行舆论监督。需要说明的是，安全生产宣传教育具有一定的公益属性，广大媒体单位尤其是国有新闻媒体掌握着大量的公共资源，这些资源由国家出资建设，且在全民的支持下日益发展壮大，理应在安全生产这个关系国家和全体人民福祉的问题上发挥更加重要的作用。强调安全生产宣传教育的公益性是为了增加宣传的广度和力度，提高全社会对安全生产重要性的认识。

新闻、出版、广播、电影、电视等单位应当主动进行安全生产宣传教育，不得因经济利益或者其他原因拒绝这方面的工作。对政府及其有关部门提出的安全生产宣传教育任务，新闻、出版、广播、电影、电视等单位不应拒绝、推托，而应当积极配合完成。安全生产公益宣传教育的主要内容包括有关安全生产的法律、法规，有关安全生产知识，典型的安全生产案例等。公益宣传教育要坚持正确的导向，弘扬正确的、合法的做法，批判错误的、违法的行为，引导人们树立正确的安全生产观念，正确处理发展经济与安全生产的关系。公益宣传教育要紧密配合国家安全生产管理工作的整体部署，围绕现阶段的工作重点展开，为法律、政策的贯彻执行营造良好的氛围。公益宣传教育的形式灵活多样，可以创作、录制有关安全生产知识的专门书籍、节目；可以采集、播发有关安全生产的新闻；也可以创作安全生产题材的文学、影视作品，如小说、电视剧、电影等；还可以制作成群众喜闻乐见的其他文艺节目。各宣传舆论单位应当结合本单位工作特点，将安全生产公益宣传教育落到实处。

新闻、出版、广播、电影、电视等单位的舆论监督透明度高、传播面广、影响力大，对违反安全生产法律、法规的单位和个人有特殊的威慑作用，是一种有效的监督方式。因此，法律赋予它们以舆论监督的权利，任何单位和个人不得阻挠、干预对安全生产违法行为正常的舆论监督。舆论监督的对象包括有安全生产违法行为的生产经营单位及其管理人员、从业人员，也包括滥用职权或者不依法履行安全生产监督管理职责的政府部门及其工作人员。舆论监督主要采取曝光的方式。但是，舆论监督单位对有关安全生产的违法行为进行曝光，要有可靠的根据，避免造成不良影响，也不得借此谋取不正当利益。

第七十八条　【安全生产违法行为信息库】 负有安全生产监督管理职责的部门应当建立安全生产违法行为信息库，如实记录生产经营单位及其有关从业人员的安全生产违法行为信息；对违法行为情节严重的生产经营单位及其有关从业人员，应当及时向社会公告，并通报行业主管部门、投资主管部门、自然资源主管部门、生态环境主管部门、证券监督管理机构以及有关金融机构。有关部门和机构应当对存在失信行为的生产经营单位及其有关从业人员采取加大执法检查频次、暂停项目审批、上调有关保险费率、行业或者职业禁入等联合惩戒措施，并向社会公示。

负有安全生产监督管理职责的部门应当加强对生产经营单位行政处罚信息的及时归集、共享、应用和公开，对生产经营单位作出处罚决定后七个工作日内在监督管理部门公示系统予以公开曝光，强化对违法失信生产经营单位及其有关从业人员的社会监督，提高全社会安全生产诚信水平。

【条文主旨】

本条是关于监管部门建立安全生产违法行为信息库，记录、公告和通报生产经营单位违法行为信息的规定。

【理解与适用】

推进建立社会诚信体系建设是加快完善市场经济的重要方面，《中共中央关于全面深化改革若干重大问题的决定》明确提出：建立健全社会征信体系，褒扬诚信，惩戒失信。安全生产事关人民群众生命财产安全，是社会诚信最重要的方面之一。一家漠视生命安全的企业，不可能在经济活动中诚信经营、严格守信。针对实践中一些企业特别是上市公司“不怕罚款怕曝光”的情况，本条在2014年专门增加规定了违法行为的“黑名单”制度，明确规定负有安全生产监督管理职责的部门应当建立安全生产违法行为信息库，记录生产经营单位的安全生产违法行为信息；对违法行为情节严重的，应当向社会公告并通报行业主管部门以及有关机构。2021年的本条将“生产经营单位的安全生产违法行为信息”修改为“生产经营单位及其有关从业人员的安全生产违法行为信息”，扩大了本条的责任承担主体，增加了企业和个人的违法成本，可以起到一定程度的威慑作用。同时，将“国土资源主管部门”修改为“自然资源主管部门、生态环境主管部门”，是对国家职能部门整合后的跟进。

一、监管部门建立安全生产违法行为信息库

建立违法行为信息库，是完善违法企业惩戒机制的基础，也是我国社会信用体系建设的重要组成部分。按照本条规定，建立安全生产违法行为信息库是安全生产监督管理部门的一项法定义务，有关部门要保证建立信息库所需的人力物力条件，安排专项资金，安排专人负责运营、维护。通过信息库采集、记录安全生产违法行为信息，可以对企业形成压力和监督，促进企业及个人爱惜自身名誉，在日常生产经营活动中自觉遵守安全生产法律法规，尽可能减少安全生产违法行为。

二、向社会公告违法行为情节严重的生产经营单位

向社会公告违法行为情节严重的生产经营单位及其有关从业人员，属于信息公开的特定方式，也是从企业社会名誉的角度来加强安全生产管理的有效手段，一方面体现了监管部门对有关企业的批评和警示，另一方面为公众监督企业遵守安全生产法律法规提供基础信息，提高公众监督的针对性和实效性。目前，一些监管部门已经建立起企业安全生产“黑名单”制度，在网站上开辟了重特大事故责任单位名单专栏，接受社会监督。

三、对违法行为情节严重的，监管部门应当通报相关主管部门和有关金融机构

对于违法情节严重的生产经营单位，在向社会公告的同时，及时向行业主管部门、投资主管部门、自然资源主管部门、生态环境主管部门、证券监督管理机构以及有关金融机构通报，这就在法律上为建立信用联合惩戒机制奠定了基础。一是有助于建立安全生产的失信惩戒机制，企业在争取投资、获得经营用地、通过证券市场融资等方面会产生一定的障碍，企业有关的资质有可能被吊销，有关金融机构为了维护自身经营安全，在给此类企业贷款、保险时也会更加慎重等，从而增加生产经营单位的违法成本；二是有助于引起各行业主管部门对这些生产经营单位的关注，有针对性地加强日常监督检查，尽可能降低企业再次发生类似违法行为的风险。这些措施将对违法者形成极大的威慑，形成一处受罚、处处受限的局面，从而有力遏制安全生产违法行为的高发态势。

四、有关部门和机构加大执法力度

2021 年的本条新增“有关部门和机构应当对存在失信行为的生产经营单位及其有关从业人员采取加大执法检查频次、暂停项目审批、上调有关保险费率、行业或者职业禁入等联合惩戒措施，并向社会公示”。这是对原本规则的强化，明确惩戒措施，通过加大执法力度达到对企业和有关个人的震慑作用。

五、加强行政处罚信息公开

2021 年的本条新增第二款“负有安全生产监督管理职责的部门应当加强对生产经营单位行政处罚信息的及时归集、共享、应用和公开，对生产经营单位作出处罚决定后七个工作日内在监督管理部门公示系统予以公开曝光，强化对违法失信生产经营单位及其有关从业人员的社会监督，提高全社会安全生产诚信水平”。这是对行政处罚后的信息公开提出了更高的要求，通过明确公布时间、公布范围、公布载体、公布程序，增加了制度的可操作性和实效性。在互联网信息化社会时代，通过信息及时归集、共享、应用和公开，可以避免出现信息时间差的问题。7 个工作日内在公开系统曝光可以强化对企业的威慑，增加企业的违法成本，从而促进全社会提高安全生产诚信水平，实现安全生产的目的。

第五章　生产安全事故的应急救援与调查处理

第七十九条　【生产安全事故应急能力建设和救援信息系统】 国家加强生产安全事故应急能力建设，在重点行业、领域建立应急救援基地和应急救援队伍，并由国家安全生产应急救援机构统一协调指挥；鼓励生产经营单位和其他社会力量建立应急救援队伍，配备相应的应急救援装备和物资，提高应急救援的专业化水平。

国务院应急管理部门牵头建立全国统一的生产安全事故应急救援信息系统，国务院交通运输、住房和城乡建设、水利、民航等有关部门和县级以上地方人民政府建立健全相关行业、领域、地区的生产安全事故应急救援信息系统，实现互联互通、信息共享，通过推行网上安全信息采集、安全监管和监测预警，提升监管的精准化、智能化水平。

【条文主旨】

本条是关于国家加强应急能力建设和建立统一的生产安全事故应急救援信息系统的规定。

【理解与适用】

国家应急能力和生产安全事故应急救援信息系统属于国家应急管理体制的核心内容，《中华人民共和国突发事件应对法》第四条规定，国家建立统一领导、综合协调、分类管理、分级负责、属地管理为主的应急管理体制。

国家加强生产安全事故应急能力建设，具体包括以下两个方面。第一，在重点行业、领域建立应急救援基地和应急救援队伍，并由国家安全生产应急救援机构统一协调指挥。国家应急能力建设应当依靠各级人民政府，构建横向、纵向全方位的应急能力体系。《生产安全事故应急条例》第九条第一款规定，县级以上人民政府应当加强对生产安全事故应急救援队伍建设的统一规划、组织和指导。第二，鼓励生产经营单位和其他社会力量建立应急救援队伍，配备相应的应急救援装备和物资，提高应急救援的专业化水平。除政府部门建立的应急救援基地和队伍外，生产经营单位和其他社会力量的支持和参与，能够更为全面地提高应急救援能力。《生产安全事故应急条例》第九条第二款、第三款规定，县级以上人民政府负有安全生产监督管理职责的部门根据生产安全事故应急工作的实际需要，在重点行业、领域单独建立或者依托有条件的生产经营单位、社会组织共同建立应急救援队伍。国家鼓励和支持生产经营单位和其他社会力量建立提供社会化应急救援服务的应急救援队伍。第十条规定，易燃易爆物品、危险化学品等危险物品的生产、经营、储存、运输单位，矿山、金属冶炼、城市轨道交通运营、建筑施工单位，以及宾馆、商场、娱乐场所、旅游景区等人员密集场所经营单位，应当建立应急救援队伍；其中，小型企业或者微型企业等规模较小的生产经营单位，可以不建立应急救援队伍，但应当指定兼职的应急救援人员，并且可以与邻近的应急救援队伍签订应急救援协议。工业园区、开发区等产业聚集区域内的生产经营单位，可以联合建立应急救援队伍。第十一条规定，应急救援队伍的应急救援人员应当具备必要的专业知识、技能、身体素质和心理素质。应急救援队伍建立单位或者兼职应急救援人员所在单位应当按照国家有关规定对应急救援人员进行培训；应急救援人员经培训合格后，方可参加应急救援工作。应急救援队伍应当配备必要的应急救援装备和物资，并定期组织训练。

全国统一的生产安全事故应急救援信息系统由国务院应急管理部门牵头建立。对于相关行业、领域、地区的生产安全事故应急救援信息系统，由国务院交通运输、住房和城乡建设、水利、民航等有关部门和县级以上地方人民政府建立健全。随着信息化社会的来临和网络的快速发展，应急救援信息系统有着重要意义。生产安全事故应急救援信息系统建立的目标在于，实现互联互通、信息共享，通过推行网上安全信息采集、安全监管和监测预警，提升监管的精准化、智能化水平。《中华人民共和国突发事件应对法》第三十七条规定，国务院建立全国统一的突发事件信息系统。县级以上地方各级人民政府应当建立或者确定本地区统一的突发事件信息系统，汇集、储存、分析、传输有关突发事件的信息，并与上级人民政府及其有关部门、下级人民政府及其有关部门、专业机构和监测网点的突发事件信息系统实现互联互通，加强跨部门、跨地区的信息交流与情报合作。《生产安全事故应急条例》第十六条规定，国务院负有安全生产监督管理职责的部门应当按照国家有关规定建立生产安全事故应急救援信息系统，并采取有效措施，实现数据互联互通、信息共享。生产经营单位可以通过生产安全事故应急救援信息系统办理生产安全事故应急救援预案备案手续，报送应急救援预案演练情况和应急救援队伍建设情况，但依法需要保密的除外。

【相关规定】

《中华人民共和国突发事件应对法》第四条、第三十七条；《生产安全事故应急条例》第九条、第十条、第十一条、第十六条。

第八十条　【政府生产安全事故应急救援预案】县级以上地方各级人民政府应当组织有关部门制定本行政区域内生产安全事故应急救援预案，建立应急救援体系。

乡镇人民政府和街道办事处，以及开发区、工业园区、港区、风景区等应当制定相应的生产安全事故应急救援预案，协助人民政府有关部门或者按照授权依法履行生产安全事故应急救援工作职责。

【条文主旨】

本条是关于人民政府制定生产安全事故应急救援预案，建立应急救援体系的规定。

【理解与适用】

2021年6月10日《全国人民代表大会常务委员会关于修改〈中华人民共和国安全生产法〉的决定》第二十三条对本条进行了修改，增加了第二款的规定，修改后的条文细化了人民政府生产安全事故应急救援预案的制定体系。

根据本条规定，人民政府生产安全事故应急救援预案的制定主体为县级以上地方各级人民政府，即县级、市级、省级人民政府均需组织相关部门制定本县（自治县、市辖区、地级市）、市（自治州）、省（直辖市、自治区）行政区域内生产安全事故应急救援预案，形成自上而下的完整系统的纵向生产安全事故应急救援预案体系。

乡镇人民政府和街道办事处以及开发区、工业园区、港区、风景区等应当制定相应的生产安全事故应急救援预案，如乡镇人民政府和街道办事处制定本行政区域内的生产安全事故应急救援预案，作为地方政府派出机构的开发区、工业园区、港区、风景区等根据本区域涉及的特定生产类型制定本区域内专门的道路交通、消防安全、特种设备、建设工程等生产安全事故应急援救预案，风景区还应当制定旅游安全事故应急救援预案，以形成完整系统的横向生产安全事故应急救援预案体系，目的在于协助人民政府或者按照县级以上人民政府的授权依法履行生产安全事故应急救援工作职责。更为基础、类型更为特定的生产安全事故应急救援预案，能起到辅助和具体化人民政府安全生产事故应急救援预案的作用。

安全生产事故应急救援预案应当包括组织体系、预报预警、应急处置、应急保障、恢复重建、日常管理等内容。安全生产事故应急救援预案的制定，有利于快速、高效、有序应对和处置生产安全事故，最大限度控制、减轻或消除事故及其造成的人员伤亡和财产损失，维护人民群众的生命安全和社会稳定。

【相关规定】

《中华人民共和国突发事件应对法》第十七条；《生产安全事故应急条例》第三条。

第八十一条　【生产经营单位生产安全事故应急救援预案】生产经营单位应当制定本单位生产安全事故应急救援预案，与所在地县级以上地方人民政府组织制定的生产安全事故应急救援预案相衔接，并定期组织演练。

【条文主旨】

本条是关于生产经营单位制定本单位生产安全事故应急救援预案的规定。

【理解与适用】

生产经营单位作为具体的生产、运营单位，是安全生产的主体，是生产安全事故隐患的直接管理者，也是生产安全事故应急救援的第一线。制定本单位生产安全事故应急救援预案，对于快速高效处置生产安全事故，控制、减轻或消除事故及其造成的人员伤亡和财产损失，具有重要意义。

根据《中华人民共和国突发事件应对法》第二十三条、第二十四条的规定，需要重点关注生产安全事故应急救援预案制定工作的单位有两类：一类是矿山、建筑施工单位和易燃易爆物品、危险化学品、放射性物品等危险物品的生产、经营、储运、使用单位；另一类是公共交通工具、公共场所和其他人员密集场所的经营单位或者管理单位。上述单位均需根据生产经营的特殊性和安全生产要求，制定符合本单位安全生产特点的专门的生产安全事故应急救援预案。矿山、建筑施工单位和易燃易爆物品、危险化学品、放射性物品等危险物品的生产、经营、储运、使用单位，需在生产安全事故应急救援预案中突出施工事故、危险物品爆炸或泄漏事故等的应急救援措施，而公共交通工具、公共场所和其他人员密集场所的经营单位或者管理单位，则更应注重交通事故、人员踩踏事故等的应急救援措施。

生产经营单位所制定的本单位生产安全事故应急救援预案，应当与所在地县级以上人民政府组织制定的生产安全事故应急救援预案相衔接。具体应当表现为：第一，生产经营单位所制定的本单位生产安全事故应急救援预案，应当以所在地县级以上人民政府组织制定的生产安全事故应急救援预案为指导。即生产经营单位所制定的本单位生产安全事故应急救援预案在编制原则、精神上应当贯彻所在地县级以上人民政府组织制定的生产安全事故应急救援预案的指导思想。第二，生产经营单位所制定的本单位生产安全事故应急救援预案，应当以所在地县级以上人民政府组织制定的生产安全事故应急救援预案为依据。即预案编制的体例和内容应当参考所在地县级以上人民政府组织制定的生产安全事故应急救援预案的体例和内容。第三，生产经营单位所制定的本单位生产安全事故应急救援预案应当是所在地县级以上人民政府组织制定的生产安全事故应急救援预案的具体化。即生产经营单位的生产安全事故应急救援预案应当将所在地县级以上人民政府组织制定的生产安全事故应急救援预案所规定的生产经营单位应当采取的措施细致化和可操作化。

对于制定的本单位生产安全事故应急救援预案，生产经营单位不能仅将其停留在纸面上，还应当实践化，即应当定期组织演练。在发生生产安全事故前定期组织演练，第一，可以提升本单位及人员的应急救援能力，在发生生产安全事故的情况下，快速有效组织应急救援，尽可能减少人身和财产损失；第二，及时发现新出现的问题，随时对本单位生产安全事故应急救援预案进行调整，完善提高应急救援预案的针对性。《生产安全事故应急条例》第八条第二款、第三款规定，易燃易爆物品、危险化学品等危险物品的生产、经营、储存、运输单位，矿山、金属冶炼、城市轨道交通运营、建筑施工单位，以及宾馆、商场、娱乐场所、旅游景区等人员密集场所经营单位，应当至少每半年组织1次生产安全事故应急救援预案演练，并将演练情况报送所在地县级以上地方人民政府负有安全生产监督管理职责的部门。县级以上地方人民政府负有安全生产监督管理职责的部门应当对本行政区域内前款规定的重点生产经营单位的生产安全事故应急救援预案演练进行抽查；发现演练不符合要求的，应当责令限期改正。

【相关规定】

《中华人民共和国突发事件应对法》第二十三条、第二十四条；《生产安全事故应急条例》第八条。

第八十二条　【应急救援组织、设施】危险物品的生产、经营、储存单位以及矿山、金属冶炼、城市轨道交通运营、建筑施工单位应当建立应急救援组织；生产经营规模较小的，可以不建立应急救援组织，但应当指定兼职的应急救援人员。

危险物品的生产、经营、储存、运输单位以及矿山、金属冶炼、城市轨道交通运营、建筑施工单位应当配备必要的应急救援器材、设备和物资，并进行经常性维护、保养，保证正常运转。

【条文主旨】

本条是关于危险物品的生产、经营、储存单位以及矿山、金属冶炼、城市轨道交通运营、建筑施工单位等特定生产经营单位建立应急救援组织和配置应急救援设施的规定。

【理解与适用】

危险物品的生产、经营、储存单位以及矿山、金属冶炼、城市轨道交通运营、建筑施工单位等生产经营单位，由于生产经营活动的特殊性，其发生生产安全事故的可能性较其他单位更高，而且一旦发生生产安全事故，所造成的人员伤亡和财产损失等后果较其他生产经营单位也更为严重。做好上述生产经营单位的应急救援保障工作，对于避免生产安全事故的发生，以及在发生生产安全事故后减轻损害后果能够发挥重要作用。应急救援保障，包括两个方面：人的保障，即应急救援组织或人员；物的保障，即应急救援设施，包括应急救援器材、设备和物质。

根据本条规定，必须建立应急救援组织的生产经营单位范围为危险物品的生产、经营、储存单位以及矿山、金属冶炼、城市轨道交通运营、建筑施工单位等，而《生产安全事故应急条例》第十条第一款规定，易燃易爆物品、危险化学品等危险物品的生产、经营、储存、运输单位，矿山、金属冶炼、城市轨道交通运营、建筑施工单位，以及宾馆、商场、娱乐场所、旅游景区等人员密集场所经营单位，应当建立应急救援队伍。对比两个条文的规定，可以看出，《生产安全事故应急条例》要求的生产经营单位的范围要宽于《中华人民共和国安全生产法》第八十二条的规定。从两法的位阶上看，作为法律的《中华人民共和国安全生产法》的效力要高于作为行政法规的《生产安全事故应急条例》，而《生产安全事故应急条例》的前述规定中生产经营单位的范围却要宽于《中华人民共和国安全生产法》的规定。合理的解释在于，《中华人民共和国安全生产法》第八十二条所规定的应急救援组织与《生产安全事故应急条例》第十条规定的应急救援队伍在性质上并不相同，换言之，应急救援组织的要求应高于应急救援队伍。从字义上看，多人组成的群体即可以称为队伍，而要成为组织，则必须具有一定程度的组织性，形成特定的层级。通常，应急救援组织应当设置有总指挥或指挥长，作为应急救援的第一责任人；同时设置有应急救援指挥部，作为应急救援的决策、领导机构，根据需要下设抢险救援队、医疗救护队、物资保障队、环境监测队等具体的应急救援队伍。但对于生产规模较小的单位，也即小型或者微型生产经营单位，因为经营规模有限，人员数量有限，强制要求其建立组织结构复杂、人员数量较多的应急救援组织，显然不太实际，所以本条规定，生产规模较小的单位可以不建立应急救援组织。但是，生产规模较小的单位仍然需要配置应急救援人员，且该人员并不需要专职，由其他生产经营人员兼职担任即可。

在物的保障方面，第一，危险物品的生产、经营、储存、运输单位以及矿山、金属冶炼、城市轨道交通运营、建筑施工单位等特定生产经营单位，应当配备必要的应急救援器材、设备和物资。必要的应急救援器材、设备和物资根据不同的安全生产需求，可包括拆除设备设施（如破拆设备、叉车、推土机、金属切割机、电焊机等），通信联络设备（如对讲机、移动电话、电话、传真机、电报机等），个人防护设备（如呼吸机、防毒面具、防护服、防护靴、防护手套、救生衣等），医疗支撑设备（如担架、夹板、氧气罐、急救箱等），消防设备设施、器材（如输水装置软管、便携式灭火器、抽水泵等），地下抢险设备设施（如照明设备、通风机、发电机、可燃气体检测仪等），建筑抢险设备设施（如挖掘机、推土机、转载机、清障车、行车信号工具等），高空抢险设备设施（如救生气垫、缓降器、梯子、安全绳等）等。第二，危险物品的生产、经营、储存、运输单位以及矿山、金属冶炼、城市轨道交通运营、建筑施工单位等特定生产经营单位，对应急救援器械、设备和物质应当进行经常性维护、保养，保证正常运转。应急救援器械、设备和物质的配置并非一次性的行为，并不是只要生产经营开始时配置有即可，而是需要贯穿于整个生产经营活动过程，通过经常性的维护和保养，确保应急救援器械、设备和物资在发生安全生产事故时能够正常运转，发挥应有的功效，避免出现无法使用而导致无法及时进行应急救援的不利局面。

【相关规定】

《中华人民共和国突发事件应对法》第二十四条；《生产安全事故应急条例》第十条、第十一条、第十三条。

第八十三条　【生产安全事故后生产经营单位的处置】 生产经营单位发生生产安全事故后，事故现场有关人员应当立即报告本单位负责人。

单位负责人接到事故报告后，应当迅速采取有效措施，组织抢救，防止事故扩大，减少人员伤亡和财产损失，并按照国家有关规定立即如实报告当地负有安全生产监督管理职责的部门，不得隐瞒不报、谎报或者迟报，不得故意破坏事故现场、毁灭有关证据。

【条文主旨】

本条是关于生产经营单位发生生产安全事故后的处置措施和程序的规定。

【理解与适用】

生产经营单位作为生产经营主体以及生产安全事故的直接责任方，也是生产安全事故后采取应急救援措施的“第一人”，在发生生产安全事故后能否采取快速有效的处置措施，对于有效防止事故恶化、减少人员伤亡和财产损失有着重大影响。

发生生产安全事故后，事故处理的第一道程序为，事故现场有关人员应当立即报告本单位负责人。该规定需要注意以下问题：第一，报告主体为事故现场有关人员，如事故现场施工人员、监督人员、管理人员等，即与事故现场的生产经营活动有关的相关人员。其他人员并不负有报告义务，如与事故现场生产经营无关的路人发现安全生产事故，无需向事故现场单位负责人报告。第二，生产安全事故发生后，事故现场有关人员仅负有报告义务，没有采取救援行为的义务。即从法律角度上看，事故现场有关人员若没有履行报告义务，则可以追究其相应的责任，若其履行了报告义务，但并未采取任何救援措施，即使有危害结果出现，也不能追究其责任。除此之外，事故现场有关人员的报告必须是立即报告，而不能迟报。即使事故现场有关人员进行了报告，但是没有在发现安全生产事故的第一时间向单位负责人报告的，也可追究其责任。而根据《生产安全事故报告和调查处理条例》第九条第二款的规定，情况紧急时，事故现场有关人员可以直接向事故发生地县级以上人民政府安全生产监督管理部门①和负有安全生产监督管理职责的有关部门报告。

与事故现场相关人员所承担的低义务不同，单位负责人在接到发生生产安全事故的报告后，负有两项重要义务。第一，应急救援义务。即迅速采取有效措施，组织抢救，防止事故扩大，减少人员伤亡和财产损失。根据《生产安全事故应急条例》第十七条的规定，生产经营单位应当立即启动生产安全事故应急救援预案，应急救援措施可以包括：（1）迅速控制危险源，组织抢救遇险人员；（2）根据事故危害程度，组织现场人员撤离或者采取可能的应急措施后撤离；（3）及时通知可能受到事故影响的单位和

① 对应现在的应急管理部门，以下不再提示。

人员；（4）采取必要措施，防止事故危害扩大和次生、衍生灾害发生；（5）根据需要请求邻近的应急救援队伍参加救援，并向参加救援的应急救援队伍提供相关技术资料、信息和处置方法；（6）维护事故现场秩序，保护事故现场和相关证据；（7）法律、法规规定的其他应急救援措施。第二，事故报告义务。即并按照国家有关规定立即如实报告当地负有安全生产监督管理职责的部门，不得隐瞒不报、谎报或者迟报，不得故意破坏事故现场、毁灭有关证据。根据《生产安全事故报告和调查处理条例》第九条第一款、第十三条的规定，单位负责人接到报告后，应当于 1 小时内向事故发生地县级以上人民政府安全生产监督管理部门和负有安全生产监督管理职责的有关部门报告。事故报告后出现新情况的，应当及时补报。自事故发生之日起 30 日内，事故造成的伤亡人数发生变化的，应当及时补报。道路交通事故、火灾事故自发生之日起 7 日内，事故造成的伤亡人数发生变化的，应当及时补报。对于事故报告，根据《生产安全事故报告和调查处理条例》第十二条，应当包括下列内容：（1）事故发生单位概况；（2）事故发生的时间、地点以及事故现场情况；（3）事故的简要经过；（4）事故已经造成或者可能造成的伤亡人数（包括下落不明的人数）和初步估计的直接经济损失；（5）已经采取的措施；（6）其他应当报告的情况。立即如实向当地负有安全生产监督管理职责的部门报告，既不能隐瞒不报，也不能在报告的前提下，隐瞒事故发生原因、事故发生后果等，或者推迟报告，这都将给事故原因调查、应急救援产生不利影响，容易导致损害后果的扩大。同时，生产经营单位也不能为了避免被追究责任，而故意破坏事故现场、毁灭有关证据。如果单位负责人实施上述禁止行为，应当依法追究相应的责任。如因抢救人员、防止事故扩大以及疏通交通等原因，需要移动事故现场物件的，应当做出标志，绘制现场简图并作出书面记录，妥善保存现场重要痕迹、物证。

违反本条规定，严重的可依据刑法第一百三十九条之一的不报、谎报安全事故罪追究刑事责任。根据《最高人民检察院、公安部关于公安机关管辖的刑事案件立案追诉标准的规定（一）的补充规定》，在安全事故发生后，负有报告职责的人员不报或者谎报事故情况，贻误事故抢救，涉嫌下列情形之一的，应予以立案追诉：（1）导致事故后果扩大，增加死亡 1 人以上，或者增加重伤 3 人以上，或者增加直接经济损失 100 万元以上的。（2）实施下列行为之一，致使不能及时有效开展事故抢救的：①决定不报、迟报、谎报事故情况或者指使、串通有关人员不报、迟报、谎报事故情况的；②在事故抢救期间擅离职守或者逃匿的；③伪造、破坏事故现场，或者转移、藏匿、毁灭遇难人员尸体，或者转移、隐匿受伤人员的；④毁灭、伪造、隐匿与事故有关的图纸、记录、计算机数据等资料以及其他证据的。（3）其他不报、谎报安全事故情节严重的情形。

【相关规定】

《生产安全事故报告和调查处理条例》第九条、第十二条、第十三条、第十六条；《生产安全事故应急条例》第十七条；《中华人民共和国刑法》第一百三十九条之一；《最高人民检察院、公安部关于公安机关管辖的刑事案件立案追诉标准的规定（一）的补充规定》；《最高人民法院关于进一步加强危害生产安全刑事案件审判工作的意见》；《最高人民法院、最高人民检察院关于办理危害生产安全刑事案件适用法律若干问题的解释》。

第八十四条　【安全生产监督管理职责部门的报告义务】负有安全生产监督管理职责的部门接到事故报告后，应当立即按照国家有关规定上报事故情况。负有安全生产监督管理职责的部门和有关地方人民政府对事故情况不得隐瞒不报、谎报或者迟报。

【条文主旨】

本条是关于负有安全生产监督管理职责的部门接到事故报告后的上报义务的规定。

【理解与适用】

接到生产经营单位的安全生产事故报告后，负有安全生产监督管理职责的部门同样负有事故报告义务，负有安全生产监督管理职责的部门依照国家规定及时上报事故情况，对于后续应急救援工作的开展、事故原因调查等都能够起到有效促进作用。

根据《生产安全事故报告和调查处理条例》第十条、第十一条、第十三条的规定，安全生产监督管理部门和负有安全生产监督管理职责的有关部门接到事故报告后，应当依照下列规定上报事故情况，并通知公安机关、劳动保障行政部门、工会和人民检察院：（1）特别重大事故、重大事故逐级上报至国务院安全生产监督管理部门和负有安全生产监督管理职责的有关部门；（2）较大事故逐级上报至省、自治区、直辖市人民政府安全生产监督管理部门和负有安全生产监督管理职责的有关部门；（3）一般事故上报至设区的市级人民政府安全生产监督管理部门和负有安全生产监督管理职责的有关部门。安全生产监督管理部门和负有安全生产监督管理职责的有关部门依照前款规定上报事故情况，应当同时报告本级人民政府。国务院安全生产监督管理部门和负有安全生产监督管理职责的有关部门以及省级人民政府接到发生特别重大事故、重大事故的报告后，应当立即报告国务院。必要时，安全生产监督管理部门和负有安全生产监督管理职责的有关部门可以越级上报事故情况。安全生产监督管理部门和负有安全生产监督管理职责的有关部门逐级上报事故情况，每级上报的时间不得超过2小时。事故报告后出现新情况的，应当及时补报。自事故发生之日起30日内，事故造成的伤亡人数发生变化的，应当及时补报。道路交通事故、火灾事故自发生之日起7日内，事故造成的伤亡人数发生变化的，应当及时补报。

根据《生产安全事故报告和调查处理条例》第十二条，报告事故应当包括下列内容：（1）事故发生单位概况；（2）事故发生的时间、地点以及事故现场情况；（3）事故的简要经过；（4）事故已经造成或者可能造成的伤亡人数（包括下落不明的人数）和初步估计的直接经济损失；（5）已经采取的措施；（6）其他应当报告的情况。

作为负有安全生产监督管理职责的部门，如果出现不报、谎报、迟报安全生产事故的行为，对于事故抢险、应急救援以及事故调查等，都会产生不当影响。对于不报、谎报、迟报的，可以依法追究相关责任人员的法律责任，严重的可以依据刑法第一百三十九条之一不报、谎报安全事故罪以及第三百九十七条滥用职权罪、玩忽职守罪等职务犯罪追究刑事责任。根据《最高人民法院关于进一步加强危害生产安全刑事案件审判工作的意见》，安全事故发生后，负有报告职责的国家工作人员不报或者谎报事故情况，贻误事故抢救，情节严重，构成不报、谎报安全事故罪，同时构成职务犯罪或其他危害生产安全犯罪的，依照数罪并罚的规定处罚。

【相关规定】

《生产安全事故报告和调查处理条例》第十条、第十一条、第十三条；《中华人民共和国刑法》第一百三十九条之一、第三百九十七条；《最高人民检察院、公安部关于公安机关管辖的刑事案件立案追诉标准的规定

（一）的补充规定》；《最高人民法院关于进一步加强危害生产安全刑事案件审判工作的意见》；《最高人民法院、最高人民检察院关于办理危害生产安全刑事案件适用法律若干问题的解释》。

第八十五条　【地方人民政府和安全生产监督管理职责部门的事故抢救】 有关地方人民政府和负有安全生产监督管理职责的部门的负责人接到生产安全事故报告后，应当按照生产安全事故应急救援预案的要求立即赶到事故现场，组织事故抢救。

参与事故抢救的部门和单位应当服从统一指挥，加强协同联动，采取有效的应急救援措施，并根据事故救援的需要采取警戒、疏散等措施，防止事故扩大和次生灾害的发生，减少人员伤亡和财产损失。

事故抢救过程中应当采取必要措施，避免或者减少对环境造成的危害。

任何单位和个人都应当支持、配合事故抢救，并提供一切便利条件。

【条文主旨】

本条是关于地方人民政府和负有安全生产监督管理职责的部门接到生产安全事故报告后进行事故抢救工作的规定。

【理解与适用】

本条明确了地方人民政府和负有安全生产监督管理职责的部门接到生产安全事故报告后开展事故抢救工作的组织主体、实施要求、注意事项。

事故抢救的组织主体为有关地方人民政府和负有安全生产监督管理职责的部门的负责人。《生产安全事故报告和调查处理条例》第十五条亦规定，事故发生地有关地方人民政府、安全生产监督管理部门和负有安全生产监督管理职责的有关部门接到事故报告后，其负责人应当立即赶赴事故现场，组织事故救援。《生产安全事故应急条例》第二十条规定，发生生产安全事故后，有关人民政府认为有必要的，可以设立由本级人民政府及其有关部门负责人、应急救援专家、应急救援队伍负责人、事故发生单位负责人等人员组成的应急救援现场指挥部，并指定现场指挥部总指挥。《中华人民共和国突发事件应对法》第四十八条规定，突发事件发生后，履行统一领导职责或者组织处置突发事件的人民政府应当针对其性质、特点和危害程度，立即组织有关部门，调动应急救援队伍和社会力量，依照本章的规定和有关法律、法规、规章的规定采取应急处置措施。

事故抢救的实施要求为服从统一指挥，加强协同联动，采取有效的应急救援措施，并根据事故救援的需要采取警戒、疏散等措施，防止事故扩大和次生灾害的发生，减少人员伤亡和财产损失。《生产安全事故应急条例》第二十一条规定，现场指挥部实行总指挥负责制，按照本级人民政府的授权组织制定并实施生产安全事故现场应急救援方案，协调、指挥有关单位和个人参加现场应急救援。参加生产安全事故现场应急救援的单位和个人应当服从现场指挥部的统一指挥。根据《生产安全事故应急条例》第十八条，应急救援可以包括以下措施：（1）组织抢救遇险人员，救治受伤人员，研判事故发展趋势以及可能造成的危害；（2）通知可能受到事故影响的单位和人员，隔离事故现场，划定警戒区域，疏散受到威胁的人员，实施交通管制；（3）采取必要措施，防止事故危害扩大和次生、衍生灾害发生，避免或者减少事故对环境造成的危害；（4）依法发布调用和征用应急资源的决定；（5）依法向应急救援队伍下达救援命令；（6）维护事故现场秩序，组织安抚遇险人员和遇险遇难人员亲属；（7）依法发布有关事故情况和应急救援工作的信息；（8）法律、法规规定的其他应急救援措施。有关地方人民政府不能有效控制生产安全事故的，应当及时向上级人民政府报告。上级人民政府应当及时采取措施，统一指挥应急救援。《中华人民共和国突发事件应对法》第四十九条规定，自然灾害、事故灾难或者公共卫生事件发生后，履行统一领导职责的人民政府可以采取下列一项或者多项应急处置措施：（1）组织营救和救治受害人员，疏散、撤离并妥善安置受到威胁的人员以及采取其他救助措施；（2）迅速控制危险源，标明危险区域，封锁危险场所，划定警戒区，实行交通管制以及其他控制措施；（3）立即抢修被损坏的交通、通信、供水、排水、供电、供气、供热等公共设施，向受到危害的人员提供避难场所和生活必需品，实施医疗救护和卫生防疫以及其他保障措施；（4）禁止或者限制使用有关设备、设施，关闭或者限制使用有关场所，中止人员密集的活动或者可能导致危害扩大的生产经营活动以及采取其他保护措施；（5）启用本级人民政府设置的财政预备费和储备的应急救援物资，必要时调用其他急需物资、设备、设施、工具；（6）组织公民参加应急救援和处置工作，要求具有特定专长的人员提供服务；（7）保障食品、饮用水、燃料等基本生活必需品的供应；（8）依法从严惩处囤积居奇、哄抬物价、制假售假等扰乱市场秩序的行为，稳定市场价格，维护市场秩序；（9）依法从严惩处哄抢财物、干扰破坏应急处置工作等扰乱社会秩序的行为，维护社会治安；（10）采取防止发生次生、衍生事件的必要措施。

事故抢救的注意事项为事故抢救过程中应当采取必要措施，避免或者减少对环境造成的危害。在事故抢险过程中，虽然主要目标在于减少人员伤亡和财产损失，但也应同时注意对环境进行保护，应尽可能做到通过采取一定的必要措施，避免对环境造成危害，为事故抢救不得不损害环境的，也应当做到尽可能减少对环境造成的危害。

【相关规定】

《生产安全事故报告和调查处理条例》第十五条；《生产安全事故应急条例》第十八条、第二十条、第二十一条；《中华人民共和国突发事件应对法》第四十八条、第四十九条。

第八十六条　【事故调查】事故调查处理应当按照科学严谨、依法依规、实事求是、注重实效的原则，及时、准确地查清事故原因，查明事故性质和责任，评估应急处置工作，总结事故教训，提出整改措施，并对事故责任单位和人员提出处理建议。事故调查报告应当依法及时向社会公布。事故调查和处理的具体办法由国务院制定。

事故发生单位应当及时全面落实整改措施，负有安全生产监督管理职责的部门应当加强监督检查。

负责事故调查处理的国务院有关部门和地方人民政府应当在批复事故调查报告后一年内，组织有关部门对事故整改和防范措施落实情况进行评估，并及时向社会公开评估结果；对不履行职责导致事故整改和防范措施没有落实的有关单位和人员，应当按照有关规定追究责任。

【条文主旨】

本条是关于生产安全事故发生后进行事故调查的原则、要求、后续处理等的规定。

【理解与适用】

生产安全事故发生后进行事故调查，掌握事故原因，提出整改措施，能够为未来预防和避免再次因为类似问题发生类似事故提供有效建议。

事故调查的原则为科学严谨、依法依规、实事求是、注重实效。科学严谨，是指事故调查必须以科学为前提，采用科学方法，应用科学技术，调查过程中应当严肃谨慎，不能疏忽大意，错漏重要因素。依法依规，是指事故调查必须以法律法规为准则，事故调查应当严格依据法律法规，按照法律法规赋予的权力，坚持法律法规设置的程序。实事求是，是指事故调查必须以事实为依据，事故调查过程中不能臆想或者猜测，必须以客观查证的事实为依据展开原因调查。注重实效，是指事故调查必须以实效为目标，事故调查应当以有效查证事故原因等为目的。

事故调查的要求是及时、准确地查清事故原因，查明事故性质和责任，评估应急处置工作，总结事故教训，提出整改措施，并对事故责任单位和人员提出处理建议以及依法及时向社会公布事故调查报告。修改前的本条规定为“及时、准确地查清事故原因，查明事故性质和责任，总结事故教训，提出整改措施，并对事故责任者提出处理意见。事故调查报告应当依法及时向社会公布”。较之于修改前的条文，新法增加了评估应急处置工作的要求，即事故调查不仅限于对事故本身进行调查，也涵盖事故发生后应急处置工作的处理情况。《生产安全事故应急条例》第二十七条也要求，按照国家有关规定成立的生产安全事故调查组应当对应急救援工作进行评估，并在事故调查报告中作出评估结论。对象由“事故责任者”修改为“事故责任单位和人员”，即明确了提出处理意见的对象的范围，既包括单位也包括个人。《生产安全事故报告和调查处理条例》第四十二条规定，违反本条例规定，有关地方人民政府或者有关部门故意拖延或者拒绝落实经批复的对事故责任人的处理意见的，由监察机关对有关责任人员依法给予处分。

具体关于事故调查和处理，《生产安全事故报告和调查处理条例》第三章“事故调查”、第四章“事故处理”作出了详细规定。如对于事故调查的主体，第十九条规定，特别重大事故由国务院或者国务院授权有关部门组织事故调查组进行调查。重大事故、较大事故、一般事故分别由事故发生地省级人民政府、设区的市级人民政府、县级人民政府负责调查。省级人民政府、设区的市级人民政府、县级人民政府可以直接组织事故调查组进行调查，也可以授权或者委托有关部门组织事故调查组进行调查。未造成人员伤亡的一般事故，县级人民政府也可以委托事故发生单位组织事故调查组进行调查。对于事故调查报告的内容，根据第三十条的规定，应当包括：（1）事故发生单位概况；（2）事故发生经过和事故救援情况；（3）事故造成的人员伤亡和直接经济损失；（4）事故发生的原因和事故性质；（5）事故责任的认定以及对事故责任者的处理建议；（6）事故防范和整改措施。事故调查报告应当附具有关证据材料。事故调查组成员应当在事故调查报告上签名。在事故处理上，根据第三十二条的规定，重大事故、较大事故、一般事故，负责事故调查的人民政府应当自收到事故调查报告之日起 15 日内做出批复；特别重大事故，30 日内做出批复，特殊情况下，批复时间可以适当延长，但延长的时间最长不超过 30 日。有关机关应当按照人民政府的批复，依照法律、行政法规规定的权限和程序，对事故发生单位和有关人员进行行政处罚，对负有事故责任的国家工作人员进行处分。事故发生单位应当按照负责事故调查的人民政府的批复，对本单位负有事故责任的人员进行处理。负有事故责任的人员涉嫌犯罪的，依法追究刑事责任。

事故调查结束后，事故发生单位应当及时全面落实整改措施，负有安全生产监督管理职责的部门应当加强监督检查。《生产安全事故报告和调查处理条例》第三十三条规定，事故发生单位应当认真吸取事故教训，落实防范和整改措施，防止事故再次发生。防范和整改措施的落实情况应当接受工会和职工的监督。安全生产监督管理部门和负有安全生产监督管理职责的有关部门应当对事故发生单位落实防范和整改措施的情况进行监督检查。

为有效落实防范和整改措施，此次修改新增了第三款的规定，负责事故调查处理的国务院有关部门和地方人民政府应当在批复事故调查报告后 1 年内，组织有关部门对事故整改和防范措施落实情况进行评估，并及时向社会公开评估结果；对不履行职责导致事故整改和防范措施没有落实的有关单位和人员，应当按照有关规定追究责任。即事故整改和防范措施落实的期限为 1 年，1 年之内需开展评估工作，对于评估不合格的将依法追究相关责任。

【相关规定】

《生产安全事故应急条例》第二十七条；《生产安全事故报告和调查处理条例》第十九条至第三十四条、第四十二条；《中华人民共和国刑法》第一百三十四条至第一百三十九条之一、第三百九十七条。

第八十七条 【责任追究】生产经营单位发生生产安全事故，经调查确定为责任事故的，除了应当查明事故单位的责任并依法予以追究外，还应当查明对安全生产的有关事项负有审查批准和监督职责的行政部门的责任，对有失职、渎职行为的，依照本法第九十条的规定追究法律责任。

【条文主旨】

本条是关于对确定为责任事故的生产安全事故中的事故单位以及出现失职、渎职行为的负有审批和监督职责的行政部门进行责任追究的规定。

【理解与适用】

生产安全事故责任追究的前提在于，发生的生产安全事故需经事故调查程序确定为责任事故。所谓责任事故，是指在生产、作业中违反有关安全管理的规定，因而发生重大伤亡后果或者造成其他严重后果。根据《生产安全事故和调查处理条例》第三条第一款，根据生产安全事故造成的人员伤亡或者直接经济损失，事故一般分为以下等级：（1）特别重大事故，是指造成30人以上死亡，或者100人以上重伤（包括急性工业中毒，下同），或者1亿元以上直接经济损失的事故；（2）重大事故，是指造成10人以上30人以下死亡，或者50人以上100人以下重伤，或者5000万元以上1亿元以下直接经济损失的事故；（3）较大事故，是指造成3人以上10人以下死亡，或者10人以上50人以下重伤，或者1000万元以上5000万元以下直接经济损失的事故；（4）一般事故，是指造成3人以下死亡，或者10人以下重伤，或者1000万元以下直接经济损失的事故。对于发生生产安全责任事故的生产经营单位及其责任人员，应当依法予以责任追究，包括行政责任和刑事责任。刑事责任可能涉及《中华人民共和国刑法》第一百三十四条重大责任事故罪，强令、组织违章冒险作业罪，第一百三十五条重大劳动安全事故罪，第一百三十五条之一大型群众性活动重大安全事故罪，第一百三十六条危险物品肇事罪，第一百三十七条工程重大安全事故罪，第一百三十九条消防责任事故罪等。

此外，对于对安全生产的有关事项负有审查批准和监督职责的行政部门，也需查明是否存在渎职、失职行为。毫无疑问，生产经营单位是造成安全生产事故的直接责任主体，但是负有审查批准和监督职责的行政部门也有可能怠于履行职责，存在渎职、失职行为，本可通过审批或监督行为，使安全生产事故消失于萌芽状态，却因其不作为，间接导致了危害后果的发生。根据本法第九十条，负有安全生产监督管理职责的部门的工作人员，有下列行为之一的，给予降级或者撤职的处分；构成犯罪的，依照刑法有关规定追究刑事责任：（1）对不符合法定安全生产条件的涉及安全生产的事项予以批准或者验收通过的；（2）发现未依法取得批准、验收的单位擅自从事有关活动或者接到举报后不予取缔或者不依法予以处理的；（3）对已经依法取得批准的单位不履行监督管理职责，发现其不再具备安全生产条件而不撤销原批准或者发现安全生产违法行为不予查处的；（4）在监督检查中发现重大事故隐患，不依法及时处理的。负有安全生产监督管理职责的部门的工作人员有前款规定以外的滥用职权、玩忽职守、徇私舞弊行为的，依法给予处分；构成犯罪的，依照刑法有关规定追究刑事责任。此处的刑事责任追究，主要是依据《中华人民共和国刑法》第三百九十七条的规定，认定为滥用职权罪、玩忽职守罪。

【相关规定】

《生产安全事故和调查处理条例》第三条；《中华人民共和国刑法》第一百三十四条、第一百三十五条、第一百三十五条之一、第一百三十六条、第一百三十七条、第一百三十九条、第三百九十七条。

第八十八条　【不得阻挠、干扰事故调查处理】任何单位和个人不得阻挠和干涉对事故的依法调查处理。

【条文主旨】

本条是关于任何单位和个人均不得阻挠、干扰事故依法调查处理的规定。

【理解与适用】

事故的依法调查和处理，查清事故原因，查明事故性质和责任，评估应急处置工作，总结事故教训，提出整改措施，并对事故责任单位和人员提出处理建议，对于有效处理安全生产事故和预防安全生产事故再次发生有着非常重要的意义。但是，为了隐瞒事故原因、逃避法律责任，存在某些单位和个人阻挠、干涉事故调查和处理的可能。本条态度鲜明地指出，任何单位和个人都不得阻挠和干扰对事故的依法调查处理，为事故的依法调查处理提供了明确的法律保障。

对于阻挠、干扰对事故依法调查处理的行为，应当依法追究相关单位和个人的责任，情节严重的应当追究刑事责任。相关单位和个人包括：

（一）生产经营单位及其人员或者其他案外人员

在此类主体下，个人采用杀害或者伤害（造成轻伤以上）等方式阻挠、干扰事故依法调查处理的，可以根据《中华人民共和国刑法》第二百三十二条、第二百三十四条的规定，认定为故意杀人罪、故意伤害罪；采用随意殴打、拦截、辱骂等方式，造成社会秩序混乱的，可以根据《中华人民共和国刑法》第二百九十三条规定，认定为寻衅滋事罪。单位或者个人向事故调查组进行行贿，意图阻挠、干扰事故依法调查处理，数额较大的，应当根据《中华人民共和国刑法》第三百九十三条、第三百八十九条规定，认定为单位行贿罪或行贿罪。

（二）有关地方人民政府、应急管理部门和负有安全生产监督管理职责的有关部门及其人员

《生产安全事故报告和调查处理条例》第三十九条规定，有关地方人民政府、安全生产监督管理部门和负有安全生产监督管理职责的有关部门有下列行为之一的，对直接负责的主管人员和其他直接责任人员依法给予处分；构成犯罪的，依法追究刑事责任：……（三）阻碍、干涉事故调查工作的……此类人员若实施阻挠、干涉事故调查处理，情节严重的行为，应当根据《中华人民共和国刑法》第三百九十七条的规定，认定为滥用职权罪。

【相关规定】

《生产安全事故报告和调查处理条例》第三十九条；《中华人民共和国刑法》第二百三十二条、第二百三十四条、第二百九十三条、第三百八十九条、第三百九十三条、第三百九十七条。

第八十九条　【生产安全事故情况的定期分析和公布】 县级以上地方各级人民政府应急管理部门应当定期统计分析本行政区域内发生生产安全事故的情况，并定期向社会公布。

【条文主旨】

本条是关于县级以上各级人民政府应急管理部门定期统计分析和向社会发布本行政区域内发生生产安全事故的情况的规定。

【理解与适用】

对于本行政区域内发生的生产安全事故情况进行定期的统计分析，有利于应急管理部门未来对生产安全事故风险的预测和防范，所以本条作出县级以上各级人民政府应急管理部门均应当定期统计分析本行政区域内发生生产安全事故的情况的要求。而向社会进行公布，则是公众知情权以及政府信息公开的要求。

在统计分析和社会公布中，应当避免出现以下行为：自行修改统计资料、编造虚假统计数据；要求统计机构、统计人员或者其他机构、人员伪造、篡改统计资料；要求统计调查对象或者其他机构、人员提供不真实的统计资料；未按照统计调查制度的规定报送有关资料；不依法履行政府信息公开义务；在事故统计中发生腐败行为等。

【相关规定】

《中华人民共和国政府信息公开条例》第二十条。

第六章　法律责任

第九十条　【负有安全生产监督管理职责的工作人员的责任追究】负有安全生产监督管理职责的部门的工作人员，有下列行为之一的，给予降级或者撤职的处分；构成犯罪的，依照刑法有关规定追究刑事责任：

（一）对不符合法定安全生产条件的涉及安全生产的事项予以批准或者验收通过的；

（二）发现未依法取得批准、验收的单位擅自从事有关活动或者接到举报后不予取缔或者不依法予以处理的；

（三）对已经依法取得批准的单位不履行监督管理职责，发现其不再具备安全生产条件而不撤销原批准或者发现安全生产违法行为不予查处的；

（四）在监督检查中发现重大事故隐患，不依法及时处理的。

负有安全生产监督管理职责的部门的工作人员有前款规定以外的滥用职权、玩忽职守、徇私舞弊行为的，依法给予处分；构成犯罪的，依照刑法有关规定追究刑事责任。

【条文主旨】

本条是关于对负有安全生产监督管理职责的部门的工作人员追究责任的规定。

【理解与适用】

对负有安全生产监督管理职责的部门的工作人员追究责任分为两个层

次：第一层次为行政责任的追究，即对相关工作人员进行行政处分；第二层次为对相关人员追究刑事责任。

对于对不符合法定安全生产条件的涉及安全生产的事项予以批准或者验收通过的，发现未依法取得批准、验收的单位擅自从事有关活动或者接到举报后不予取缔或者不依法予以处理的，对已经依法取得批准的单位不履行监督管理职责，发现其不再具备安全生产条件而不撤销原批准或者发现安全生产违法行为不予查处的，在监督检查中发现重大事故隐患，不依法及时处理的等行为，情节较轻的，对负有安全生产监督管理职责的部门的工作人员处以降级或撤职的处分。对于除上述行为外的，负有安全生产监督管理职责的部门的工作人员实施的滥用职权、玩忽职守、徇私舞弊的行为，应当依照《行政机关公务员处分条例》第二十条、第二十五条的规定进行处分。《行政机关公务员处分条例》第二十条规定，有下列行为之一的，给予记过、记大过处分；情节较重的，给予降级或者撤职处分；情节严重的，给予开除处分：（1）不依法履行职责，致使可以避免的爆炸、火灾、传染病传播流行、严重环境污染、严重人员伤亡等重大事故或者群体性事件发生的；（2）发生重大事故、灾害、事件或者重大刑事案件、治安案件，不按规定报告、处理的；（3）对救灾、抢险、防汛、防疫、优抚、扶贫、移民、救济、社会保险、征地补偿等专项款物疏于管理，致使款物被贪污、挪用，或者毁损、灭失的；（4）其他玩忽职守、贻误工作的行为。第二十五条规定，有下列行为之一的，给予记过或者记大过处分。情节较重的，给予降级或者撤职处分；情节严重的，给予开除处分：（1）以殴打、体罚、非法拘禁等方式侵犯公民人身权利的；（2）压制批评，打击报复，扣压、销毁举报信件，或者向被举报人透露举报情况的；（3）违反规定向公民、法人或者其他组织摊派或者收取财物的；（4）妨碍执行公务或者违反规定干预执行公务的；（5）其他滥用职权，侵害公民、法人或者其他组织合法权益的行为。

对于本条第一款的四项行为，情节严重，构成犯罪的，对负有安全生产监督管理职责的部门的工作人员应当依据《中华人民共和国刑法》第三百九十七条滥用职权罪和玩忽职守罪追究其刑事责任。负有安全生产监督管理职责的部门的工作人员是因为收受贿赂而滥用职权、玩忽职守、徇私舞弊，既构成受贿罪，又构成滥用职权罪或玩忽职守罪的，根据《最高人民法院、最高人民检察院关于办理渎职刑事案件适用法律若干问题的解释（一）》第三条的规定，应当进行数罪并罚。

【相关规定】

《行政机关公务员处分条例》第二十条、第二十五条；《中华人民共和国刑法》第三百八十五条、第三百九十七条；《最高人民法院、最高人民检察院关于办理渎职刑事案件适用法律若干问题的解释（一）》第三条。

第九十一条　【对指定购买、乱收费的处理】负有安全生产监督管理职责的部门，要求被审查、验收的单位购买其指定的安全设备、器材或者其他产品的，在对安全生产事项的审查、验收中收取费用的，由其上级机关或者监察机关责令改正，责令退还收取的费用；情节严重的，对直接负责的主管人员和其他直接责任人员依法给予处分。

【条文主旨】

本条是关于对负有安全生产监督管理职责的部门凭借审查、验收职权指定购买物品、收取不当费用等行为进行处理的规定。

【理解与适用】

本法第六十四条规定，负有安全生产监督管理职责的部门对涉及安全生产的事项进行审查、验收，不得收取费用；不得要求接受审查、验收的单位购买其指定品牌或者指定生产、销售单位的安全设备、器材或者其他产品。本条即对违反第六十四条规定所作出的处理规定。

生产经营单位为了保障生产经营活动的安全进行以及发生安全生产事故后应急救援的有效开展，应当配备相应的安全设备、器材或者其他产品。《生产安全事故应急条例》第十三条第二款规定，易燃易爆物品、危险化学品等危险物品的生产、经营、储存、运输单位，矿山、金属冶炼、城市轨道交通运营、建筑施工单位，以及宾馆、商场、娱乐场所、旅游景区等人员密集场所经营单位，应当根据本单位可能发生的生产安全事故的特点和危害，配备必要的灭火、排水、通风以及危险物品稀释、掩埋、收集等应急救援器材、设备和物资，并进行经常性维护、保养，保证正常运转。

这些设备、器材、产品同样也是负有安全生产监督管理职责的部门在审查、验收时的重点考察内容。负有安全生产监督管理职责的部门审查、验收这些设备、器材、产品的目的也是确保生产经营单位的物资保障工作到位。但如果负有安全生产监督管理职责的部门凭借自己审查、验收的职权，以各种方式给生产经营单位施压，要求其购买指定的安全设备、器材或者其他产品，或者在对安全生产事项的审查、验收中收取费用，则违背了审查、验收的初衷。对于前述不当行为，由其上级机关即上级负有安全生产监督管理职责的部门或当地人民政府，或者监察机关责令改正，责令退还收取的费用。情节严重的，对直接负责的主管人员和其他直接责任人员依法给予处分。根据《行政机关公务员处分条例》第二十五条的规定，有下列行为之一的，给予记过或者记大过处分。情节较重的，给予降级或者撤职处分；情节严重的，给予开除处分：……（三）违反规定向公民、法人或者其他组织摊派或者收取财物的；……（五）其他滥用职权，侵害公民、法人或者其他组织合法权益的行为。

虽然本条文并没有追究刑事责任的规定，但是负有安全生产监督管理职责的部门接受安全设备、器材或者其他产品生产厂商的“回扣”或“手续费”，要求被审查、验收单位购买该厂商产品，达到入罪标准的，可以依照《中华人民共和国刑法》认定为单位受贿罪或受贿罪。

【相关规定】

《中华人民共和国刑法》第三百八十五条、第三百八十七条；《行政机关公务员处分条例》第二十五条；《生产安全事故应急条例》第十三条第二款。

第九十二条 【对安全评价、认证、检测、检验机构不当行为的处罚】 承担安全评价、认证、检测、检验职责的机构出具失实报告的，责令停业整顿，并处三万元以上十万元以下的罚款；给他人造成损害的，依法承担赔偿责任。

承担安全评价、认证、检测、检验职责的机构租借资质、挂靠、出具虚假报告的，没收违法所得；违法所得在十万元以上的，并处违法所得二倍以上五倍以下的罚款，没有违法所得或者违法所得不足十万元的，单处或者并处十万元以上二十万元以下的罚款；对其直接负责的主管人员和其他直接责任人员处五万元以上十万元以下的罚款；给他人造成损害的，与生产经营单位承担连带赔偿责任；构成犯罪的，依照刑法有关规定追究刑事责任。

对有前款违法行为的机构及其直接责任人员，吊销其相应资质和资格，五年内不得从事安全评价、认证、检测、检验等工作；情节严重的，实行终身行业和职业禁入。

【条文主旨】

本条是关于对承担安全评价、认证、检测、检验工作的机构出具失实报告行为以及租借资质、挂靠、出具虚假报告行为进行处罚的规定。

【理解与适用】

本法第七十二条规定，承担安全评价、认证、检测、检验职责的机构应当具备国家规定的资质条件，并对其作出的安全评价、认证、检测、检验结果的合法性、真实性负责。资质条件由国务院应急管理部门会同国务院有关部门制定。承担安全评价、认证、检测、检验职责的机构应当建立并实施服务公开和报告公开制度，不得租借资质、挂靠、出具虚假报告。本条即对违反第七十二条规定的禁止行为进行责任追究的规定。

一、对承担安全评价、认证、检测、检验职责的机构出具失实报告的不当行为的处罚

出具失实报告，是指承担安全评价、认证、检测、检验职责的机构未尽到足够的审慎注意义务，导致出具的报告不符合客观事实。

在行政责任的追究上，对于出具失实报告的承担安全评价、认证、检测、检验工作的机构，责令停业整顿，并处 3 万元以上 10 万元以下的罚款。对前述机构及其直接责任人员，吊销其相应资质和资格，5 年内不得从事安全评价、认证、检测、检验等工作；情节严重的，实行终身行业和职业禁入。

在民事责任的承担上，承担安全评价、认证、检测、检验工作的机构因出具失实报告而给他人造成损害的，根据其过错的大小，依法承担赔偿责任。

在刑事责任的追究上，《中华人民共和国刑法修正案（十一）》第二十五条对《中华人民共和国刑法》第二百二十九条进行修正，在行为主体中增加了承担安全评价职责的中介组织的人员，因此可以根据情况，将相关人员的行为认定为《中华人民共和国刑法》第二百二十九条第三款出具证明文件重大失实罪，即承担安全评价职责的中介组织的人员，严重不负责任，出具的证明文件有重大失实，造成严重后果的行为。参照《最高人民检察院、公安部关于公安机关管辖的刑事案件立案追诉标准的规定（二）》第八十二条的规定，涉嫌以下情形之一的，应予立案追诉：（1）给国家、公众或者其他投资者造成直接经济损失数额在 100 万元以上的；（2）其他造成严重后果的情形。

二、对承担安全评价、认证、检测、检验职责的机构出具租借资质、挂靠、出具虚假报告的不当行为的处罚

在行政责任的追究上，对承担安全评价、认证、检测、检验职责的机构，应没收其全部违法所得，同时进行罚款。罚款金额的确定与违法所得数额相关，根据违法所得的情况，分别规定了特定金额和倍数金额。违法所得在 10 万元以上的，罚款金额确定为违法所得 2 倍以上 5 倍以下；没有违法所得或者违法所得不足 10 万元的，罚款金额确定为 10 万元以上 20 万元以下。除对机构进行罚款外，对机构的直接负责的主管人员和其他直接责任人员处 2 万元以上 5 万元以下的罚款。对前述机构及其直接责任人员，吊销其相应资质和资格，5 年内不得从事安全评价、认证、检测、检验等工作；情节严重的，实行终身行业和职业禁入。

在民事责任的承担上，给他人造成损害的，承担安全评价、认证、检测、检验职责的机构需与生产经营单位承担连带赔偿责任。

在刑事责任的追究上，如承担安全评价职责的中介组织的人员故意提供虚假证明文件，情节严重的行为，可以依据《中华人民共和国刑法》第二百二十九条第一款的规定，认定为提供虚假证明文件罪。参照《最高人民检察院、公安部关于公安机关管辖的刑事案件立案追诉标准的规定（二）》第八十一条的规定，涉嫌以下情形之一的，应予立案追诉：（1）给国家、公众或者其他投资者造成直接经济损失数额在 50 万元以上的；（2）违法所得数额在 10 万元以上的；（3）虚假证明文件虚构数额在 100 万元且占实际数额 30% 以上的；（4）虽未达到上述数额标准，但具有下列情形之一的：在提供虚假证明文件过程中索取或者非法接受他人财物的；2 年内因提供虚假证明，受过行政处罚 2 次以上，又提供虚假证明文件的；（5）其他情节严重的情形。

【相关规定】

《中华人民共和国刑法》第二百二十九条；《最高人民检察院、公安部关于公安机关管辖的刑事案件立案追诉标准的规定（二）》第八十一条。

第九十三条　【对未依法保证安全生产必需资金投入的处罚】 生产经营单位的决策机构、主要负责人或者个人经营的投资人不依照本法规定保证安全生产所必需的资金投入，致使生产经营单位不具备安全生产条件的，责令限期改正，提供必需的资金；逾期未改正的，责令生产经营单位停产停业整顿。

有前款违法行为，导致发生生产安全事故的，对生产经营单位的主要负责人给予撤职处分，对个人经营的投资人处二万元以上二十万元以下的罚款；构成犯罪的，依照刑法有关规定追究刑事责任。

【条文主旨】

本条是关于对生产经营单位的决策机构、主要负责人或者个人经营的投资人不依照本法规定保证安全生产所必需的资金投入，致使生产经营单位不具备安全生产条件的行为进行处罚的规定。

【理解与适用】

本法第二十三条规定，生产经营单位应当具备的安全生产条件所必需的资金投入，由生产经营单位的决策机构、主要负责人或者个人经营的投资人予以保证，并对由于安全生产所必需的资金投入不足导致的后果承担责任。有关生产经营单位应当按照规定提取和使用安全生产费用，专门用于改善安全生产条件。安全生产费用在成本中据实列支。安全生产费用提取、使用和监督管理的具体办法由国务院财政部门会同国务院应急管理部门征求国务院有关部门意见后制定。本条即对违反本法第二十三条规定的处罚。

一、对尚未导致发生安全生产事故情形的处罚

对于生产经营单位的决策机构、主要负责人或者个人经营的投资人不依照本法规定保证安全生产所必需的资金投入，致使生产经营单位不具备安全生产条件，尚未导致发生安全生产事故的，主要进行行政处罚，责令生产经营单位限期改正，提供必需的资金；逾期未改正的，责令生产经营单位停产停业整顿。

虽然在此情形下，本法并未明确说明可能追究刑事责任，但是从《中华人民共和国刑法》规定来看，存在追究刑事责任的可能性。《中华人民共和国刑法修正案（十一）》新增第一百三十四条之一危险作业罪，在生产、作业中违反有关安全管理的规定，有下列情形之一，具有发生重大伤亡事故或者其他严重后果的现实危险的，处1年以下有期徒刑、拘役或者管制：（1）关闭、破坏直接关系生产安全的监控、报警、防护、救生设备、设施，或者篡改、隐瞒、销毁其相关数据、信息的；（2）因存在重大事故隐患被依法责令停产停业、停止施工、停止使用有关设备、设施、场所或者立即采取排除危险的整改措施，而拒不执行的；（3）涉及安全生产的事项未经依法批准或者许可，擅自从事矿山开采、金属冶炼、建筑施工，以及危险物品生产、经营、储存等高度危险的生产作业活动的。如果因为未能保证安全生产必需的资金投入而不具备安全生产条件，被要求限期改正或停产停业整顿，但生产经营单位拒不执行，具有发生重大伤亡事故或者其他严重后果的现实危险，不需要实际发生安全生产事故，即可认定为危险作业罪。

二、对导致发生安全生产事故情形的处罚

对于生产经营单位的决策机构、主要负责人或者个人经营的投资人不依照本法规定保证安全生产所必需的资金投入，致使生产经营单位不具备安全生产条件，导致发生生产安全事故的，对生产经营单位的主要负责人给予撤职处分，对个人经营的投资人处2万元以上20万元以下的罚款；构成犯罪的，依照刑法有关规定追究刑事责任。此处对于刑事责任的追究，可能涉及的罪名包括《中华人民共和国刑法》第一百三十四条重大责任事故罪，强令、组织他人违章冒险作业罪，第一百三十五条重大劳动安全事故罪。

【相关规定】

《中华人民共和国刑法》第一百三十四条、第一百三十四条之一、第一百三十五条；《最高人民检察院、公安部关于公安机关管辖的刑事案件立案追诉标准的规定（一）》第八条、第九条、第十条；《最高人民法院关于进一步加强危害生产安全刑事案件审判工作的意见》；《最高人民法院、最高人民检察院关于办理危害生产安全刑事案件适用法律若干问题的解释》。

第九十四条 【对未依法履职的生产经营单位主要负责人的处罚】 生产经营单位的主要负责人未履行本法规定的安全生产管理职责的，责令限期改正，处二万元以上五万元以下的罚款；逾期未改正的，处五万元以上十万元以下的罚款，责令生产经营单位停产停业整顿。

生产经营单位的主要负责人有前款违法行为，导致发生生产安全事故的，给予撤职处分；构成犯罪的，依照刑法有关规定追究刑事责任。

生产经营单位的主要负责人依照前款规定受刑事处罚或者撤职处分的，自刑罚执行完毕或者受处分之日起，五年内不得担任任何生产经营单位的主要负责人；对重大、特别重大生产安全事故负有责任的，终身不得担任本行业生产经营单位的主要负责人。

【条文主旨】

本条是关于对生产经营单位的主要负责人未履行安全生产管理职责的处罚的规定。

【理解与适用】

生产经营单位的主要负责人是履行安全生产管理职责的直接责任人，提高生产经营单位主要负责人的安全生产管理履职能力，对预防安全生产事故的发生具有重要意义。加大对未依法履职的生产经营主要负责人的处罚，有利于督促其切实履行安全生产管理职责。

对未依法履行安全生产管理职责的生产经营单位的主要负责人的处罚，主要分为三个部分：一般行政处罚、刑事处罚以及限制从业。

一、对未依法履行安全生产管理职责的生产经营单位的主要负责人的一般行政处罚

生产经营单位的主要负责人未履行安全生产法所规定的安全生产管理

职责，未导致发生生产安全事故的，责令其限期改正，并处2万元以上5万元以下的罚款；逾期未改正的，处5万元以上10万元以下的罚款，责令生产经营单位停产停业整顿；导致发生生产安全事故的，给予撤职处分。相较于修改前的规定，修改后的条文加重了对生产经营单位主要负责人的罚款金额。

二、对未依法履行安全生产管理职责的生产经营单位的主要负责人的刑事处罚

生产经营单位的主要负责人未履行安全生产法所规定的安全生产管理职责，未导致发生生产安全事故的，本条第一款并未明确规定追究刑事责任。但是，根据《中华人民共和国刑法》第一百三十四条之一危险作业罪的规定，仍然可以在未实际发生生产安全事故，造成人员伤亡或财产损失，但具有发生重大伤亡事故或者其他严重后果的现实危险的情况下，追究生产经营单位主要负责人的刑事责任。

生产经营单位的主要负责人未履行安全生产法所规定的安全生产管理职责，导致发生生产安全事故的，本条第二款规定，构成犯罪的，依照刑法有关规定追究刑事责任，可能涉及的罪名包括《中华人民共和国刑法》第一百三十四条重大责任事故罪，强令、组织他人违章冒险作业罪，以及第一百三十五条重大劳动安全事故罪。

三、对未依法履行安全生产管理职责的生产经营单位的主要负责人的限制从业

限制从业是行政处罚的一种，根据本条第三款，对未依法履行安全生产管理职责的生产经营单位的主要负责人进行限制从业，既是对其未依法履职的处罚，也是预防其未来再次失职的措施。对未依法履职的生产经营单位主要负责人的限制从业分为两种：第一种是有期限的限制从业，即生产经营单位的主要负责人依照前款规定受刑事处罚或者撤职处分的，自刑罚执行完毕或者受处分之日起，5年内不得担任任何生产经营单位的主要负责人；第二种是无期限的限制从业，即对重大、特别重大生产安全事故负有责任的，终身不得担任本行业生产经营单位的主要负责人。

【相关规定】

《中华人民共和国刑法》第三十七条之一、第一百三十四条、第一百三十四条之一、第一百三十五条；《最高人民检察院、公安部关于公安机关管辖的刑事案件立案追诉标准的规定（一）》第八条、第九条、第十条；《最高人民法院关于进一步加强危害生产安全刑事案件审判工作的意见》；

《最高人民法院、最高人民检察院关于办理危害生产安全刑事案件适用法律若干问题的解释》。

第九十五条 【对发生生产安全事故的罚款】生产经营单位的主要负责人未履行本法规定的安全生产管理职责，导致发生生产安全事故的，由应急管理部门依照下列规定处以罚款：

（一）发生一般事故的，处上一年年收入百分之四十的罚款；

（二）发生较大事故的，处上一年年收入百分之六十的罚款；

（三）发生重大事故的，处上一年年收入百分之八十的罚款；

（四）发生特别重大事故的，处上一年年收入百分之一百的罚款。

【条文主旨】

本条是关于对未依法履行安全生产管理职责，导致发生生产安全事故的生产经营单位的主要负责人进行罚款的规定。

【理解与适用】

对于未履行本法规定的安全生产管理职责因而导致发生生产安全事故的生产经营单位主要负责人，由应急管理部门对其进行罚款。根据导致发生的生产安全事故的不同等级，分别参考生产经营单位主要负责人上一年年收入进行不同比例的罚款处罚。

根据《生产安全事故报告和调查处理条例》第三条规定，根据生产安全事故（以下简称事故）造成的人员伤亡或者直接经济损失，事故一般分为以下等级：（1）特别重大事故，是指造成30人以上死亡，或者100人以上重伤（包括急性工业中毒，下同），或者1亿元以上直接经济损失的事故；（2）重大事故，是指造成10人以上30人以下死亡，或者50人以上100人以下重伤，或者5000万元以上1亿元以下直接经济损失的事故；

（3）较大事故，是指造成3人以上10人以下死亡，或者10人以上50人以下重伤，或者1000万元以上5000万元以下直接经济损失的事故；（4）一般事故，是指造成3人以下死亡，或者10人以下重伤，或者1000万元以下直接经济损失的事故。

【相关规定】

《生产安全事故报告和调查处理条例》第三条。

第九十六条　【对未依法履职的生产经营单位的其他人员的处罚】生产经营单位的其他负责人和安全生产管理人员未履行本法规定的安全生产管理职责的，责令限期改正，处一万元以上三万元以下的罚款；导致发生生产安全事故的，暂停或者吊销其与安全生产有关的资格，并处上一年年收入百分之二十以上百分之五十以下的罚款；构成犯罪的，依照刑法有关规定追究刑事责任。

【条文主旨】

本条是关于对未履行本法规定的安全生产管理职责的生产经营单位的其他负责人和安全生产管理人员进行处罚的规定。

【理解与适用】

生产经营单位主要负责人以外的其他按照本法规定应当履行安全生产管理职责的人员，具体而言，即生产经营单位的其他负责人和安全生产管理人员未履行本法规定的安全生产管理职责的，同样需要进行有力处罚。

没有因未依法履职行为导致发生生产安全事故的，应当对其责令限期改正，并处1万元以上3万元以下的罚款。因未依法履职行为导致发生生产安全事故的，应当暂停或者吊销其与安全生产有关的资格，并处上一年年收入20%以上50%以下的罚款。构成犯罪的，则应当依照刑法有关规定追究刑事责任。在未实际发生生产安全事故，造成人员伤亡或财产损失，但具有发生重大伤亡事故或者其他严重后果的现实危险的情况下，可依据《中华人民共和国刑法》第一百三十四条之一危险作业罪追究相关人员的刑事责任，在实际发生生产安全事故的情形下，可以根据《中华人民共和国刑法》第一百三十四条、第一百三十五条的规定，认定为重大责任事故罪，强令、组织他人违章冒险作业罪以及重大劳动安全事故罪等。

【相关规定】

《中华人民共和国刑法》第三十七条之一、第一百三十四条、第一百三十四条之一、第一百三十五条；《最高人民检察院、公安部关于公安机关管辖的刑事案件立案追诉标准的规定（一）》第八条、第九条、第十条；《最高人民法院关于进一步加强危害生产安全刑事案件审判工作的意见》；《最高人民法院、最高人民检察院关于办理危害生产安全刑事案件适用法律若干问题的解释》。

第九十七条　【对生产经营单位未依法履职行为的处罚】 生产经营单位有下列行为之一的，责令限期改正，处十万元以下的罚款；逾期未改正的，责令停产停业整顿，并处十万元以上二十万元以下的罚款，对其直接负责的主管人员和其他直接责任人员处二万元以上五万元以下的罚款：

（一）未按照规定设置安全生产管理机构或者配备安全生产管理人员、注册安全工程师的；

（二）危险物品的生产、经营、储存、装卸单位以及矿山、金属冶炼、建筑施工、运输单位的主要负责人和安全生产管理人员未按照规定经考核合格的；

（三）未按照规定对从业人员、被派遣劳动者、实习学生进行安全生产教育和培训，或者未按照规定如实告知有关的安全生产事项的；

（四）未如实记录安全生产教育和培训情况的；

（五）未将事故隐患排查治理情况如实记录或者未向从业人员通报的；

（六）未按照规定制定生产安全事故应急救援预案或者未定期组织演练的；

（七）特种作业人员未按照规定经专门的安全作业培训并取得相应资格，上岗作业的。

【条文主旨】

本条是关于生产经营单位未依法履行安全生产管理职责的处罚的规定。

【理解与适用】

本条第一项是关于未按照规定设置安全生产管理机构或者配备安全生产管理人员、注册安全工程师的规定。其中“规定”是指本法第二十四条和第二十七条。本法第二十四条规定，矿山、金属冶炼、建筑施工、运输单位和危险物品的生产、经营、储存、装卸单位，应当设置安全生产管理机构或者配备专职安全生产管理人员。前款规定以外的其他生产经营单位，从业人员超过一百人的，应当设置安全生产管理机构或者配备专职安全生产管理人员；从业人员在一百人以下的，应当配备专职或者兼职的安全生产管理人员。本法第二十七条第三款规定，危险物品的生产、储存、装卸单位以及矿山、金属冶炼单位应当有注册安全工程师从事安全生产管理工作。鼓励其他生产经营单位聘用注册安全工程师从事安全生产管理工作。注册安全工程师按专业分类管理，具体办法由国务院人力资源和社会保障部门、国务院应急管理部门会同国务院有关部门制定。

本条第二项是关于危险物品的生产、经营、储存、装卸单位以及矿山、金属冶炼、建筑施工、运输单位的主要负责人和安全生产管理人员未按照规定经考核合格的规定。本法第二十七条第二款规定，危险物品的生产、经营、储存、装卸单位以及矿山、金属冶炼、建筑施工、道路运输单位的主要负责人和安全生产管理人员，应当由主管的负有安全生产监督管理职责的部门对其安全生产知识和管理能力考核合格。

本条第三项是关于未按照规定对从业人员、被派遣劳动者、实习学生进行安全生产教育和培训，或者未按照规定如实告知有关的安全生产事项的规定。本法第二十五条规定，生产经营单位的安全生产管理机构以及安全生产管理人员履行下列职责：……（二）组织或者参与本单位安全生产教育和培训……本法第二十八条第一款、第二款、第三款规定，生产经营单位应当对从业人员进行安全生产教育和培训，保证从业人员具备必要的安全生产知识，熟悉有关的安全生产规章制度和安全操作规程，掌握本岗位的安全操作技能，了解事故应急处理措施，知悉自身在安全生产方面的权利和义务。未经安全生产教育和培训合格的从业人员，不得上岗作业。生产经营单位使用被派遣劳动者的，应当将被派遣劳动者纳入本单位从业人员统一管理，对被派遣劳动者进行岗位安全操作规程和安全操作技能的教育和培训。劳务派遣单位应当对被派遣劳动者进行必要的安全生产教育和培训。生产经营单位接收中等职业学校、高等学校学生实习的，应当对实习学生进行相应的安全生产教育和培训，提供必要的劳动防护用品。学校应当协助生产经营单位对实习学生进行安全生产教育和培训。第二十九条规定，生产经营单位采用新工艺、新技术、新材料或者使用新设备，必须了解、掌握其安全技术特性，采取有效的安全防护措施，并对从业人员进行专门的安全生产教育和培训。

本条第四项是关于未如实记录安全生产教育和培训情况的规定。本法第二十五条规定，生产经营单位的安全生产管理机构以及安全生产管理人员履行下列职责：……（二）……如实记录安全生产教育和培训情况……本法第二十八条第四款规定，生产经营单位应当建立安全生产教育和培训档案，如实记录安全生产教育和培训的时间、内容、参加人员以及考核结果等情况。

本条第五项是关于未将事故隐患排查治理情况如实记录或者未向从业人员通报的规定。本法第四十一条第二款规定，生产经营单位应当建立健全并落实生产安全事故隐患排查治理制度，采取技术、管理措施，及时发现并消除事故隐患。事故隐患排查治理情况应当如实记录，并通过职工大会或者职工代表大会、信息公示栏等方式向从业人员通报。其中，重大事故隐患排查治理情况应当及时向负有安全生产监督管理职责的部门和职工大会或者职工代表大会报告。

本条第六项是关于未按照规定制定生产安全事故应急救援预案或者未定期组织演练的规定。本法第八十一条规定，生产经营单位应当制定本单位生产安全事故应急救援预案，与所在地县级以上地方人民政府组织制定的生产安全事故应急救援预案相衔接，并定期组织演练。

本条第七项是关于特种作业人员未按照规定经专门的安全作业培训并取得相应资格，上岗作业的规定。本法第三十条第一款规定，生产经营单位的特种作业人员必须按照国家有关规定经专门的安全作业培训，取得相应资格，方可上岗作业。

实施上述七种行为，责令限期改正，处10万元以下的罚款；逾期未改正的，责令停产停业整顿，并处10万元以上20万元以下的罚款，对其直接负责的主管人员和其他直接责任人员处 2 万元以上 5 万元以下的罚款。修改后的条文加大了罚款的处罚力度。

【相关规定】

《中华人民共和国安全生产法》第二十五条、第二十七条、第二十八条、第二十九条、第三十条、第四十一条、第八十一条。

第九十八条　【对生产经营单位未依法安全评价、安全设施设计、验收的处罚】生产经营单位有下列行为之一的，责令停止建设或者停产停业整顿，限期改正，并处十万元以上五十万元以下的罚款，对其直接负责的主管人员和其他直接责任人员处二万元以上五万元以下的罚款；逾期未改正的，处五十万元以上一百万元以下的罚款，对其直接负责的主管人员和其他直接责任人员处五万元以上十万元以下的罚款；构成犯罪的，依照刑法有关规定追究刑事责任：

（一）未按照规定对矿山、金属冶炼建设项目或者用于生产、储存、装卸危险物品的建设项目进行安全评价的；

（二）矿山、金属冶炼建设项目或者用于生产、储存、装卸危险物品的建设项目没有安全设施设计或者安全设施设计未按照规定报经有关部门审查同意的；

（三）矿山、金属冶炼建设项目或者用于生产、储存、装卸危险物品的建设项目的施工单位未按照批准的安全设施设计施工的；

（四）矿山、金属冶炼建设项目或者用于生产、储存、装卸危险物品的建设项目竣工投入生产或者使用前，安全设施未经验收合格的。

【条文主旨】

本条是关于生产经营单位未依法进行安全评价、安全设施设计、验收等行为的处罚的规定。

【理解与适用】

本条第一项是关于未按照规定对矿山、金属冶炼建设项目或者用于生产、储存、装卸危险物品的建设项目进行安全评价的规定。本法第三十二条规定，矿山、金属冶炼建设项目和用于生产、储存、装卸危险物品的建设项目，应当按照国家有关规定进行安全评价。

本条第二项是关于矿山、金属冶炼建设项目或者用于生产、储存、装卸危险物品的建设项目没有安全设施设计或者安全设施设计未按照规定报经有关部门审查同意的规定。本法第三十三条规定，建设项目安全设施的设计人、设计单位应当对安全设施设计负责。矿山建设项目和用于生产、储存、装卸危险物品的建设项目的安全设施设计应当按照国家有关规定报经有关部门审查，审查部门及其负责审查的人员对审查结果负责。

本条第三项是关于矿山、金属冶炼建设项目或者用于生产、储存、装卸危险物品的建设项目的施工单位未按照批准的安全设施设计施工的规定。本法第三十四条第一款规定，矿山、金属冶炼建设项目和用于生产、储存、装卸危险物品的建设项目的施工单位必须按照批准的安全设施设计施工，并对安全设施的工程质量负责。

本条第四项是关于矿山、金属冶炼建设项目或者用于生产、储存、装卸危险物品的建设项目竣工投入生产或者使用前，安全设施未经验收合格的规定。本法第三十四条第二款规定，矿山、金属冶炼建设项目和用于生产、储存、装卸危险物品的建设项目竣工投入生产或者使用前，应当由建设单位负责组织对安全设施进行验收；验收合格后，方可投入生产和使用。负有安全生产监督管理职责的部门应当加强对建设单位验收活动和验收结果的监督核查。

对实施上述行为的生产经营单位，应当责令停止建设或者停产停业整顿，限期改正，并处 10 万元以上 50 万元以下的罚款，对其直接负责的主管人员和其他直接责任人员处 2 万元以上 5 万元以下的罚款；逾期未改正的，处 50 万元以上 100 万元以下的罚款，对其直接负责的主管人员和其他直接责任人员处 5 万元以上 10 万元以下的罚款；构成犯罪的，依照刑法有关规定追究刑事责任。修改后的条文加大了对上述行为的罚款力度。从追究刑事责任的角度上看，未造成生产安全事故的，可能构成《中华人民共和国刑法》第一百三十四条之一危险作业罪，造成生产安全事故的，可能构成《中华人民共和国刑法》第一百三十四条重大责任事故罪，强令、组织违章冒险作业罪以及第一百三十五条重大劳动安全事故罪。

【相关规定】

《中华人民共和国刑法》第一百三十四条、第一百三十四条之一、第一百三十五条；《中华人民共和国安全生产法》第三十二条、第三十三条、第三十四条；《最高人民检察院、公安部关于公安机关管辖的刑事案件立案追诉标准的规定（一）》第八条、第九条、第十条；《最高人民法院关于进一步加强危害生产安全刑事案件审判工作的意见》；《最高人民法院、最高人民检察院关于办理危害生产安全刑事案件适用法律若干问题的解释》。

第九十九条　【对生产经营单位安全设施不到位的处罚】 生产经营单位有下列行为之一的，责令限期改正，处五万元以下的罚款；逾期未改正的，处五万元以上二十万元以下的罚款，对其直接负责的主管人员和其他直接责任人员处一万元以上二万元以下的罚款；情节严重的，责令停产停业整顿；构成犯罪的，依照刑法有关规定追究刑事责任：

（一）未在有较大危险因素的生产经营场所和有关设施、设备上设置明显的安全警示标志的；

（二）安全设备的安装、使用、检测、改造和报废不符合国家标准或者行业标准的；

（三）未对安全设备进行经常性维护、保养和定期检测的；

（四）关闭、破坏直接关系生产安全的监控、报警、防护、救生设备、设施，或者篡改、隐瞒、销毁其相关数据、信息的；

（五）未为从业人员提供符合国家标准或者行业标准的劳动防护用品的；

（六）危险物品的容器、运输工具，以及涉及人身安全、危险性较大的海洋石油开采特种设备和矿山井下特种设备未经具有专业资质的机构检测、检验合格，取得安全使用证或者安全标志，投入使用的；

（七）使用应当淘汰的危及生产安全的工艺、设备的；
（八）餐饮等行业的生产经营单位使用燃气未安装可燃气体报警装置的。

【条文主旨】

本条是关于对生产经营单位的安全设施设置不到位的处罚的规定。

【理解与适用】

本条第一项是关于未在有较大危险因素的生产经营场所和有关设施、设备上设置明显的安全警示标志的规定。本法第三十五条规定，生产经营单位应当在有较大危险因素的生产经营场所和有关设施、设备上，设置明显的安全警示标志。

本条第二项是关于安全设备的安装、使用、检测、改造和报废不符合国家标准或者行业标准的规定。本法第三十六条第一款规定，安全设备的设计、制造、安装、使用、检测、维修、改造和报废，应当符合国家标准或者行业标准。

本条第三项是关于未对安全设备进行经常性维护、保养和定期检测的规定。本法第三十六条第二款规定，生产经营单位必须对安全设备进行经常性维护、保养，并定期检测，保证正常运转。维护、保养、检测应当作好记录，并由有关人员签字。

本条第四项是关于关闭、破坏直接关系生产安全的监控、报警、防护、救生设备、设施，或者篡改、隐瞒、销毁其相关数据、信息的规定。本法第三十六条第三款规定，生产经营单位不得关闭、破坏直接关系生产安全的监控、报警、防护、救生设备、设施，或者篡改、隐瞒、销毁其相关数据、信息。

本条第五项是关于未为从业人员提供符合国家标准或者行业标准的劳动防护用品的规定。本法第四十五条规定，生产经营单位必须为从业人员提供符合国家标准或者行业标准的劳动防护用品，并监督、教育从业人员按照使用规则佩戴、使用。

本条第六项是关于危险物品的容器、运输工具，以及涉及人身安全、危险性较大的海洋石油开采特种设备和矿山井下特种设备未经具有专业资质的机构检测、检验合格，取得安全使用证或者安全标志，投入使用的规定。本法第三十七条规定，生产经营单位使用的危险物品的容器、运输工具，以及涉及人身安全、危险性较大的海洋石油开采特种设备和矿山井下特种设备，必须按照国家有关规定，由专业生产单位生产，并经具有专业资质的检测、检验机构检测、检验合格，取得安全使用证或者安全标志，方可投入使用。检测、检验机构对检测、检验结果负责。

本条第七项是关于使用应当淘汰的危及生产安全的工艺、设备的规定。本法第三十八条规定，国家对严重危及生产安全的工艺、设备实行淘汰制度……生产经营单位不得使用应当淘汰的危及生产安全的工艺、设备。

本条第八项是关于餐饮等行业的生产经营单位使用燃气未安装可燃气体报警装置的规定。本法第三十六条第四款规定，餐饮等行业的生产经营单位使用燃气的，应当安装可燃气体报警装置，并保障其正常使用。

实施上述行为，责令限期改正，应当处5万元以下的罚款；逾期未改正的，处5万元以上20万元以下的罚款，对其直接负责的主管人员和其他直接责任人员处1万元以上2万元以下的罚款；情节严重的，责令停产停业整顿。构成犯罪的，依照刑法有关规定追究刑事责任：未造成生产安全事故的，可能构成《中华人民共和国刑法》第一百三十四条之一危险作业罪；造成生产安全事故的，可能构成《中华人民共和国刑法》第一百三十四条重大责任事故罪，强令、组织违章冒险作业罪以及第一百三十五条重大劳动安全事故罪。

【相关规定】

《中华人民共和国安全生产法》第三十五条、第三十六条、第三十七条、第三十八条；《中华人民共和国刑法》第一百三十四条、第一百三十四条之一、第一百三十五条。

第一百条　【对涉及危险物品、废弃危险物品的违规行为的处罚】未经依法批准，擅自生产、经营、运输、储存、使用危险物品或者处置废弃危险物品的，依照有关危险物品安全管理的法律、行政法规的规定予以处罚；构成犯罪的，依照刑法有关规定追究刑事责任。

【条文主旨】

本条是关于未经依法批准，擅自生产、经营、运输、储存、使用危险物品或者处置废弃危险物品的处罚的规定。

【理解与适用】

未经依法批准，擅自生产、经营、运输、储存、使用危险物品或者处置废弃危险物品的，依照有关危险物品安全管理的法律、行政法规的规定予以处罚。例如，《危险化学品安全管理条例》第七十七条规定，未依法取得危险化学品安全生产许可证从事危险化学品生产，或者未依法取得工业产品生产许可证从事危险化学品及其包装物、容器生产的，分别依照《安全生产许可证条例》《中华人民共和国工业产品生产许可证管理条例》的规定处罚。违反本条例规定，化工企业未取得危险化学品安全使用许可证，使用危险化学品从事生产的，由安全生产监督管理部门责令限期改正，处10万元以上20万元以下的罚款；逾期不改正的，责令停产整顿。违反本条例规定，未取得危险化学品经营许可证从事危险化学品经营的，由安全生产监督管理部门责令停止经营活动，没收违法经营的危险化学品以及违法所得，并处10万元以上20万元以下的罚款；构成犯罪的，依法追究刑事责任。《安全生产许可证条例》第十九条规定，违反本条例规定，未取得安全生产许可证擅自进行生产的，责令停止生产，没收违法所得，并处10万元以上50万元以下的罚款；造成重大事故或者其他严重后果，构成犯罪的，依法追究刑事责任。《中华人民共和国工业产品生产许可证管理条例》第四十五条规定，企业未依照本条例规定申请取得生产许可证而擅自生产列入目录产品的，由工业产品生产许可证主管部门责令停止生产，没收违法生产的产品，处违法生产产品货值金额等值以上3倍以下的罚款；有违法所得的，没收违法所得；构成犯罪的，依法追究刑事责任。《危险化学品安全管理条例》第八十五条规定，未依法取得危险货物道路运输许可、危险货物水路运输许可，从事危险化学品道路运输、水路运输的，分别依照有关道路运输、水路运输的法律、行政法规的规定处罚。

构成犯罪的，依照刑法的有关规定追究刑事责任。涉及的刑事罪名包括：在生产、作业中违反有关安全管理的规定，涉及安全生产的事项未经依法批准或者许可，擅自从事危险品生产、经营、储存等高度危险的生产作业活动的，构成刑法第一百三十四条之一危险作业罪；违反爆炸性、易燃性、放射性、毒害性、腐蚀性物品的管理规定，在生产、储存、运输、使用中发生重大事故，造成严重后果的，构成刑法第一百三十六条危险物品肇事罪；违反国家规定，排放、倾倒或者处置危险物，严重污染环境的，构成刑法第三百三十八条污染环境罪。

【相关规定】

《危险化学品安全管理条例》第七十七条、第八十五条；《安全生产许可证条例》第十九条；《中华人民共和国工业产品生产许可证管理条例》第四十五条；《中华人民共和国刑法》第一百三十四条之一、第一百三十六条、第三百三十八条。

第一百零一条　【对未建立安全管理制度的处罚】生产经营单位有下列行为之一的，责令限期改正，处十万元以下的罚款；逾期未改正的，责令停产停业整顿，并处十万元以上二十万元以下的罚款，对其直接负责的主管人员和其他直接责任人员处二万元以上五万元以下的罚款；构成犯罪的，依照刑法有关规定追究刑事责任：

（一）生产、经营、运输、储存、使用危险物品或者处置废弃危险物品，未建立专门安全管理制度、未采取可靠的安全措施的；

（二）对重大危险源未登记建档，未进行定期检测、评估、监控，未制定应急预案，或者未告知应急措施的；

（三）进行爆破、吊装、动火、临时用电以及国务院应急管理部门会同国务院有关部门规定的其他危险作业，未安排专门人员进行现场安全管理的；

（四）未建立安全风险分级管控制度或者未按照安全风险分级采取相应管控措施的；

（五）未建立事故隐患排查治理制度，或者重大事故隐患排查治理情况未按照规定报告的。

【条文主旨】

本条是关于对生产经营单位未建立完善的安全管理制度的处罚的规定。

【理解与适用】

本条第一项是关于生产、经营、运输、储存、使用危险物品或者处置废弃危险物品，未建立专门安全管理制度、未采取可靠的安全措施的规定。本法第三十九条第二款规定，生产经营单位生产、经营、运输、储存、使用危险物品或者处置废弃危险物品，必须执行有关法律、法规和国家标准或者行业标准，建立专门的安全管理制度，采取可靠的安全措施，接受有关主管部门依法实施的监督管理。

本条第二项是关于对重大危险源未登记建档，未进行定期检测、评估、监控，未制定应急预案，或者未告知应急措施的规定。本法第四十条第二款规定，生产经营单位应当按照国家有关规定将本单位重大危险源及有关安全措施、应急措施报有关地方人民政府应急管理部门和有关部门备案。有关地方人民政府应急管理部门和有关部门应当通过相关信息系统实现信息共享。

本条第三项是关于进行爆破、吊装、动火、临时用电以及国务院应急管理部门会同国务院有关部门规定的其他危险作业，未安排专门人员进行现场安全管理的规定。本法第四十三条规定，生产经营单位进行爆破、吊装、动火、临时用电以及国务院应急管理部门会同国务院有关部门规定的其他危险作业，应当安排专门人员进行现场安全管理，确保操作规程的遵守和安全措施的落实。

本条第四项是关于未建立安全风险分级管控制度或者未按照安全风险分级采取相应管控措施的规定。本法第四十一条第一款规定，生产经营单位应当建立安全风险分级管控制度，按照安全风险分级采取相应的管控措施。

本条第五项是关于未建立事故隐患排查治理制度，或者重大事故隐患排查治理情况未按照规定报告的规定。本法第四十一条第二款规定，生产经营单位应当建立健全并落实生产安全事故隐患排查治理制度，采取技术、管理措施，及时发现并消除事故隐患。事故隐患排查治理情况应当如实记录，并通过职工大会或者职工代表大会、信息公示栏等方式向从业人员通报。其中，重大事故隐患排查治理情况应当及时向负有安全生产监督管理职责的部门和职工大会或者职工代表大会报告。

生产经营单位实施上述行为的，责令限期改正，处 10 万元以下的罚款；逾期未改正的，责令停产停业整顿，并处 10 万元以上 20 万元以下的罚款，对其直接负责的主管人员和其他直接责任人员处 2 万元以上 5 万元以下的罚款；构成犯罪的，依照刑法有关规定追究刑事责任。可能涉嫌的罪名，包括《中华人民共和国刑法》第一百三十四条第一款重大责任事故罪、第一百三十五条重大劳动安全事故罪、第一百三十六条危险物品肇事罪。

【相关规定】

《中华人民共和国安全生产法》第四十条、第四十一条、第四十三条；《中华人民共和国刑法》第一百三十四条第一款、第一百三十五条、第一百三十六条。

第一百零二条　【对未消除事故隐患的处罚】 生产经营单位未采取措施消除事故隐患的，责令立即消除或者限期消除，处五万元以下的罚款；生产经营单位拒不执行的，责令停产停业整顿，对其直接负责的主管人员和其他直接责任人员处五万元以上十万元以下的罚款；构成犯罪的，依照刑法有关规定追究刑事责任。

【条文主旨】

本条是关于对生产经营单位未采取措施消除事故隐患的处罚的规定。

【理解与适用】

本法第六十五条规定，应急管理部门和其他负有安全生产监督管理职责的部门依法开展安全生产行政执法工作，对生产经营单位执行有关安全生产的法律、法规和国家标准或者行业标准的情况进行监督检查，行使以下职权：……（三）对检查中发现的事故隐患，应当责令立即排除；重大事故隐患排除前或者排除过程中无法保证安全的，应当责令从危险区域内撤出作业人员，责令暂时停产停业或者停止使用相关设施、设备；重大事故隐患排除后，经审查同意，方可恢复生产经营和使用……

如果生产经营单位仍然未采取相应措施消除事故隐患，应当进一步对其进行处罚，即责令立即消除或者限期消除，处 5 万元以下的罚款；生产经营单位拒不执行的，责令停产停业整顿，对其直接负责的主管人员和其他直接责任人员处 5 万元以上 10 万元以下的罚款；构成犯罪的，依照刑法有关规定追究刑事责任。在生产、作业中违反有关安全管理规定，因存在重大事故隐患被依法责令停产停业、停止施工、停止使用有关设备或者立即排除危险而拒不执行，具有发生重大伤亡事故或者有其他严重后果的现实危险的，构成《中华人民共和国刑法》第一百三十四条之一危险作业罪；导致重大伤亡事故或者造成其他严重后果的，可构成《中华人民共和国刑法》第一百三十四条第一款重大责任事故罪、第一百三十五条重大劳动安全事故罪。

【相关规定】

《中华人民共和国刑法》第一百三十四条第一款、第一百三十四条之一、第一百三十五条。

第一百零三条　【对违规发包、出租、未进行安全生产管理的处罚】生产经营单位将生产经营项目、场所、设备发包或者出租给不具备安全生产条件或者相应资质的单位或者个人的，责令限期改正，没收违法所得；违法所得十万元以上的，并处违法所得二倍以上五倍以下的罚款；没有违法所得或者违法所得不足十万元的，单处或者并处十万元以上二十万元以下的罚款；对其直接负责的主管人员和其他直接责任人员处一万元以上二万元以下的罚款；导致发生生产安全事故给他人造成损害的，与承包方、承租方承担连带赔偿责任。

生产经营单位未与承包单位、承租单位签订专门的安全生产管理协议或者未在承包合同、租赁合同中明确各自的安全生产管理职责，或者未对承包单位、承租单位的安全生产统一协调、管理的，责令限期改正，处五万元以下的罚款，对其直接负责的主管人员和其他直接责任人员处一万元以下的罚款；逾期未改正的，责令停产停业整顿。

矿山、金属冶炼建设项目和用于生产、储存、装卸危险物品的建设项目的施工单位未按照规定对施工项目进行安全管理的，责令限期改正，处十万元以下的罚款，对其直接负责的主管人员和其他直接责任人员处二万元以下的罚款；逾期未改正的，责令停产停业整顿。以上施工单位倒卖、出租、出借、挂靠或者以其他形式非法转让施工资质的，责令停产停业整顿，吊销资质证书，没收违法所得；违法所得十万元以上的，并处违法所得二倍以上五倍以下的罚款，没有违法所得或者违法所得不足十万元的，单处或者并处十万元以上二十万元以下的罚款；对其直接负责的主管人员和其他直接责任人员处五万元以上十万元以下的罚款；构成犯罪的，依照刑法有关规定追究刑事责任。

【条文主旨】

本条是关于对生产经营单位违规发包、出租，未与承包单位、承租单位签订安全生产协议或未进行安全生产统一协调、管理，特定建设项目施工单位未对施工项目进行安全管理的处罚的规定。

【理解与适用】

本法第四十九条规定，生产经营单位不得将生产经营项目、场所、设备发包或者出租给不具备安全生产条件或者相应资质的单位或者个人。生产经营项目、场所发包或者出租给其他单位的，生产经营单位应当与承包单位、承租单位签订专门的安全生产管理协议，或者在承包合同、租赁合同中约定各自的安全生产管理职责；生产经营单位对承包单位、承租单位的安全生产工作统一协调、管理，定期进行安全检查，发现安全问题的，应当及时督促整改。矿山、金属冶炼建设项目和用于生产、储存、装卸危险物品的建设项目的施工单位应当加强对施工项目的安全管理，不得倒卖、出租、出借、挂靠或者以其他形式非法转让施工资质，不得将其承包的全部建设工程转包给第三人或者将其承包的全部建设工程支解以后以分包的名义分别转包给第三人，不得将工程分包给不具备相应资质条件的单位。本条即对违反上述规定所作出的处罚后果的规定。

对于生产经营单位将生产经营项目、场所、设备发包或者出租给不具备安全生产条件或者相应资质的单位或者个人的，在行政责任上，应当责令限期改正，没收违法所得；违法所得 10 万元以上的，并处违法所得 2 倍以上 5 倍以下的罚款；没有违法所得或者违法所得不足 10 万元的，单处或者并处 10 万元以上 20 万元以下的罚款；对其直接负责的主管人员和其他直接责任人员处 1 万元以上 2 万元以下的罚款。在民事责任上，发生生产安全事故，给他人造成损害的，与承包方、承租方承担连带赔偿责任。

对于生产经营单位未与承包单位、承租单位签订专门的安全生产管理协议或者未在承包合同、租赁合同中明确各自的安全生产管理职责，或者未对承包单位、承租单位的安全生产统一协调、管理的，在行政责任上，应当责令限期改正，处 5 万元以下的罚款，对其直接负责的主管人员和其他直接责任人员处 1 万元以下的罚款；逾期未改正的，责令停产停业整顿。此次修改删除了“可以”，即将罚款由可选择性处罚变成了应当性处罚。

本条第三款为此次修改新增，主要是对应本法第四十九条第三款的新增内容。对于矿山、金属冶炼建设项目和用于生产、储存、装卸危险物品的建设项目的施工单位未按照规定对施工项目进行安全管理的，在行政责任上，应当责令限期改正，处 10 万元以下的罚款，对其直接负责的主管人员和其他直接责任人员处 2 万元以下的罚款；逾期未改正的，责令停产停业整顿。以上施工单位倒卖、出租、出借、挂靠或者以其他形式非法转让施工资质的，责令停产停业整顿，吊销资质证书，没收违法所得；违法所得 10 万元以上的，并处违法所得 2 倍以上 5 倍以下的罚款；没有违法所得或者违法所得不足 10 万元的，单处或者并处 10 万元以上 20 万元以下的罚款；对其直接负责的主管人员和其他直接责任人员处 5 万元以上 10 万元以下的罚款。在刑事责任上，构成犯罪的，依照刑法有关规定追究刑事责任。未造成实际损害结果，但是具有发生重大伤亡事故或者其他严重后果的现实危险，符合刑法第一百三十四条之一的规定的，应当认定为危险作业罪；造成了实际损害结果，发生重大伤亡事故或者其他严重后果，符合刑法第一百三十四条重大责任事故罪，强令、组织他人违章冒险作业罪，第一百三十五条重大劳动安全事故罪，第一百三十六条危险物品肇事罪等规定的，应当依照规定进行认定。

【相关规定】

《中华人民共和国安全生产法》第四十九条；《中华人民共和国刑法》第一百三十四条、第一百三十四条之一、第一百三十五条、第一百三十六条。

第一百零四条　【对未签订安全生产管理协议或未进行安全检查与协调的处罚】 两个以上生产经营单位在同一作业区域内进行可能危及对方安全生产的生产经营活动，未签订安全生产管理协议或者未指定专职安全生产管理人员进行安全检查与协调的，责令限期改正，处五万元以下的罚款，对其直接负责的主管人员和其他直接责任人员处一万元以下的罚款；逾期未改正的，责令停产停业。

【条文主旨】

本条是关于对生产经营单位未签订安全生产管理协议或者未指定专职安全生产管理人员进行安全检查与协调的处罚的规定。

【理解与适用】

本法第四十八条规定，两个以上生产经营单位在同一作业区域内进行生产经营活动，可能危及对方生产安全的，应当签订安全生产管理协议，明确各自的安全生产管理职责和应当采取的安全措施，并指定专职安全生产管理人员进行安全检查与协调。本条即对违反第四十八条的处罚的规定。

对未签订安全生产管理协议或者未指定专职安全生产管理人员进行安全检查与协调的，责令限期改正，处 5 万元以下的罚款，对其直接负责的主管人员和其他直接责任人员处 1 万元以下的罚款；逾期未改正的，责令停产停业。此次修改删除了原条文中的“可以”，即将选择性的罚款变更为应当性的罚款。

【相关规定】

《中华人民共和国安全生产法》第四十八条。

第一百零五条　【对生产经营场所和员工宿舍不符安全要求的处罚】 生产经营单位有下列行为之一的，责令限期改正，处五万元以下的罚款，对其直接负责的主管人员和其他直接责任人员处一万元以下的罚款；逾期未改正的，责令停产停业整顿；构成犯罪的，依照刑法有关规定追究刑事责任：

（一）生产、经营、储存、使用危险物品的车间、商店、仓库与员工宿舍在同一座建筑内，或者与员工宿舍的距离不符合安全要求的；

（二）生产经营场所和员工宿舍未设有符合紧急疏散需要、标志明显、保持畅通的出口、疏散通道，或者占用、锁闭、封堵生产经营场所或者员工宿舍出口、疏散通道的。

【条文主旨】

本条是关于对生产经营场所和员工宿舍不符合安全要求的处罚的规定。

【理解与适用】

本法第四十二条规定，生产、经营、储存、使用危险物品的车间、商店、仓库不得与员工宿舍在同一座建筑物内，并应当与员工宿舍保持安全距离。生产经营场所和员工宿舍应当设有符合紧急疏散要求、标志明显、保持畅通的出口、疏散通道。禁止占用、锁闭、封堵生产经营场所或者员工宿舍的出口、疏散通道。本条规定即对违反第四十二条的处罚。

对于实施违反上述规定的行为，责令限期改正，处5万元以下的罚款，对其直接负责的主管人员和其他直接责任人员处1万元以下的罚款；逾期未改正的，责令停产停业整顿。此次修改删除了原条文中的“可以”，即将原先的可选择性的罚款修改为必须判处的罚款。

对于实施违反上述规定的行为，构成犯罪的，依照刑法有关规定追究刑事责任。未造成实际损害结果，但是具有发生重大伤亡事故或者其他严重后果的现实危险，符合刑法第一百三十四条之一的规定的，应当认定为危险作业罪；造成了实际损害结果，发生重大伤亡事故或者其他严重后果的，符合刑法第一百三十四条重大责任事故罪，强令、组织他人违章冒险作业罪，第一百三十五条重大劳动安全事故罪，第一百三十六条危险物品肇事罪等规定的，应当依照规定进行认定。

【相关规定】

《中华人民共和国安全生产法》第四十二条；《中华人民共和国刑法》第一百三十四条、第一百三十四条之一、第一百三十五条、第一百三十六条。

第一百零六条 【对订立违规协议的处罚】 生产经营单位与从业人员订立协议，免除或者减轻其对从业人员因生产安全事故伤亡依法应承担的责任的，该协议无效；对生产经营单位的主要负责人、个人经营的投资人处二万元以上十万元以下的罚款。

【条文主旨】

本条是关于对生产经营单位和从业人员订立违规协议的处罚的规定。

【理解与适用】

本法第五十二条第二款规定，生产经营单位不得以任何形式与从业人员订立协议，免除或者减轻其对从业人员因生产安全事故伤亡依法应承担的责任。本条即对违反第五十二条第二款的处罚的规定。

对实施违反上述规定的行为，对生产经营单位的主要负责人、个人经营的投资人处 2 万元以上 10 万元以下的罚款。

【相关规定】

《中华人民共和国安全生产法》第五十二条。

第一百零七条 【对从业人员违规行为的处罚】 生产经营单位的从业人员不落实岗位安全责任，不服从管理，违反安全生产规章制度或者操作规程的，由生产经营单位给予批评教育，依照有关规章制度给予处分；构成犯罪的，依照刑法有关规定追究刑事责任。

【条文主旨】

本条是关于对生产经营单位的从业人员不履行安全职责的违规行为进行处罚的规定。

【理解与适用】

生产经营单位的从业人员是生产、经营工作的直接人员，对于安全生产负有直接责任，应当落实岗位安全职责、服从管理，遵照安全生产规章制度或者操作规程。

对于不落实岗位安全责任，不服从管理，违反安全生产规章制度或者操作规程的从业人员，未构成犯罪的，由生产经营单位给予批评教育，依照有关规章制度给予处分；构成犯罪的，依照刑法有关规定追究刑事责任。在生产、作业中违反有关安全管理的规定，因而发生重大伤亡事故或者造成其他严重后果的，应当认定为《中华人民共和国刑法》第一百三十四条第一款的重大责任事故罪；对于危险物品生产经营单位的从业人员，违反危险物品管理规定，在生产、储存、运输、使用中发生重大事故，造成严重后果的，应当认定为《中华人民共和国刑法》第一百三十六条的危险物品肇事罪。

【相关规定】

《中华人民共和国刑法》第一百三十四条之一、第一百三十六条。

第一百零八条　【对拒绝、阻碍监督检查的处罚】违反本法规定，生产经营单位拒绝、阻碍负有安全生产监督管理职责的部门依法实施监督检查的，责令改正；拒不改正的，处二万元以上二十万元以下的罚款；对其直接负责的主管人员和其他直接责任人员处一万元以上二万元以下的罚款；构成犯罪的，依照刑法有关规定追究刑事责任。

【条文主旨】

本条是关于对生产经营单位拒绝、阻碍负有安全生产监督管理职责的部门依法实施监督检查的处罚的规定。

【理解与适用】

本法第六十二条第二款规定，应急管理部门应当按照分类分级监督管理的要求，制定安全生产年度监督检查计划，并按照年度监督检查计划进行监督检查，发现事故隐患，应当及时处理。第六十六条规定，生产经营单位对负有安全生产监督管理职责的部门的监督检查人员依法履行监督检查职责，应当予以配合，不得拒绝、阻挠。本条即对生产经营单位违反配合监督检查义务的行为的处罚的规定。

对生产经营单位违反配合监督检查义务的行为，应当责令改正；拒不改正的，处 2 万元以上 20 万元以下的罚款；对其直接负责的主管人员和其他直接责任人员处 1 万元以上 2 万元以下的罚款；构成犯罪的，依照刑法有关规定追究刑事责任。对于采用随意殴打、追逐、拦截、辱骂、恐吓负有安全生产监督管理职责的部门人员依法执行监督检查职务的，或者在监督检查时期在公共场所起哄闹事的，可认定为《中华人民共和国刑法》第二百九十三条的寻衅滋事罪。采用暴力、威胁方法阻碍作为国家机关工作人员的负有安全生产监督管理职责的部门人员依法执行监督检查职务的，可认定为《中华人民共和国刑法》第二百七十七条的妨害公务罪。采用暴力方法，导致负有安全生产监督管理职责的部门依法执行监督检查职务的人员重伤、死亡结果的，则应当认定为《中华人民共和国刑法》第二百三十二条故意杀人罪、第二百三十四条故意伤害罪。

【相关规定】

《中华人民共和国安全生产法》第六十二条；《中华人民共和国刑法》第二百三十二条、第二百三十四条、第二百七十七条、第二百九十三条。

第一百零九条　【对未依法投保安全生产责任保险的处罚】高危行业、领域的生产经营单位未按照国家规定投保安全生产责任保险的，责令限期改正，处五万元以上十万元以下的罚款；逾期未改正的，处十万元以上二十万元以下的罚款。

【条文主旨】

本条是关于对高危行业、领域的生产经营单位未依法投保安全生产责任保险进行处罚的规定。

【理解与适用】

本法第五十一条第二款规定，国家鼓励生产经营单位投保安全生产责任保险；属于国家规定的高危行业、领域的生产经营单位，应当投保安全生产责任保险。具体范围和实施办法由国务院应急管理部门会同国务院财政部门、国务院保险监督管理机构和相关行业主管部门制定。本条即对违反第五十一条第二款的处罚的规定。

对于高危行业、领域的生产经营单位未按照国家规定投保安全生产责任保险的，责令限期改正，处5万元以上10万元以下的罚款；逾期未改正的，处10万元以上20万元以下的罚款。

【相关规定】

《中华人民共和国安全生产法》第五十一条。

第一百一十条　【对生产经营单位主要负责人擅离职守的处罚】生产经营单位的主要负责人在本单位发生生产安全事故时，不立即组织抢救或者在事故调查处理期间擅离职守或者逃匿的，给予降级、撤职的处分，并由应急管理部门处上一年年收入百分之六十至百分之一百的罚款；对逃匿的处十五日以下拘留；构成犯罪的，依照刑法有关规定追究刑事责任。

生产经营单位的主要负责人对生产安全事故隐瞒不报、谎报或者迟报的，依照前款规定处罚。

【条文主旨】

本条是关于对生产经营单位的主要负责人在发生安全事故时擅离职守进行处罚的规定。

【理解与适用】

本法第五十条规定，生产经营单位发生生产安全事故时，单位的主要负责人应当立即组织抢救，并不得在事故调查处理期间擅离职守。本条即对违反第五十条的处罚的规定。

对于生产经营单位的主要负责人在本单位发生生产安全事故时，不立即组织抢救或者在事故调查处理期间擅离职守或者逃匿的，在行政责任上，给予降级、撤职的处分，并由应急管理部门处上一年年收入60%至100%的罚款；对逃匿的处15日以下拘留。在刑事责任上，构成犯罪的，依照刑法有关规定追究责任。对于属于国有公司、企业的生产经营单位，其主要负责人在本单位发生生产安全事故时，不立即组织抢救或者在事故调查处理期间擅离职守或者逃匿的，造成国有公司、企业严重损失，致使国家利益造成重大损失的，应当认定为《中华人民共和国刑法》第一百六十八条国有公司、企业、事业单位人员失职罪。

【相关规定】

《中华人民共和国安全生产法》第五十条；《中华人民共和国刑法》第一百六十八条。

第一百一十一条　【对不具备安全生产条件的处罚】 有关地方人民政府、负有安全生产监督管理职责的部门，对生产安全事故隐瞒不报、谎报或者迟报的，对直接负责的主管人员和其他直接责任人员依法给予处分；构成犯罪的，依照刑法有关规定追究刑事责任。

【条文主旨】

本条是对地方人民政府、负有安全生产监督管理职责的部门对生产安全事故隐瞒不报、谎报或者迟报进行处罚的规定。

【理解与适用】

本法第八十四条规定，负有安全生产监督管理职责的部门接到事故报告后，应当立即按照国家有关规定上报事故情况。负有安全生产监督管理职责的部门和有关地方人民政府对事故情况不得隐瞒不报、谎报或者迟报。本条即对违反第八十四条的处罚规定。

对于隐瞒不报、谎报或者迟报的，可以依法追究地方人民政府、负有安全生产监督管理职责的部门中作为国家工作人员的相关责任人的法律责任，严重的可以依据刑法第一百三十九条之一不报、谎报安全事故罪以及第三百九十七条滥用职权罪、玩忽职守罪等追究刑事责任。根据《最高人民检察院、公安部关于公安机关管辖的刑事案件立案追诉标准的规定（一）的补充规定》，在安全事故发生后，负有报告职责的人员不报或者谎报事故情况，贻误事故抢救，涉嫌下列情形之一的，应予以立案追诉：（1）导致事故后果扩大，增加死亡 1 人以上，或者增加重伤 3 人以上，或者增加直接经济损失 100 万元以上的；（2）实施下列行为之一，致使不能及时有效开展事故抢救的：①决定不报、迟报、谎报事故情况或者指使、串通有关人员不报、迟报、谎报事故情况的；②在事故抢救期间擅离职守或者逃匿的；③伪造、破坏事故现场，或者转移、藏匿、毁灭遇难人员尸体，或者转移、藏匿受伤人员的；④毁灭、伪造、隐匿与事故有关的图纸、记录、计算机数据等资料以及其他证据的；（3）其他不报、谎报安全事故情节严重的情形。根据《最高人民法院关于进一步加强危害生产安全刑事案件审判工作的意见》，安全事故发生后，负有报告职责的国家工作人员不报或者谎报事故情况，贻误事故抢救，情节严重，构成不报、谎报安全事故罪，同时构成职务犯罪或其他危害生产安全犯罪的，依照数罪并罚的规定处罚。

【相关规定】

《生产安全事故报告和调查处理条例》第十条、第十一条、第十三条；《中华人民共和国刑法》第一百三十九条之一、第三百九十七条；《最高人民检察院、公安部关于公安机关管辖的刑事案件立案追诉标准的规定（一）的补充规定》；《最高人民法院关于进一步加强危害生产安全刑事案件审判工作的意见》；《最高人民法院、最高人民检察院关于办理危害生产安全刑事案件适用法律若干问题的解释》。

第一百一十二条　【按日连续处罚】生产经营单位违反本法规定，被责令改正且受到罚款处罚，拒不改正的，负有安全生产监督管理职责的部门可以自作出责令改正之日的次日起，按照原处罚数额按日连续处罚。

【条文主旨】

本条是关于对被责令改正且受到罚款处罚的生产经营单位拒不改正的行为进行按日连续处罚的规定。

【理解与适用】

本条为此次新增条款，适用条件为：第一，生产经营单位违反本法规定，即违反本法关于安全生产各方面的要求；第二，生产经营单位被责令改正，即安全生产监督管理职责部门要求生产经营单位进行改正，以符合本法关于安全生产的规定；第三，生产经营单位受到罚款处罚；第四，生产经营单位拒不改正，即生产经营单位拒不按照安全生产监督职责部门的要求进行改正。在此条件下，从作出责令改正的第二天开始按日连续处罚，即计算生产经营单位本应改正但是尚未改正的时间期限，每日罚款的标准为之前确定的原处罚数额。对于拒不改正的生产经营单位的财产处罚力度明显加大，可以督促其立即进行改正。

【相关规定】

《中华人民共和国环境保护法》第五十九条。

第一百一十三条　【关闭生产经营单位、吊销证照的特定情形】生产经营单位存在下列情形之一的，负有安全生产监督管理职责的部门应当提请地方人民政府予以关闭，有关部门应当依法吊销其有关证照。生产经营单位主要负责人五年内不得担任任何生产经营单位的主要负责人；情节严重的，终身不得担任本行业生产经营单位的主要负责人：

（一）存在重大事故隐患，一百八十日内三次或者一年内四次受到本法规定的行政处罚的；

（二）经停产停业整顿，仍不具备法律、行政法规和国家标准或者行业标准规定的安全生产条件的；

（三）不具备法律、行政法规和国家标准或者行业标准规定的安全生产条件，导致发生重大、特别重大生产安全事故的；

（四）拒不执行负有安全生产监督管理职责的部门作出的停产停业整顿决定的。

【条文主旨】

本条是关于对生产经营单位具有特定情形，负有安全生产监督管理职责的部门提请地方人民政府予以关闭，有关部门依法吊销其有关证照，对主要负责人进行限制从业的处罚的规定。

【理解与适用】

对于可能发生安全生产事故的生产经营单位，应当采取一定的措施消除事故隐患，减少未来发生安全生产事故的可能性，以保障人员和财产的安全。但是，当事故隐患无法有效消除或生产经营单位不采取相应措施消除，未来发生安全生产事故可能性较高时，应当作出关停生产经营单位、吊销其相关证照的处罚，以避免未来发生安全生产事故。本条即针对此目的作出的规定。

本条第一项规定了生产经营单位存在重大事故隐患，180 日内 3 次或者 1 年内 4 次受到本法规定的行政处罚的情形。半年之内因为重大事故隐患被处罚了 3 次，或者 1 年之内被处罚了 4 次，足见生产经营单位无法通过有效措施消除重大事故隐患。

本条第二项规定了生产经营单位经停产停业整顿，仍不具备法律、行政法规和国家标准或者行业标准规定的安全生产条件的情形。采取了停产停业整顿的严厉措施，仍然无法达到法律、行政法规和国家标准或者行业标准的安全生产条件，如果继续让其生产经营，发生安全生产事故的可能性可想而知。

本条第三项规定了生产经营单位不具备法律、行政法规和国家标准或者行业标准规定的安全生产条件，导致发生重大、特别重大生产安全事故的情形。不具备相应的安全生产条件，而且已经实际导致了重大或者特别重大安全事故的发生，继续让其进行生产经营，显然是不合适的。

本条第四项规定了生产经营单位拒不执行负有安全生产监督管理职责的部门作出的停产停业整顿决定的情形。拒不执行停产停业整顿决定，无法消除可能导致安全生产事故的重大事故隐患，不应让其继续生产经营。

除对生产经营单位予以关闭和吊销外，还应当对生产经营单位出现上述情形负有直接责任的主要责任人员进行限制从业，防止其继续担任其他生产经营单位的主要责任人员，使得其他生产经营单位出现类似情形，引发安全生产事故。

【相关规定】

《中华人民共和国行政处罚法》第九条。

第一百一十四条　【发生生产安全事故的罚款处罚】 发生生产安全事故，对负有责任的生产经营单位除要求其依法承担相应的赔偿等责任外，由应急管理部门依照下列规定处以罚款：

（一）发生一般事故的，处三十万元以上一百万元以下的罚款；

（二）发生较大事故的，处一百万元以上二百万元以下的罚款；

（三）发生重大事故的，处二百万元以上一千万元以下的罚款；

（四）发生特别重大事故的，处一千万元以上二千万元以下的罚款。

发生生产安全事故，情节特别严重、影响特别恶劣的，应急管理部门可以按照前款罚款数额的二倍以上五倍以下对负有责任的生产经营单位处以罚款。

【条文主旨】

本条是关于应急管理部门对发生生产安全事故的生产经营单位处以罚款的规定。

【理解与适用】

对于发生生产安全事故负有责任的生产经营单位，除依法承担相应的赔偿等责任外，还应当由应急管理部门处以相应金额的罚款。根据事故的不同等级，分别处以不同金额的罚款，发生一般事故的，处 30 万元以上 100 万元以下的罚款；发生较大事故的，处 100 万元以上 200 万元以下的罚款；发生重大事故的，处 200 万元以上 1000 万元以下的罚款；发生特别重大事故的，处 1000 万元以上 2000 万元以下的罚款。如果所发生生产安全事故，情节特别严重、影响特别恶劣的，应急管理部门可以按照前款罚款数额的 2 倍以上 5 倍以下对负有责任的生产经营单位处以罚款。相较于修改前的规定，修改后的新法提高了对生产经营单位的罚款金额。根据本法第一百一十八条第一款的规定，本法规定的生产安全一般事故、较大事故、重大事故、特别重大事故的划分标准由国务院规定。

【相关规定】

《生产安全事故报告和调查处理条例》第三条。

第一百一十五条　【行政处罚的决定主体】本法规定的行政处罚，由应急管理部门和其他负有安全生产监督管理职责的部门按照职责分工决定；其中，根据本法第九十五条、第一百一十条、第一百一十四条的规定应当给予民航、铁路、电力行业的生产经营单位及其主要负责人行政处罚的，也可以由主管的负有安全生产监督管理职责的部门进行处罚。予以关闭的行政处罚，由负有安全生产监督管理职责的部门报请县级以上人民政府按照国务院规定的权限决定；给予拘留的行政处罚，由公安机关依照治安管理处罚的规定决定。

【条文主旨】

本条是关于实施本法中所规定的相关行政处罚的主体的规定。

【理解与适用】

本法针对违反本法的相关行为规定了一定数量的行政处罚措施，这些不同的处罚措施类型归属于不同的行政主体。总体上，本法规定的行政处罚，应当由应急管理部门和其他负有安全生产监督管理职责的部门按照职责分工决定。其中，根据本法第九十五条、第一百一十条、第一百一十四条的规定应当给予民航、铁路、电力行业的生产经营单位及其主要负责人行政处罚的，处罚主体应当是应急管理部门，但是本条规定，也可以由主管的负有安全生产监督管理职责的部门进行处罚。

予以关闭的行政处罚，由负有安全生产监督管理职责的部门报请县级以上人民政府按照国务院规定的权限决定。给予拘留的行政处罚，由公安机关依照治安管理处罚的规定决定。

【相关规定】

《中华人民共和国治安管理处罚法》。

第一百一十六条　【对赔偿的执行】生产经营单位发生生产安全事故造成人员伤亡、他人财产损失的，应当依法承担赔偿责任；拒不承担或者其负责人逃匿的，由人民法院依法强制执行。

生产安全事故的责任人未依法承担赔偿责任，经人民法院依法采取执行措施后，仍不能对受害人给予足额赔偿的，应当继续履行赔偿义务；受害人发现责任人有其他财产的，可以随时请求人民法院执行。

【条文主旨】

本条是关于生产经营单位和生产安全事故责任人对赔偿责任的执行的规定。

【理解与适用】

对安全生产事故的赔偿的执行可分为一般执行、强制执行、继续执行和随时执行等。

一般执行，是指生产经营单位发生生产安全事故造成人员伤亡、他人财产损失的，或者生产安全事故的责任人依法承担赔偿责任的，正常向赔偿对象进行支付。

强制执行，是指生产经营单位拒不承担或者其负责人逃匿的，人民法院应当进行的强制性执行。

继续执行，是指生产安全事故的责任人未依法承担赔偿责任，经人民法院依法采取执行措施后，仍不能对受害人给予足额赔偿的，应当继续履行赔偿义务。

随时执行，是指生产安全事故的责任人未依法承担赔偿责任，经人民法院依法采取执行措施后，仍不能对受害人给予足额赔偿的，受害人发现责任人有其他财产的，可以随时请求人民法院执行。

【相关规定】

《中华人民共和国民事诉讼法》第二百四十二条。

第七章　附　　则

> **第一百一十七条　【用语解释】**本法下列用语的含义：
>
> 危险物品，是指易燃易爆物品、危险化学品、放射性物品等能够危及人身安全和财产安全的物品。
>
> 重大危险源，是指长期地或者临时地生产、搬运、使用或者储存危险物品，且危险物品的数量等于或者超过临界量的单元（包括场所和设施）。

【条文主旨】

本条是关于本法中部分用语含义的规定。

【理解与适用】

一、关于危险物品的定义

本法所称的“危险物品”，包括易燃易爆物品、危险化学品、放射性物品等。易燃物品，是指容易自燃或燃烧的物品，如汽油、煤油、酒精、液化气、煤气、氢气、胶片、黄磷等。易爆物品，是指具有爆发力和破坏性，容易发生爆炸的物品，瞬间可造成人员伤亡、物品毁损的一切爆炸物品，如各种起爆器、各种炸药、烟花爆竹等。危险化学品，是指能够危及人身安全和财产安全的化学品，如有毒品和腐蚀品等。《危险化学品安全管理条例》第三条第一款规定，本条例所称危险化学品，是指具有毒害、腐蚀、爆炸、燃烧、助燃等性质，对人体、设施、环境具有危害的剧毒化学品和其他化学品。放射性物品，就是含有放射性核素，并且物品中的总放射性含量和单位质量的放射性含量均超过免予监管的限值的物品。

二、关于重大危险源的定义

重大危险源包括两层含义：一是长期或者临时地生产、搬运、使用或者储存危险物品；二是危险物品的数量等于或者超过临界量。重大危险源存在于生产经营场所和有关设施上。重大危险源的设置应当远离社区及公共场所，如《危险化学品安全管理条例》第十九条规定，危险化学品生产装置或者储存数量构成重大危险源的危险化学品储存设施（运输工具加油站、加气站除外），与下列场所、设施、区域的距离应当符合国家有关规定：（1）居住区以及商业中心、公园等人员密集场所；（2）学校、医院、影剧院、体育场（馆）等公共设施；（3）饮用水源、水厂以及水源保护区；（4）车站、码头（依法经许可从事危险化学品装卸作业的除外）、机场以及通信干线、通信枢纽、铁路线路、道路交通干线、水路交通干线、地铁风亭以及地铁站出入口；（5）基本农田保护区、基本草原、畜禽遗传资源保护区、畜禽规模化养殖场（养殖小区）、渔业水域以及种子、种畜禽、水产苗种生产基地；（6）河流、湖泊、风景名胜区、自然保护区；（7）军事禁区、军事管理区；（8）法律、行政法规规定的其他场所、设施、区域……储存数量构成重大危险源的危险化学品储存设施的选址，应当避开地震活动断层和容易发生洪灾、地质灾害的区域。

【相关规定】

《危险化学品安全管理条例》第三条、第十九条。

第一百一十八条　【重大事故及隐患的划分及判定标准】 本法规定的生产安全一般事故、较大事故、重大事故、特别重大事故的划分标准由国务院规定。

国务院应急管理部门和其他负有安全生产监督管理职责的部门应当根据各自的职责分工，制定相关行业、领域重大危险源的辨识标准和重大事故隐患的判定标准。

【条文主旨】

本条是关于事故的分类标准和相关行业、领域重大事故隐患的判定标准的规定。

【理解与适用】

本条的主要目的是解决本法规定中出现的一般事故、较大事故、重大事故、特别重大事故的具体执行标准问题。

一、事故的划分标准

根据国务院《生产安全事故报告和调查处理条例》第三条第一款规定，根据生产安全事故（以下简称事故）造成的人员伤亡或者直接经济损失，事故一般分为以下等级：（1）特别重大事故，是指造成30人以上死亡，或者100人以上重伤（包括急性工业中毒，下同），或者1亿元以上直接经济损失的事故；（2）重大事故，是指造成10人以上30人以下死亡，或者50人以上100人以下重伤，或者5000万元以上1亿元以下直接经济损失的事故；（3）较大事故，是指造成3人以上10人以下死亡，或者10人以上50人以下重伤，或者1000万元以上5000万元以下直接经济损失的事故；（4）一般事故，是指造成3人以下死亡，或者10人以下重伤，或者1000万元以下直接经济损失的事故。

二、重大事故隐患

目前安全生产相关行业、领域对重大事故隐患存在不同界定。《安全生产事故隐患排查治理暂行规定》第三条规定，本规定所称安全生产事故隐患，是指生产经营单位违反安全生产法律、法规、规章、标准、规程和安全生产管理制度的规定，或者因其他因素在生产经营活动中存在可能导致事故发生的物的危险状态、人的不安全行为和管理上的缺陷。事故隐患分为一般事故隐患和重大事故隐患。一般事故隐患，是指危害和整改难度较小，发现后能够立即整改排除的隐患。重大事故隐患，是指危害和整改难度较大，应当全部或者局部停产停业，并经过一定时间整改治理方能排除的隐患，或者因外部因素影响致使生产经营单位自身难以排除的隐患。这是一般性的规定。

特殊行业对重大事故隐患的界定往往因行业性质而有所差异。比如，《国务院关于预防煤矿生产安全事故的特别规定》第八条第二款明确规定，煤矿有下列重大安全生产隐患和行为的，应当立即停止生产，排除隐患：（1）超能力、超强度或者超定员组织生产的；（2）瓦斯超限作业的；（3）煤与瓦斯突出矿井，未依照规定实施防突出措施的；（4）高瓦斯矿井未建立瓦斯抽放系统和监控系统，或者瓦斯监控系统不能正常运行的；（5）通风系统不完善、不可靠的；（6）有严重水患，未采取有效措施的；（7）超层越界开采的；（8）有冲击地压危险，未采取有效措施的；（9）自然发火严重，未采取有效措施的；（10）使用明令禁止使用或者淘汰的设备、工艺的；（11）年产6万吨以上的煤矿没有双回路供电系统的；（12）新建煤矿边建设边生产，煤矿改扩建期间，在改扩建的区域生产，或者在其他区域的生产超出安全设计规定的范围和规模的；（13）煤矿实行整体承包生产经营后，未重新取得安全生产许可证和煤炭生产许可证，从事生产的，或者承包方再次转包的，以及煤矿将井下采掘工作面和井巷维修作业进行劳务承包的；（14）煤矿改制期间，未明确安全生产责任人和安全管理机构的，或者在完成改制后，未重新取得或者变更采矿许可证、安全生产许可证、煤炭生产许可证和营业执照的；（15）有其他重大安全生产隐患的。

【相关规定】

《生产安全事故报告和调查处理条例》第三条第一款；《安全生产事故隐患排查治理暂行规定》第三条；《国务院关于预防煤矿生产安全事故的特别规定》第八条；《危险化学品重大危险源监督管理暂行规定》第八条第二款；《煤矿重大事故隐患判定标准》；《化工和危险化学品生产经营单位重大生产安全事故隐患判定标准（试行）》；《烟花爆竹生产经营单位重大生产安全事故隐患判定标准（试行）》。

第一百一十九条　【生效日期】本法自2002年11月1日起施行。

【条文主旨】

本条是关于本法施行日期的规定。

【理解与适用】

一、安全生产法的生效日期

法律通过以后，必然面对从什么时候起开始生效、在什么地域范围内生效、对什么人有效的问题，它关系到公民、法人和非法人组织从何时起开始依法享有权利，并履行法律规定的义务，这就是法律的效力范围，它包括时间效力、空间效力和对人的效力三个方面。本条关于法律的生效日期的规定，解决的是时间效力问题。

法律的生效日期，是指法律开始施行并发生法律效力的日期。这是任何一部法律都不可缺少的基本要素，一般都在法律的最后一条加以规定。法律施行起始日期，一般根据该部法律在施行前是否需要做必要的准备工作确定。从我国已制定的法律来看，对生效日期的规定，大体上可以分为以下三种情况：其一，直接在法律中规定“本法自××年×月×日起施行”。其二，在法律条文中没有直接规定具体的生效日期，而只是规定“本法自公布之日起施行”。其三，规定一部法律的生效日期取决于另一部法律的生效日期。安全生产法的生效日期，是属于上述的第一种情况，即直接规定了“本法自 2002 年 11 月 1 日起施行”。

法律的溯及力问题，是指法律生效以后能否适用于生效以前的行为和事件，如果适用，就表明有溯及力；如果不能适用，就表明没有溯及力。一部法律如果有溯及力，必须在条文中作出明确的规定，安全生产法对溯及力问题没有作出规定，表明本法没有溯及力，即不能适用于本法生效以前的行为和事件。

二、关于此次修改的生效时间问题

目前修改法律主要有两种形式：一种是对法律进行修订，即对法律全文作全面修改；另一种是对法律进行修改，即对法律的部分条文予以修改，不对法律全文作修改，未修改的部分继续施行。因此，法律修改后的生效日期也有两种形式：属于修订法律的，一般是重新公布法律的生效日期；属于对法律部分条文作修改的，一般不修改法律的生效日期，只是规定法律的修改决定的生效日期，修改的部分执行修改决定的生效日期，未修改的部分执行原来法律规定的生效日期。2021 年 6 月 1 日公布的《全国人民代表大会常务委员会关于修改〈中华人民共和国安全生产法〉的决定》规定，本决定自 2021 年 9 月 1 日起施行，即对安全生产法修改的部分，自 2021 年 9 月 1 日起施行。

附　录

中华人民共和国安全生产法

（2002年6月29日第九届全国人民代表大会常务委员会第二十八次会议通过　根据2009年8月27日第十一届全国人民代表大会常务委员会第十次会议《关于修改部分法律的决定》第一次修正　根据2014年8月31日第十二届全国人民代表大会常务委员会第十次会议《关于修改〈中华人民共和国安全生产法〉的决定》第二次修正　根据2021年6月10日第十三届全国人民代表大会常务委员会第二十九次会议《关于修改〈中华人民共和国安全生产法〉的决定》第三次修正）

目　录

第一章　总　　则

第一条　为了加强安全生产工作，防止和减少生产安全事故，保障人民群众生命和财产安全，促进经济社会持续健康发展，制定本法。

第二条　在中华人民共和国领域内从事生产经营活动的单位（以下统称生产经营单位）的安全生产，适用本法；有关法律、行政法规对消防安全和道路交通安全、铁路交通安全、水上交通安全、民用航空安全以及核与辐射安全、特种设备安全另有规定的，适用其规定。

第三条　安全生产工作坚持中国共产党的领导。

安全生产工作应当以人为本，坚持人民至上、生命至上，把保护人民生命安全摆在首位，树牢安全发展理念，坚持安全第一、预防为主、综合治理的方针，从源头上防范化解重大安全风险。

安全生产工作实行管行业必须管安全、管业务必须管安全、管生产经营必须管安全，强化和落实生产经营单位主体责任与政府监管责任，建立生产经营单位负责、职工参与、政府监管、行业自律和社会监督的机制。

第四条 生产经营单位必须遵守本法和其他有关安全生产的法律、法规，加强安全生产管理，建立健全全员安全生产责任制和安全生产规章制度，加大对安全生产资金、物资、技术、人员的投入保障力度，改善安全生产条件，加强安全生产标准化、信息化建设，构建安全风险分级管控和隐患排查治理双重预防机制，健全风险防范化解机制，提高安全生产水平，确保安全生产。

平台经济等新兴行业、领域的生产经营单位应当根据本行业、领域的特点，建立健全并落实全员安全生产责任制，加强从业人员安全生产教育和培训，履行本法和其他法律、法规规定的有关安全生产义务。

第五条 生产经营单位的主要负责人是本单位安全生产第一责任人，对本单位的安全生产工作全面负责。其他负责人对职责范围内的安全生产工作负责。

第六条 生产经营单位的从业人员有依法获得安全生产保障的权利，并应当依法履行安全生产方面的义务。

第七条 工会依法对安全生产工作进行监督。

生产经营单位的工会依法组织职工参加本单位安全生产工作的民主管理和民主监督，维护职工在安全生产方面的合法权益。生产经营单位制定或者修改有关安全生产的规章制度，应当听取工会的意见。

第八条 国务院和县级以上地方各级人民政府应当根据国民经济和社会发展规划制定安全生产规划，并组织实施。安全生产规划应当与国土空间规划等相关规划相衔接。

各级人民政府应当加强安全生产基础设施建设和安全生产监管能力建设，所需经费列入本级预算。

县级以上地方各级人民政府应当组织有关部门建立完善安全风险评估与论证机制，按照安全风险管控要求，进行产业规划和空间布局，并对位置相邻、行业相近、业态相似的生产经营单位实施重大安全风险联防联控。

第九条 国务院和县级以上地方各级人民政府应当加强对安全生产工作的领导，建立健全安全生产工作协调机制，支持、督促各有关部门依法履行安全生产监督管理职责，及时协调、解决安全生产监督管理中存在的重大问题。

乡镇人民政府和街道办事处，以及开发区、工业园区、港区、风景区等应当明确负责安全生产监督管理的有关工作机构及其职责，加强安全生产监管力量建设，按照职责对本行政区域或者管理区域内生产经营单位安全生产状况进行监督检查，协助人民政府有关部门或者按照授权依法履行安全生产监督管理职责。

第十条　国务院应急管理部门依照本法，对全国安全生产工作实施综合监督管理；县级以上地方各级人民政府应急管理部门依照本法，对本行政区域内安全生产工作实施综合监督管理。

国务院交通运输、住房和城乡建设、水利、民航等有关部门依照本法和其他有关法律、行政法规的规定，在各自的职责范围内对有关行业、领域的安全生产工作实施监督管理；县级以上地方各级人民政府有关部门依照本法和其他有关法律、法规的规定，在各自的职责范围内对有关行业、领域的安全生产工作实施监督管理。对新兴行业、领域的安全生产监督管理职责不明确的，由县级以上地方各级人民政府按照业务相近的原则确定监督管理部门。

应急管理部门和对有关行业、领域的安全生产工作实施监督管理的部门，统称负有安全生产监督管理职责的部门。负有安全生产监督管理职责的部门应当相互配合、齐抓共管、信息共享、资源共用，依法加强安全生产监督管理工作。

第十一条　国务院有关部门应当按照保障安全生产的要求，依法及时制定有关的国家标准或者行业标准，并根据科技进步和经济发展适时修订。

生产经营单位必须执行依法制定的保障安全生产的国家标准或者行业标准。

第十二条　国务院有关部门按照职责分工负责安全生产强制性国家标准的项目提出、组织起草、征求意见、技术审查。国务院应急管理部门统筹提出安全生产强制性国家标准的立项计划。国务院标准化行政主管部门负责安全生产强制性国家标准的立项、编号、对外通报和授权批准发布工作。国务院标准化行政主管部门、有关部门依据法定职责对安全生产强制性国家标准的实施进行监督检查。

第十三条　各级人民政府及其有关部门应当采取多种形式，加强对有关安全生产的法律、法规和安全生产知识的宣传，增强全社会的安全生产意识。

第十四条　有关协会组织依照法律、行政法规和章程，为生产经营单位提供安全生产方面的信息、培训等服务，发挥自律作用，促进生产经营单位加强安全生产管理。

第十五条　依法设立的为安全生产提供技术、管理服务的机构，依照法律、行政法规和执业准则，接受生产经营单位的委托为其安全生产工作提供技术、管理服务。

生产经营单位委托前款规定的机构提供安全生产技术、管理服务的，保证安全生产的责任仍由本单位负责。

第十六条 国家实行生产安全事故责任追究制度，依照本法和有关法律、法规的规定，追究生产安全事故责任单位和责任人员的法律责任。

第十七条 县级以上各级人民政府应当组织负有安全生产监督管理职责的部门依法编制安全生产权力和责任清单，公开并接受社会监督。

第十八条 国家鼓励和支持安全生产科学技术研究和安全生产先进技术的推广应用，提高安全生产水平。

第十九条 国家对在改善安全生产条件、防止生产安全事故、参加抢险救护等方面取得显著成绩的单位和个人，给予奖励。

第二章 生产经营单位的安全生产保障

第二十条 生产经营单位应当具备本法和有关法律、行政法规和国家标准或者行业标准规定的安全生产条件；不具备安全生产条件的，不得从事生产经营活动。

第二十一条 生产经营单位的主要负责人对本单位安全生产工作负有下列职责：

（一）建立健全并落实本单位全员安全生产责任制，加强安全生产标准化建设；

（二）组织制定并实施本单位安全生产规章制度和操作规程；

（三）组织制定并实施本单位安全生产教育和培训计划；

（四）保证本单位安全生产投入的有效实施；

（五）组织建立并落实安全风险分级管控和隐患排查治理双重预防工作机制，督促、检查本单位的安全生产工作，及时消除生产安全事故隐患；

（六）组织制定并实施本单位的生产安全事故应急救援预案；

（七）及时、如实报告生产安全事故。

第二十二条 生产经营单位的全员安全生产责任制应当明确各岗位的责任人员、责任范围和考核标准等内容。

生产经营单位应当建立相应的机制，加强对全员安全生产责任制落实情况的监督考核，保证全员安全生产责任制的落实。

第二十三条 生产经营单位应当具备的安全生产条件所必需的资金投入，由生产经营单位的决策机构、主要负责人或者个人经营的投资人予以保证，并对由于安全生产所必需的资金投入不足导致的后果承担责任。

有关生产经营单位应当按照规定提取和使用安全生产费用，专门用于改善安全生产条件。安全生产费用在成本中据实列支。安全生产费用提取、使用和监督管理的具体办法由国务院财政部门会同国务院应急管理部门征求国务院有关部门意见后制定。

第二十四条　矿山、金属冶炼、建筑施工、运输单位和危险物品的生产、经营、储存、装卸单位，应当设置安全生产管理机构或者配备专职安全生产管理人员。

前款规定以外的其他生产经营单位，从业人员超过一百人的，应当设置安全生产管理机构或者配备专职安全生产管理人员；从业人员在一百人以下的，应当配备专职或者兼职的安全生产管理人员。

第二十五条　生产经营单位的安全生产管理机构以及安全生产管理人员履行下列职责：

（一）组织或者参与拟订本单位安全生产规章制度、操作规程和生产安全事故应急救援预案；

（二）组织或者参与本单位安全生产教育和培训，如实记录安全生产教育和培训情况；

（三）组织开展危险源辨识和评估，督促落实本单位重大危险源的安全管理措施；

（四）组织或者参与本单位应急救援演练；

（五）检查本单位的安全生产状况，及时排查生产安全事故隐患，提出改进安全生产管理的建议；

（六）制止和纠正违章指挥、强令冒险作业、违反操作规程的行为；

（七）督促落实本单位安全生产整改措施。

生产经营单位可以设置专职安全生产分管负责人，协助本单位主要负责人履行安全生产管理职责。

第二十六条　生产经营单位的安全生产管理机构以及安全生产管理人员应当恪尽职守，依法履行职责。

生产经营单位作出涉及安全生产的经营决策，应当听取安全生产管理机构以及安全生产管理人员的意见。

生产经营单位不得因安全生产管理人员依法履行职责而降低其工资、福利等待遇或者解除与其订立的劳动合同。

危险物品的生产、储存单位以及矿山、金属冶炼单位的安全生产管理人员的任免，应当告知主管的负有安全生产监督管理职责的部门。

第二十七条　生产经营单位的主要负责人和安全生产管理人员必须具备与本单位所从事的生产经营活动相应的安全生产知识和管理能力。

危险物品的生产、经营、储存、装卸单位以及矿山、金属冶炼、建筑施工、运输单位的主要负责人和安全生产管理人员，应当由主管的负有安全生产监督管理职责的部门对其安全生产知识和管理能力考核合格。考核不得收费。

危险物品的生产、储存、装卸单位以及矿山、金属冶炼单位应当有注册安全工程师从事安全生产管理工作。鼓励其他生产经营单位聘用注册安全工程师从事安全生产管理工作。注册安全工程师按专业分类管理，具体办法由国务院人力资源和社会保障部门、国务院应急管理部门会同国务院有关部门制定。

第二十八条 生产经营单位应当对从业人员进行安全生产教育和培训，保证从业人员具备必要的安全生产知识，熟悉有关的安全生产规章制度和安全操作规程，掌握本岗位的安全操作技能，了解事故应急处理措施，知悉自身在安全生产方面的权利和义务。未经安全生产教育和培训合格的从业人员，不得上岗作业。

生产经营单位使用被派遣劳动者的，应当将被派遣劳动者纳入本单位从业人员统一管理，对被派遣劳动者进行岗位安全操作规程和安全操作技能的教育和培训。劳务派遣单位应当对被派遣劳动者进行必要的安全生产教育和培训。

生产经营单位接收中等职业学校、高等学校学生实习的，应当对实习学生进行相应的安全生产教育和培训，提供必要的劳动防护用品。学校应当协助生产经营单位对实习学生进行安全生产教育和培训。

生产经营单位应当建立安全生产教育和培训档案，如实记录安全生产教育和培训的时间、内容、参加人员以及考核结果等情况。

第二十九条 生产经营单位采用新工艺、新技术、新材料或者使用新设备，必须了解、掌握其安全技术特性，采取有效的安全防护措施，并对从业人员进行专门的安全生产教育和培训。

第三十条 生产经营单位的特种作业人员必须按照国家有关规定经专门的安全作业培训，取得相应资格，方可上岗作业。

特种作业人员的范围由国务院应急管理部门会同国务院有关部门确定。

第三十一条 生产经营单位新建、改建、扩建工程项目（以下统称建设项目）的安全设施，必须与主体工程同时设计、同时施工、同时投入生产和使用。安全设施投资应当纳入建设项目概算。

第三十二条 矿山、金属冶炼建设项目和用于生产、储存、装卸危险物品的建设项目，应当按照国家有关规定进行安全评价。

第三十三条 建设项目安全设施的设计人、设计单位应当对安全设施设计负责。

矿山、金属冶炼建设项目和用于生产、储存、装卸危险物品的建设项目的安全设施设计应当按照国家有关规定报经有关部门审查，审查部门及其负责审查的人员对审查结果负责。

第三十四条 矿山、金属冶炼建设项目和用于生产、储存、装卸危险物品的建设项目的施工单位必须按照批准的安全设施设计施工，并对安全设施的工程质量负责。

矿山、金属冶炼建设项目和用于生产、储存、装卸危险物品的建设项目竣工投入生产或者使用前，应当由建设单位负责组织对安全设施进行验收；验收合格后，方可投入生产和使用。负有安全生产监督管理职责的部门应当加强对建设单位验收活动和验收结果的监督核查。

第三十五条　生产经营单位应当在有较大危险因素的生产经营场所和有关设施、设备上，设置明显的安全警示标志。

第三十六条　安全设备的设计、制造、安装、使用、检测、维修、改造和报废，应当符合国家标准或者行业标准。

生产经营单位必须对安全设备进行经常性维护、保养，并定期检测，保证正常运转。维护、保养、检测应当作好记录，并由有关人员签字。

生产经营单位不得关闭、破坏直接关系生产安全的监控、报警、防护、救生设备、设施，或者篡改、隐瞒、销毁其相关数据、信息。

餐饮等行业的生产经营单位使用燃气的，应当安装可燃气体报警装置，并保障其正常使用。

第三十七条　生产经营单位使用的危险物品的容器、运输工具，以及涉及人身安全、危险性较大的海洋石油开采特种设备和矿山井下特种设备，必须按照国家有关规定，由专业生产单位生产，并经具有专业资质的检测、检验机构检测、检验合格，取得安全使用证或者安全标志，方可投入使用。检测、检验机构对检测、检验结果负责。

第三十八条　国家对严重危及生产安全的工艺、设备实行淘汰制度，具体目录由国务院应急管理部门会同国务院有关部门制定并公布。法律、行政法规对目录的制定另有规定的，适用其规定。

省、自治区、直辖市人民政府可以根据本地区实际情况制定并公布具体目录，对前款规定以外的危及生产安全的工艺、设备予以淘汰。

生产经营单位不得使用应当淘汰的危及生产安全的工艺、设备。

第三十九条　生产、经营、运输、储存、使用危险物品或者处置废弃危险物品的，由有关主管部门依照有关法律、法规的规定和国家标准或者行业标准审批并实施监督管理。

生产经营单位生产、经营、运输、储存、使用危险物品或者处置废弃危险物品，必须执行有关法律、法规和国家标准或者行业标准，建立专门的安全管理制度，采取可靠的安全措施，接受有关主管部门依法实施的监督管理。

第四十条　生产经营单位对重大危险源应当登记建档，进行定期检测、评估、监控，并制定应急预案，告知从业人员和相关人员在紧急情况下应当采取的应急措施。

生产经营单位应当按照国家有关规定将本单位重大危险源及有关安全措施、应急措施报有关地方人民政府应急管理部门和有关部门备案。有关地方人民政府应急管理部门和有关部门应当通过相关信息系统实现信息共享。

第四十一条 生产经营单位应当建立安全风险分级管控制度，按照安全风险分级采取相应的管控措施。

生产经营单位应当建立健全并落实生产安全事故隐患排查治理制度，采取技术、管理措施，及时发现并消除事故隐患。事故隐患排查治理情况应当如实记录，并通过职工大会或者职工代表大会、信息公示栏等方式向从业人员通报。其中，重大事故隐患排查治理情况应当及时向负有安全生产监督管理职责的部门和职工大会或者职工代表大会报告。

县级以上地方各级人民政府负有安全生产监督管理职责的部门应当将重大事故隐患纳入相关信息系统，建立健全重大事故隐患治理督办制度，督促生产经营单位消除重大事故隐患。

第四十二条 生产、经营、储存、使用危险物品的车间、商店、仓库不得与员工宿舍在同一座建筑物内，并应当与员工宿舍保持安全距离。

生产经营场所和员工宿舍应当设有符合紧急疏散要求、标志明显、保持畅通的出口、疏散通道。禁止占用、锁闭、封堵生产经营场所或者员工宿舍的出口、疏散通道。

第四十三条 生产经营单位进行爆破、吊装、动火、临时用电以及国务院应急管理部门会同国务院有关部门规定的其他危险作业，应当安排专门人员进行现场安全管理，确保操作规程的遵守和安全措施的落实。

第四十四条 生产经营单位应当教育和督促从业人员严格执行本单位的安全生产规章制度和安全操作规程；并向从业人员如实告知作业场所和工作岗位存在的危险因素、防范措施以及事故应急措施。

生产经营单位应当关注从业人员的身体、心理状况和行为习惯，加强对从业人员的心理疏导、精神慰藉，严格落实岗位安全生产责任，防范从业人员行为异常导致事故发生。

第四十五条 生产经营单位必须为从业人员提供符合国家标准或者行业标准的劳动防护用品，并监督、教育从业人员按照使用规则佩戴、使用。

第四十六条 生产经营单位的安全生产管理人员应当根据本单位的生产经营特点，对安全生产状况进行经常性检查；对检查中发现的安全问题，应当立即处理；不能处理的，应当及时报告本单位有关负责人，有关负责人应当及时处理。检查及处理情况应当如实记录在案。

生产经营单位的安全生产管理人员在检查中发现重大事故隐患，依照前款规定向本单位有关负责人报告，有关负责人不及时处理的，安全生产管理人员可以向主管的负有安全生产监督管理职责的部门报告，接到报告的部门应当依法及时处理。

第四十七条　生产经营单位应当安排用于配备劳动防护用品、进行安全生产培训的经费。

第四十八条　两个以上生产经营单位在同一作业区域内进行生产经营活动，可能危及对方生产安全的，应当签订安全生产管理协议，明确各自的安全生产管理职责和应当采取的安全措施，并指定专职安全生产管理人员进行安全检查与协调。

第四十九条　生产经营单位不得将生产经营项目、场所、设备发包或者出租给不具备安全生产条件或者相应资质的单位或者个人。

生产经营项目、场所发包或者出租给其他单位的，生产经营单位应当与承包单位、承租单位签订专门的安全生产管理协议，或者在承包合同、租赁合同中约定各自的安全生产管理职责；生产经营单位对承包单位、承租单位的安全生产工作统一协调、管理，定期进行安全检查，发现安全问题的，应当及时督促整改。

矿山、金属冶炼建设项目和用于生产、储存、装卸危险物品的建设项目的施工单位应当加强对施工项目的安全管理，不得倒卖、出租、出借、挂靠或者以其他形式非法转让施工资质，不得将其承包的全部建设工程转包给第三人或者将其承包的全部建设工程支解以后以分包的名义分别转包给第三人，不得将工程分包给不具备相应资质条件的单位。

第五十条　生产经营单位发生生产安全事故时，单位的主要负责人应当立即组织抢救，并不得在事故调查处理期间擅离职守。

第五十一条　生产经营单位必须依法参加工伤保险，为从业人员缴纳保险费。

国家鼓励生产经营单位投保安全生产责任保险；属于国家规定的高危行业、领域的生产经营单位，应当投保安全生产责任保险。具体范围和实施办法由国务院应急管理部门会同国务院财政部门、国务院保险监督管理机构和相关行业主管部门制定。

第三章　从业人员的安全生产权利义务

第五十二条　生产经营单位与从业人员订立的劳动合同，应当载明有关保障从业人员劳动安全、防止职业危害的事项，以及依法为从业人员办理工伤保险的事项。

生产经营单位不得以任何形式与从业人员订立协议，免除或者减轻其对从业人员因生产安全事故伤亡依法应承担的责任。

第五十三条 生产经营单位的从业人员有权了解其作业场所和工作岗位存在的危险因素、防范措施及事故应急措施，有权对本单位的安全生产工作提出建议。

第五十四条 从业人员有权对本单位安全生产工作中存在的问题提出批评、检举、控告；有权拒绝违章指挥和强令冒险作业。

生产经营单位不得因从业人员对本单位安全生产工作提出批评、检举、控告或者拒绝违章指挥、强令冒险作业而降低其工资、福利等待遇或者解除与其订立的劳动合同。

第五十五条 从业人员发现直接危及人身安全的紧急情况时，有权停止作业或者在采取可能的应急措施后撤离作业场所。

生产经营单位不得因从业人员在前款紧急情况下停止作业或者采取紧急撤离措施而降低其工资、福利等待遇或者解除与其订立的劳动合同。

第五十六条 生产经营单位发生生产安全事故后，应当及时采取措施救治有关人员。

因生产安全事故受到损害的从业人员，除依法享有工伤保险外，依照有关民事法律尚有获得赔偿的权利的，有权提出赔偿要求。

第五十七条 从业人员在作业过程中，应当严格落实岗位安全责任，遵守本单位的安全生产规章制度和操作规程，服从管理，正确佩戴和使用劳动防护用品。

第五十八条 从业人员应当接受安全生产教育和培训，掌握本职工作所需的安全生产知识，提高安全生产技能，增强事故预防和应急处理能力。

第五十九条 从业人员发现事故隐患或者其他不安全因素，应当立即向现场安全生产管理人员或者本单位负责人报告；接到报告的人员应当及时予以处理。

第六十条 工会有权对建设项目的安全设施与主体工程同时设计、同时施工、同时投入生产和使用进行监督，提出意见。

工会对生产经营单位违反安全生产法律、法规，侵犯从业人员合法权益的行为，有权要求纠正；发现生产经营单位违章指挥、强令冒险作业或者发现事故隐患时，有权提出解决的建议，生产经营单位应当及时研究答复；发现危及从业人员生命安全的情况时，有权向生产经营单位建议组织从业人员撤离危险场所，生产经营单位必须立即作出处理。

工会有权依法参加事故调查，向有关部门提出处理意见，并要求追究有关人员的责任。

第六十一条　生产经营单位使用被派遣劳动者的，被派遣劳动者享有本法规定的从业人员的权利，并应当履行本法规定的从业人员的义务。

第四章　安全生产的监督管理

第六十二条　县级以上地方各级人民政府应当根据本行政区域内的安全生产状况，组织有关部门按照职责分工，对本行政区域内容易发生重大生产安全事故的生产经营单位进行严格检查。

应急管理部门应当按照分类分级监督管理的要求，制定安全生产年度监督检查计划，并按照年度监督检查计划进行监督检查，发现事故隐患，应当及时处理。

第六十三条　负有安全生产监督管理职责的部门依照有关法律、法规的规定，对涉及安全生产的事项需要审查批准（包括批准、核准、许可、注册、认证、颁发证照等，下同）或者验收的，必须严格依照有关法律、法规和国家标准或者行业标准规定的安全生产条件和程序进行审查；不符合有关法律、法规和国家标准或者行业标准规定的安全生产条件的，不得批准或者验收通过。对未依法取得批准或者验收合格的单位擅自从事有关活动的，负责行政审批的部门发现或者接到举报后应当立即予以取缔，并依法予以处理。对已经依法取得批准的单位，负责行政审批的部门发现其不再具备安全生产条件的，应当撤销原批准。

第六十四条　负有安全生产监督管理职责的部门对涉及安全生产的事项进行审查、验收，不得收取费用；不得要求接受审查、验收的单位购买其指定品牌或者指定生产、销售单位的安全设备、器材或者其他产品。

第六十五条　应急管理部门和其他负有安全生产监督管理职责的部门依法开展安全生产行政执法工作，对生产经营单位执行有关安全生产的法律、法规和国家标准或者行业标准的情况进行监督检查，行使以下职权：

（一）进入生产经营单位进行检查，调阅有关资料，向有关单位和人员了解情况；

（二）对检查中发现的安全生产违法行为，当场予以纠正或者要求限期改正；对依法应当给予行政处罚的行为，依照本法和其他有关法律、行政法规的规定作出行政处罚决定；

（三）对检查中发现的事故隐患，应当责令立即排除；重大事故隐患排除前或者排除过程中无法保证安全的，应当责令从危险区域内撤出作业人员，责令暂时停产停业或者停止使用相关设施、设备；重大事故隐患排除后，经审查同意，方可恢复生产经营和使用；

（四）对有根据认为不符合保障安全生产的国家标准或者行业标准的设

施、设备、器材以及违法生产、储存、使用、经营、运输的危险物品予以查封或者扣押，对违法生产、储存、使用、经营危险物品的作业场所予以查封，并依法作出处理决定。

监督检查不得影响被检查单位的正常生产经营活动。

第六十六条 生产经营单位对负有安全生产监督管理职责的部门的监督检查人员（以下统称安全生产监督检查人员）依法履行监督检查职责，应当予以配合，不得拒绝、阻挠。

第六十七条 安全生产监督检查人员应当忠于职守，坚持原则，秉公执法。

安全生产监督检查人员执行监督检查任务时，必须出示有效的行政执法证件；对涉及被检查单位的技术秘密和业务秘密，应当为其保密。

第六十八条 安全生产监督检查人员应当将检查的时间、地点、内容、发现的问题及其处理情况，作出书面记录，并由检查人员和被检查单位的负责人签字；被检查单位的负责人拒绝签字的，检查人员应当将情况记录在案，并向负有安全生产监督管理职责的部门报告。

第六十九条 负有安全生产监督管理职责的部门在监督检查中，应当互相配合，实行联合检查；确需分别进行检查的，应当互通情况，发现存在的安全问题应当由其他有关部门进行处理的，应当及时移送其他有关部门并形成记录备查，接受移送的部门应当及时进行处理。

第七十条 负有安全生产监督管理职责的部门依法对存在重大事故隐患的生产经营单位作出停产停业、停止施工、停止使用相关设施或者设备的决定，生产经营单位应当依法执行，及时消除事故隐患。生产经营单位拒不执行，有发生生产安全事故的现实危险的，在保证安全的前提下，经本部门主要负责人批准，负有安全生产监督管理职责的部门可以采取通知有关单位停止供电、停止供应民用爆炸物品等措施，强制生产经营单位履行决定。通知应当采用书面形式，有关单位应当予以配合。

负有安全生产监督管理职责的部门依照前款规定采取停止供电措施，除有危及生产安全的紧急情形外，应当提前二十四小时通知生产经营单位。生产经营单位依法履行行政决定、采取相应措施消除事故隐患的，负有安全生产监督管理职责的部门应当及时解除前款规定的措施。

第七十一条 监察机关依照监察法的规定，对负有安全生产监督管理职责的部门及其工作人员履行安全生产监督管理职责实施监察。

第七十二条 承担安全评价、认证、检测、检验职责的机构应当具备国家规定的资质条件，并对其作出的安全评价、认证、检测、检验结果的合法性、真实性负责。资质条件由国务院应急管理部门会同国务院有关部门制定。

承担安全评价、认证、检测、检验职责的机构应当建立并实施服务公开和报告公开制度，不得租借资质、挂靠、出具虚假报告。

第七十三条　负有安全生产监督管理职责的部门应当建立举报制度，公开举报电话、信箱或者电子邮件地址等网络举报平台，受理有关安全生产的举报；受理的举报事项经调查核实后，应当形成书面材料；需要落实整改措施的，报经有关负责人签字并督促落实。对不属于本部门职责，需要由其他有关部门进行调查处理的，转交其他有关部门处理。

涉及人员死亡的举报事项，应当由县级以上人民政府组织核查处理。

第七十四条　任何单位或者个人对事故隐患或者安全生产违法行为，均有权向负有安全生产监督管理职责的部门报告或者举报。

因安全生产违法行为造成重大事故隐患或者导致重大事故，致使国家利益或者社会公共利益受到侵害的，人民检察院可以根据民事诉讼法、行政诉讼法的相关规定提起公益诉讼。

第七十五条　居民委员会、村民委员会发现其所在区域内的生产经营单位存在事故隐患或者安全生产违法行为时，应当向当地人民政府或者有关部门报告。

第七十六条　县级以上各级人民政府及其有关部门对报告重大事故隐患或者举报安全生产违法行为的有功人员，给予奖励。具体奖励办法由国务院应急管理部门会同国务院财政部门制定。

第七十七条　新闻、出版、广播、电影、电视等单位有进行安全生产公益宣传教育的义务，有对违反安全生产法律、法规的行为进行舆论监督的权利。

第七十八条　负有安全生产监督管理职责的部门应当建立安全生产违法行为信息库，如实记录生产经营单位及其有关从业人员的安全生产违法行为信息；对违法行为情节严重的生产经营单位及其有关从业人员，应当及时向社会公告，并通报行业主管部门、投资主管部门、自然资源主管部门、生态环境主管部门、证券监督管理机构以及有关金融机构。有关部门和机构应当对存在失信行为的生产经营单位及其有关从业人员采取加大执法检查频次、暂停项目审批、上调有关保险费率、行业或者职业禁入等联合惩戒措施，并向社会公示。

负有安全生产监督管理职责的部门应当加强对生产经营单位行政处罚信息的及时归集、共享、应用和公开，对生产经营单位作出处罚决定后七个工作日内在监督管理部门公示系统予以公开曝光，强化对违法失信生产经营单位及其有关从业人员的社会监督，提高全社会安全生产诚信水平。

第五章　生产安全事故的应急救援与调查处理

第七十九条　国家加强生产安全事故应急能力建设，在重点行业、领域建立应急救援基地和应急救援队伍，并由国家安全生产应急救援机构统一协调指挥；鼓励生产经营单位和其他社会力量建立应急救援队伍，配备相应的应急救援装备和物资，提高应急救援的专业化水平。

国务院应急管理部门牵头建立全国统一的生产安全事故应急救援信息系统，国务院交通运输、住房和城乡建设、水利、民航等有关部门和县级以上地方人民政府建立健全相关行业、领域、地区的生产安全事故应急救援信息系统，实现互联互通、信息共享，通过推行网上安全信息采集、安全监管和监测预警，提升监管的精准化、智能化水平。

第八十条 县级以上地方各级人民政府应当组织有关部门制定本行政区域内生产安全事故应急救援预案，建立应急救援体系。

乡镇人民政府和街道办事处，以及开发区、工业园区、港区、风景区等应当制定相应的生产安全事故应急救援预案，协助人民政府有关部门或者按照授权依法履行生产安全事故应急救援工作职责。

第八十一条 生产经营单位应当制定本单位生产安全事故应急救援预案，与所在地县级以上地方人民政府组织制定的生产安全事故应急救援预案相衔接，并定期组织演练。

第八十二条 危险物品的生产、经营、储存单位以及矿山、金属冶炼、城市轨道交通运营、建筑施工单位应当建立应急救援组织；生产经营规模较小的，可以不建立应急救援组织，但应当指定兼职的应急救援人员。

危险物品的生产、经营、储存、运输单位以及矿山、金属冶炼、城市轨道交通运营、建筑施工单位应当配备必要的应急救援器材、设备和物资，并进行经常性维护、保养，保证正常运转。

第八十三条 生产经营单位发生生产安全事故后，事故现场有关人员应当立即报告本单位负责人。

单位负责人接到事故报告后，应当迅速采取有效措施，组织抢救，防止事故扩大，减少人员伤亡和财产损失，并按照国家有关规定立即如实报告当地负有安全生产监督管理职责的部门，不得隐瞒不报、谎报或者迟报，不得故意破坏事故现场、毁灭有关证据。

第八十四条 负有安全生产监督管理职责的部门接到事故报告后，应当立即按照国家有关规定上报事故情况。负有安全生产监督管理职责的部门和有关地方人民政府对事故情况不得隐瞒不报、谎报或者迟报。

第八十五条 有关地方人民政府和负有安全生产监督管理职责的部门的负责人接到生产安全事故报告后，应当按照生产安全事故应急救援预案的要求立即赶到事故现场，组织事故抢救。

参与事故抢救的部门和单位应当服从统一指挥，加强协同联动，采取有效的应急救援措施，并根据事故救援的需要采取警戒、疏散等措施，防止事故扩大和次生灾害的发生，减少人员伤亡和财产损失。

事故抢救过程中应当采取必要措施，避免或者减少对环境造成的危害。

任何单位和个人都应当支持、配合事故抢救，并提供一切便利条件。

第八十六条　事故调查处理应当按照科学严谨、依法依规、实事求是、注重实效的原则，及时、准确地查清事故原因，查明事故性质和责任，评估应急处置工作，总结事故教训，提出整改措施，并对事故责任单位和人员提出处理建议。事故调查报告应当依法及时向社会公布。事故调查和处理的具体办法由国务院制定。

事故发生单位应当及时全面落实整改措施，负有安全生产监督管理职责的部门应当加强监督检查。

负责事故调查处理的国务院有关部门和地方人民政府应当在批复事故调查报告后一年内，组织有关部门对事故整改和防范措施落实情况进行评估，并及时向社会公开评估结果；对不履行职责导致事故整改和防范措施没有落实的有关单位和人员，应当按照有关规定追究责任。

第八十七条　生产经营单位发生生产安全事故，经调查确定为责任事故的，除了应当查明事故单位的责任并依法予以追究外，还应当查明对安全生产的有关事项负有审查批准和监督职责的行政部门的责任，对有失职、渎职行为的，依照本法第九十条的规定追究法律责任。

第八十八条　任何单位和个人不得阻挠和干涉对事故的依法调查处理。

第八十九条　县级以上地方各级人民政府应急管理部门应当定期统计分析本行政区域内发生生产安全事故的情况，并定期向社会公布。

第六章　法律责任

第九十条　负有安全生产监督管理职责的部门的工作人员，有下列行为之一的，给予降级或者撤职的处分；构成犯罪的，依照刑法有关规定追究刑事责任：

（一）对不符合法定安全生产条件的涉及安全生产的事项予以批准或者验收通过的；

（二）发现未依法取得批准、验收的单位擅自从事有关活动或者接到举报后不予取缔或者不依法予以处理的；

（三）对已经依法取得批准的单位不履行监督管理职责，发现其不再具备安全生产条件而不撤销原批准或者发现安全生产违法行为不予查处的；

（四）在监督检查中发现重大事故隐患，不依法及时处理的。

负有安全生产监督管理职责的部门的工作人员有前款规定以外的滥用职

权、玩忽职守、徇私舞弊行为的，依法给予处分；构成犯罪的，依照刑法有关规定追究刑事责任。

第九十一条 负有安全生产监督管理职责的部门，要求被审查、验收的单位购买其指定的安全设备、器材或者其他产品的，在对安全生产事项的审查、验收中收取费用的，由其上级机关或者监察机关责令改正，责令退还收取的费用；情节严重的，对直接负责的主管人员和其他直接责任人员依法给予处分。

第九十二条 承担安全评价、认证、检测、检验职责的机构出具失实报告的，责令停业整顿，并处三万元以上十万元以下的罚款；给他人造成损害的，依法承担赔偿责任。

承担安全评价、认证、检测、检验职责的机构租借资质、挂靠、出具虚假报告的，没收违法所得；违法所得在十万元以上的，并处违法所得二倍以上五倍以下的罚款，没有违法所得或者违法所得不足十万元的，单处或者并处十万元以上二十万元以下的罚款；对其直接负责的主管人员和其他直接责任人员处五万元以上十万元以下的罚款；给他人造成损害的，与生产经营单位承担连带赔偿责任；构成犯罪的，依照刑法有关规定追究刑事责任。

对有前款违法行为的机构及其直接责任人员，吊销其相应资质和资格，五年内不得从事安全评价、认证、检测、检验等工作；情节严重的，实行终身行业和职业禁入。

第九十三条 生产经营单位的决策机构、主要负责人或者个人经营的投资人不依照本法规定保证安全生产所必需的资金投入，致使生产经营单位不具备安全生产条件的，责令限期改正，提供必需的资金；逾期未改正的，责令生产经营单位停产停业整顿。

有前款违法行为，导致发生生产安全事故的，对生产经营单位的主要负责人给予撤职处分，对个人经营的投资人处二万元以上二十万元以下的罚款；构成犯罪的，依照刑法有关规定追究刑事责任。

第九十四条 生产经营单位的主要负责人未履行本法规定的安全生产管理职责的，责令限期改正，处二万元以上五万元以下的罚款；逾期未改正的，处五万元以上十万元以下的罚款，责令生产经营单位停产停业整顿。

生产经营单位的主要负责人有前款违法行为，导致发生生产安全事故的，给予撤职处分；构成犯罪的，依照刑法有关规定追究刑事责任。

生产经营单位的主要负责人依照前款规定受刑事处罚或者撤职处分的，自刑罚执行完毕或者受处分之日起，五年内不得担任任何生产经营单位的主要负责人；对重大、特别重大生产安全事故负有责任的，终身不得担任本行业生产经营单位的主要负责人。

第九十五条 生产经营单位的主要负责人未履行本法规定的安全生产管理

职责，导致发生生产安全事故的，由应急管理部门依照下列规定处以罚款：

（一）发生一般事故的，处上一年年收入百分之四十的罚款；

（二）发生较大事故的，处上一年年收入百分之六十的罚款；

（三）发生重大事故的，处上一年年收入百分之八十的罚款；

（四）发生特别重大事故的，处上一年年收入百分之一百的罚款。

第九十六条　生产经营单位的其他负责人和安全生产管理人员未履行本法规定的安全生产管理职责的，责令限期改正，处一万元以上三万元以下的罚款；导致发生生产安全事故的，暂停或者吊销其与安全生产有关的资格，并处上一年年收入百分之二十以上百分之五十以下的罚款；构成犯罪的，依照刑法有关规定追究刑事责任。

第九十七条　生产经营单位有下列行为之一的，责令限期改正，处十万元以下的罚款；逾期未改正的，责令停产停业整顿，并处十万元以上二十万元以下的罚款，对其直接负责的主管人员和其他直接责任人员处二万元以上五万元以下的罚款：

（一）未按照规定设置安全生产管理机构或者配备安全生产管理人员、注册安全工程师的；

（二）危险物品的生产、经营、储存、装卸单位以及矿山、金属冶炼、建筑施工、运输单位的主要负责人和安全生产管理人员未按照规定经考核合格的；

（三）未按照规定对从业人员、被派遣劳动者、实习学生进行安全生产教育和培训，或者未按照规定如实告知有关的安全生产事项的；

（四）未如实记录安全生产教育和培训情况的；

（五）未将事故隐患排查治理情况如实记录或者未向从业人员通报的；

（六）未按照规定制定生产安全事故应急救援预案或者未定期组织演练的；

（七）特种作业人员未按照规定经专门的安全作业培训并取得相应资格，上岗作业的。

第九十八条　生产经营单位有下列行为之一的，责令停止建设或者停产停业整顿，限期改正，并处十万元以上五十万元以下的罚款，对其直接负责的主管人员和其他直接责任人员处二万元以上五万元以下的罚款；逾期未改正的，处五十万元以上一百万元以下的罚款，对其直接负责的主管人员和其他直接责任人员处五万元以上十万元以下的罚款；构成犯罪的，依照刑法有关规定追究刑事责任：

（一）未按照规定对矿山、金属冶炼建设项目或者用于生产、储存、装卸危险物品的建设项目进行安全评价的；

（二）矿山、金属冶炼建设项目或者用于生产、储存、装卸危险物品的建设项目没有安全设施设计或者安全设施设计未按照规定报经有关部门审查同意的；

（三）矿山、金属冶炼建设项目或者用于生产、储存、装卸危险物品的建设项目的施工单位未按照批准的安全设施设计施工的；

（四）矿山、金属冶炼建设项目或者用于生产、储存、装卸危险物品的建设项目竣工投入生产或者使用前，安全设施未经验收合格的。

第九十九条 生产经营单位有下列行为之一的，责令限期改正，处五万元以下的罚款；逾期未改正的，处五万元以上二十万元以下的罚款，对其直接负责的主管人员和其他直接责任人员处一万元以上二万元以下的罚款；情节严重的，责令停产停业整顿；构成犯罪的，依照刑法有关规定追究刑事责任：

（一）未在有较大危险因素的生产经营场所和有关设施、设备上设置明显的安全警示标志的；

（二）安全设备的安装、使用、检测、改造和报废不符合国家标准或者行业标准的；

（三）未对安全设备进行经常性维护、保养和定期检测的；

（四）关闭、破坏直接关系生产安全的监控、报警、防护、救生设备、设施，或者篡改、隐瞒、销毁其相关数据、信息的；

（五）未为从业人员提供符合国家标准或者行业标准的劳动防护用品的；

（六）危险物品的容器、运输工具，以及涉及人身安全、危险性较大的海洋石油开采特种设备和矿山井下特种设备未经具有专业资质的机构检测、检验合格，取得安全使用证或者安全标志，投入使用的；

（七）使用应当淘汰的危及生产安全的工艺、设备的；

（八）餐饮等行业的生产经营单位使用燃气未安装可燃气体报警装置的。

第一百条 未经依法批准，擅自生产、经营、运输、储存、使用危险物品或者处置废弃危险物品的，依照有关危险物品安全管理的法律、行政法规的规定予以处罚；构成犯罪的，依照刑法有关规定追究刑事责任。

第一百零一条 生产经营单位有下列行为之一的，责令限期改正，处十万元以下的罚款；逾期未改正的，责令停产停业整顿，并处十万元以上二十万元以下的罚款，对其直接负责的主管人员和其他直接责任人员处二万元以上五万元以下的罚款；构成犯罪的，依照刑法有关规定追究刑事责任：

（一）生产、经营、运输、储存、使用危险物品或者处置废弃危险物品，未建立专门安全管理制度、未采取可靠的安全措施的；

（二）对重大危险源未登记建档，未进行定期检测、评估、监控，未制定应急预案，或者未告知应急措施的；

（三）进行爆破、吊装、动火、临时用电以及国务院应急管理部门会同国务院有关部门规定的其他危险作业，未安排专门人员进行现场安全管理的；

（四）未建立安全风险分级管控制度或者未按照安全风险分级采取相应管控措施的；

（五）未建立事故隐患排查治理制度，或者重大事故隐患排查治理情况未按照规定报告的。

第一百零二条　生产经营单位未采取措施消除事故隐患的，责令立即消除或者限期消除，处五万元以下的罚款；生产经营单位拒不执行的，责令停产停业整顿，对其直接负责的主管人员和其他直接责任人员处五万元以上十万元以下的罚款；构成犯罪的，依照刑法有关规定追究刑事责任。

第一百零三条　生产经营单位将生产经营项目、场所、设备发包或者出租给不具备安全生产条件或者相应资质的单位或者个人的，责令限期改正，没收违法所得；违法所得十万元以上的，并处违法所得二倍以上五倍以下的罚款；没有违法所得或者违法所得不足十万元的，单处或者并处十万元以上二十万元以下的罚款；对其直接负责的主管人员和其他直接责任人员处一万元以上二万元以下的罚款；导致发生生产安全事故给他人造成损害的，与承包方、承租方承担连带赔偿责任。

生产经营单位未与承包单位、承租单位签订专门的安全生产管理协议或者未在承包合同、租赁合同中明确各自的安全生产管理职责，或者未对承包单位、承租单位的安全生产统一协调、管理的，责令限期改正，处五万元以下的罚款，对其直接负责的主管人员和其他直接责任人员处一万元以下的罚款；逾期未改正的，责令停产停业整顿。

矿山、金属冶炼建设项目和用于生产、储存、装卸危险物品的建设项目的施工单位未按照规定对施工项目进行安全管理的，责令限期改正，处十万元以下的罚款，对其直接负责的主管人员和其他直接责任人员处二万元以下的罚款；逾期未改正的，责令停产停业整顿。以上施工单位倒卖、出租、出借、挂靠或者以其他形式非法转让施工资质的，责令停产停业整顿，吊销资质证书，没收违法所得；违法所得十万元以上的，并处违法所得二倍以上五倍以下的罚款，没有违法所得或者违法所得不足十万元的，单处或者并处十万元以上二十万元以下的罚款；对其直接负责的主管人员和其他直接责任人员处五万元以上十万元以下的罚款；构成犯罪的，依照刑法有关规定追究刑事责任。

第一百零四条　两个以上生产经营单位在同一作业区域内进行可能危及对方安全生产的生产经营活动，未签订安全生产管理协议或者未指定专职安全生产管理人员进行安全检查与协调的，责令限期改正，处五万元以下的罚款，对其直接负责的主管人员和其他直接责任人员处一万元以下的罚款；逾期未改正的，责令停产停业。

第一百零五条 生产经营单位有下列行为之一的，责令限期改正，处五万元以下的罚款，对其直接负责的主管人员和其他直接责任人员处一万元以下的罚款；逾期未改正的，责令停产停业整顿；构成犯罪的，依照刑法有关规定追究刑事责任：

（一）生产、经营、储存、使用危险物品的车间、商店、仓库与员工宿舍在同一座建筑内，或者与员工宿舍的距离不符合安全要求的；

（二）生产经营场所和员工宿舍未设有符合紧急疏散需要、标志明显、保持畅通的出口、疏散通道，或者占用、锁闭、封堵生产经营场所或者员工宿舍出口、疏散通道的。

第一百零六条 生产经营单位与从业人员订立协议，免除或者减轻其对从业人员因生产安全事故伤亡依法应承担的责任的，该协议无效；对生产经营单位的主要负责人、个人经营的投资人处二万元以上十万元以下的罚款。

第一百零七条 生产经营单位的从业人员不落实岗位安全责任，不服从管理，违反安全生产规章制度或者操作规程的，由生产经营单位给予批评教育，依照有关规章制度给予处分；构成犯罪的，依照刑法有关规定追究刑事责任。

第一百零八条 违反本法规定，生产经营单位拒绝、阻碍负有安全生产监督管理职责的部门依法实施监督检查的，责令改正；拒不改正的，处二万元以上二十万元以下的罚款；对其直接负责的主管人员和其他直接责任人员处一万元以上二万元以下的罚款；构成犯罪的，依照刑法有关规定追究刑事责任。

第一百零九条 高危行业、领域的生产经营单位未按照国家规定投保安全生产责任保险的，责令限期改正，处五万元以上十万元以下的罚款；逾期未改正的，处十万元以上二十万元以下的罚款。

第一百一十条 生产经营单位的主要负责人在本单位发生生产安全事故时，不立即组织抢救或者在事故调查处理期间擅离职守或者逃匿的，给予降级、撤职的处分，并由应急管理部门处上一年年收入百分之六十至百分之一百的罚款；对逃匿的处十五日以下拘留；构成犯罪的，依照刑法有关规定追究刑事责任。

生产经营单位的主要负责人对生产安全事故隐瞒不报、谎报或者迟报的，依照前款规定处罚。

第一百一十一条 有关地方人民政府、负有安全生产监督管理职责的部门，对生产安全事故隐瞒不报、谎报或者迟报的，对直接负责的主管人员和其他直接责任人员依法给予处分；构成犯罪的，依照刑法有关规定追究刑事责任。

第一百一十二条 生产经营单位违反本法规定，被责令改正且受到罚款处罚，拒不改正的，负有安全生产监督管理职责的部门可以自作出责令改正之日的次日起，按照原处罚数额按日连续处罚。

第一百一十三条　生产经营单位存在下列情形之一的，负有安全生产监督管理职责的部门应当提请地方人民政府予以关闭，有关部门应当依法吊销其有关证照。生产经营单位主要负责人五年内不得担任任何生产经营单位的主要负责人；情节严重的，终身不得担任本行业生产经营单位的主要负责人：

（一）存在重大事故隐患，一百八十日内三次或者一年内四次受到本法规定的行政处罚的；

（二）经停产停业整顿，仍不具备法律、行政法规和国家标准或者行业标准规定的安全生产条件的；

（三）不具备法律、行政法规和国家标准或者行业标准规定的安全生产条件，导致发生重大、特别重大生产安全事故的；

（四）拒不执行负有安全生产监督管理职责的部门作出的停产停业整顿决定的。

第一百一十四条　发生生产安全事故，对负有责任的生产经营单位除要求其依法承担相应的赔偿等责任外，由应急管理部门依照下列规定处以罚款：

（一）发生一般事故的，处三十万元以上一百万元以下的罚款；

（二）发生较大事故的，处一百万元以上二百万元以下的罚款；

（三）发生重大事故的，处二百万元以上一千万元以下的罚款；

（四）发生特别重大事故的，处一千万元以上二千万元以下的罚款。

发生生产安全事故，情节特别严重、影响特别恶劣的，应急管理部门可以按照前款罚款数额的二倍以上五倍以下对负有责任的生产经营单位处以罚款。

第一百一十五条　本法规定的行政处罚，由应急管理部门和其他负有安全生产监督管理职责的部门按照职责分工决定；其中，根据本法第九十五条、第一百一十条、第一百一十四条的规定应当给予民航、铁路、电力行业的生产经营单位及其主要负责人行政处罚的，也可以由主管的负有安全生产监督管理职责的部门进行处罚。予以关闭的行政处罚，由负有安全生产监督管理职责的部门报请县级以上人民政府按照国务院规定的权限决定；给予拘留的行政处罚，由公安机关依照治安管理处罚的规定决定。

第一百一十六条　生产经营单位发生生产安全事故造成人员伤亡、他人财产损失的，应当依法承担赔偿责任；拒不承担或者其负责人逃匿的，由人民法院依法强制执行。

生产安全事故的责任人未依法承担赔偿责任，经人民法院依法采取执行措施后，仍不能对受害人给予足额赔偿的，应当继续履行赔偿义务；受害人发现责任人有其他财产的，可以随时请求人民法院执行。

第七章　附　　则

第一百一十七条　本法下列用语的含义：

危险物品，是指易燃易爆物品、危险化学品、放射性物品等能够危及人身安全和财产安全的物品。

重大危险源，是指长期地或者临时地生产、搬运、使用或者储存危险物品，且危险物品的数量等于或者超过临界量的单元（包括场所和设施）。

第一百一十八条　本法规定的生产安全一般事故、较大事故、重大事故、特别重大事故的划分标准由国务院规定。

国务院应急管理部门和其他负有安全生产监督管理职责的部门应当根据各自的职责分工，制定相关行业、领域重大危险源的辨识标准和重大事故隐患的判定标准。

第一百一十九条　本法自2002年11月1日起施行。

后　记

2021年6月10日，第十三届全国人民代表大会常务委员会第二十九次会议通过《全国人民代表大会常务委员会关于修改〈中华人民共和国安全生产法〉的决定》，自2021年9月1日施行。此前，全国人民代表大会常务委员会先后于2009年、2014年对《中华人民共和国安全生产法》进行了两次修改。此修改决定共有42条，是对安全生产法的系统、全面、整体性修改，涉及一系列安全生产制度的调整和创新，是应急管理法律体系、安全生产法治建设的大事，意义重大。如何准确、科学地理解和适用安全生产法的规定，影响着安生生产法的适用效果，需要立法、司法、执法部门和教学科研机构专家学者做出共同努力。

薛长礼教授长期致力于安全生产法科研、教学和实务工作，于2020年作为主要发起人发起成立了北京安全生产法治研究会，并被选为首任会长。研究会的宗旨是加强安全法治研究，传播安全法治文化，健全安全法治体系，完善安全法治服务，为平安中国、法治中国建设贡献力量。依托北京安全生产法治研究会平台，由北京化工大学、中国政法大学等高校教师、博士组成的薛长礼教授团队撰写了《中华人民共和国安全生产法条文要义》。具体分工如下：

薛长礼　　北京化工大学教授，撰写导言、第一条、第三十九条、第七章，负责全书统稿。

李　超　　北京化工大学副教授，撰写第一章第二条至第十九条。

王　宏　　中国政法大学博士，撰写第二章。

王一鹤　　北京化工大学副教授，撰写第三章、第四章。

王　烁　　北京化工大学副教授，撰写第五章、第六章。

中国法制出版社的领导和责任编辑王熹对本书的出版发行给予了大力支持，在此一并致谢。

图书在版编目（CIP）数据

中华人民共和国安全生产法条文要义/薛长礼等著．—北京：中国法制出版社，2021.7（2021.10重印）
ISBN 978－7－5216－1978－2

Ⅰ.①中… Ⅱ.①薛… Ⅲ.①安全生产－安全法规－法律解释－中国 Ⅳ.①D922.545

中国版本图书馆CIP数据核字（2021）第124574号

策划编辑 王熹（wx2015hi@sina.com） 责任编辑 王熹 封面设计 杨泽江

中华人民共和国安全生产法条文要义

ZHONGHUA RENMIN GONGHEGUO ANQUAN SHENGCHANFA TIAOWEN YAOYI

著者/薛长礼 等
经销/新华书店
印刷/三河市国英印务有限公司
开本/730毫米×1030毫米 16开 印张/18.25 字数/257千
版次/2021年7月第1版 2021年10月第2次印刷

中国法制出版社出版
书号 ISBN 978－7－5216－1978－2 定价：56.00元

北京西单横二条2号
邮政编码 100031 传真：010－66031119
网址：http：//www.zgfzs.com **编辑部电话：010－66010493**
市场营销部电话：010－66033393 **邮购部电话：010－66033288**

（如有印装质量问题，请与本社印务部联系调换。电话：010－66032926）